KULTUR UND ALLTAG

The Scribner German Series
General Editor, HAROLD von HOFE
University of Southern California

KULTUR

Edited by

UND ALLTAG

Harold von Hofe
University of Southern California

CHARLES SCRIBNER'S SONS   NEW YORK

Acknowledgments
The editor wishes to thank the following companies for permission to reprint the material appearing in this volume:

Opera News for "Tannhäuser," © December 17, 1960.
K. Thienemanns Verlag for the jacket design by Fritz Kredel of *Till Eulenspiegel*, © 1956, Stuttgart.

Printed in the United States of America
Library of Congress Catalog Card Number 76–39324
SBN 684–12900-0 (paper)

PREFACE

The eight chapters of *Kultur und Alltag* survey important aspects of culture and everyday life in the German Federal Republic and the German Democratic Republic. The focus is on Germany today, though historical considerations are brought in whenever necessary to provide perspective on present-day realities. Professor Bluske's chapter on fairy tales and legends and Professor Hook's chapter on the German language are, however, essentially historical; German history makes itself felt in life today partly in the language and folklore that Germans know and read.

The sequence of chapters has been decided by their relative reading level: the last chapters are slightly more difficult than the first, though all are suitable for study in second-year German. Broad surveys (history, geography, politics, economics, and social structure) alternate with surveys of special institutions (education, the mass media) and with studies of special topics (the German language, fairy tales and legends, music and theater). One chapter presents information in terms of a typical worker, another is based on interviews, a third retells legends, and the rest follow other narrative strategies. The views of Germans and non-Germans, Marxists and non-Marxists are cited, sometimes as explanations of social reality, more often as samples of the ideological reality that needs to be explained. The chapters reflect the differing political beliefs of their authors. All the chapters except the one on fairy tales and legends include a number of pages specifically devoted to the German Democratic Republic, though a greater number of pages always concern the Federal Republic.

Selected quotations and a section of questions follow each chapter. The quotations deal in a general way with the subject matter of the chapter to which they are appended; they may be used for a "dictation" writing exercise or as points of departure for broad classroom conversations. The questions are more specific; some require objective answers, while others should serve to elicit short interpretations of passages in the chapter or statements of opinion.

H. v. H.

INHALTSVERZEICHNIS

KULTUR UND ALLTAG

KAPITEL **1**

GEOGRAPHISCHES UND HISTORISCHES

Harold von Hofe

ZWEIMAL DEUTSCHLAND

Die Welt spricht von einem Land, das es nicht gibt: Deutschland. Das Wort ist eine geographische Bezeichnung°, die der politischen Wirklichkeit nicht entspricht°. Das, was früher Deutschland war, besteht aus° einem kommunistischen und einem nichtkommunistischen Teil. Zwischen einem deutschen „Arbeiter- und Bauern-Staat" und einem kapitalistisch-demokratischen Deutschland ist eine sichtbare° Grenze. Sie besteht aus Stacheldraht°, Mauern, Wachttürmen° und einem Streifen° Niemandsland. Zwischen dem westlichen Teil des deutschen Gebietes und den Ländern Westeuropas ist eine unsichtbare Grenze.

 Der deutsche Raum ist eins von vier Gebieten, die im zwanzigsten Jahrhundert aus einem roten und einem nichtroten Staat bestehen. Die anderen drei liegen im Orient: China, Korea und Vietnam.

die **Bezeichnung** name

entsprechen to be in accord with
bestehen aus to consist of

sichtbar visible

der **Stacheldraht** barbed wire
der **Wachtturm** watch tower
der **Streifen** strip

1

Fünfundzwanzig Jahre nach Ende des Zweiten Weltkrieges sprach ein deutscher Kanzler° von einer „Nation, aber zwei Staaten". Von *einer* Nation spricht man mit der Zeit° immer weniger, obwohl man im Westen den Tag der deutschen Einheit, den 17. Juni, feiert. Am 17. Juni 1953 hatten im Osten Demonstrationen gegen das damalige° Regime stattgefunden.

Von dem Staat im Westen sagte man eine Zeitlang, er sei nichts Halbes und nichts Ganzes. Inzwischen ist er aber ein ganzer Staat geworden. Und die Grenze zwischen Westen und Osten ist immer noch sichtbar.

Nichtdeutsche nennen den einen Teil des deutschen Raumes, nicht ganz genau, Westdeutschland und den anderen, auch etwas ungenau, Ostdeutschland. Die Deutschen nennen ihre politische Konstellation im Westen die BRD° oder einfach die Bundesrepublik. Im Osten heißt der Staat die Deutsche Demokratische Republik oder die DDR.

der **Kanzler** chancellor
mit der Zeit in the course of time

damalig of that time

BRD Bundesrepublik Deutschland

LANDESGRENZEN

Die deutsch-deutsche Grenze zwischen der BRD und der DDR erstreckt sich° von der Ostsee° im Norden bis zur Grenze mit der Tschechoslowakei im Süden. Sie ist 1360 Kilometer° lang. Die Entfernung ist so groß wie die Entfernung° zwischen New York und Detroit oder zwischen Los Angeles und Seattle.

sich erstrecken to extend
die **Ostsee** Baltic Sea
ein Kilometer = 5/8 mile
die **Entfernung** distance

Die BRD und die DDR bilden den größten Teil Mitteleuropas und sind an drei Seiten von kleinen und großen Nationen umgeben°. Die geographische Lage in der Mitte Europas hat die Geschichte und die internationalen Beziehungen° Deutschlands bestimmt. Geographie und Geschichte stehen ja in kausalem Zusammenhang°.

umgeben surrounded

die **Beziehung** relation
der **Zusammenhang** relationship

Die BRD und die DDR haben zehn Nachbarn, mit denen die Beziehungen nicht immer freundschaftlich° waren. Man vergleiche die grundverschiedene° geographische Lage der USA! Die Vereinigten° Staaten haben nur zwei Nachbarn, mit denen sie seit Jahren gute Beziehungen haben. Im Osten ist der Atlantische, im Westen der Stille Ozean. Das Wasser hingegen, die Nordsee und die Ostsee, bilden nur im Norden Deutschlands eine kurze natürliche Grenze. In der folgenden Tabelle steht die Kilometerzahl der vielen Landesgrenzen Deutschlands mit Ländern, die Freunde oder Feinde sein können. Bei England, Frankreich, Spanien und Italien, die alle lange Wassergrenzen haben, sind keine Probleme, wie sie „das Land der Mitte" hat.

freundschaftlich cordial
grundverschieden fundamentally different
vereinigt united

Bundesrepublik Deutschland

Dänemark	67
Luxemburg	129
Belgien	152
die Schweiz	334
die Tschechoslowakei	356
Frankreich	450
die Niederlande	574
Österreich	801
(DDR)	(1350)

Deutsche Demokratische Republik

die Tschechoslowakei	430
Polen	456
(BRD)	(1350)

Kein Land der Welt hat so viele Nachbarn wie Deutschland. Ist dieses Deutschland, das von anderen Völkern umgeben ist, eins der großen, weiten Länder der Erde? Größe ist relativ. Von Dänemark oder Belgien aus gesehen ist Deutschland ein weites Land. Die BRD allein ist mit ihren 248 000 Quadratkilometern° größer als Großbritannien und Nordirland. Hingegen° sind die Vereinigten Staaten von Amerika und die Volksrepublik China 27mal so groß wie die BRD und die DDR zusammen. Die UdSSR° ist 60mal so groß.

Quadrat- square

hingegen on the other hand

UdSSR = Union der Sozialistischen Sowjetrepubliken

Quadratkilometer

BRD	248 000	
DDR	108 000	
Deutschland		356 000
USA		9 560 000
China		9 561 000
UdSSR		22 400 000

Im Orient ist Japan ein Gegenstück zu° Deutschland. Japan hat 369 000 Quadratkilometer und über hundert Millionen Menschen.

Die deutsche Grenze mit den slawischen Völkern ist im Osten offen. Es ist keine natürliche, sondern eine politische Grenze. In den Jahrzehnten seit dem Zweiten Weltkrieg spricht man von der umstrittenen° Linie, die man mit dem

das **Gegenstück (zu)** counterpart (of)

umstritten disputed

Die industrialisierte Zivilisation der Bundesrepublik Deutschland ist in erster Linie eine Stadtzivilisation. Hingegen ist die BRD auch ein Land malerischer Landschaften und Dörfer, durch die Deutschlands viele Touristen gerne wandern.

Nicht weit von der österreichischen Grenze liegt das Städtchen Mittenwald. Seit dem 17. Jahrhundert ist es als Zentrum des Geigenbaus bekannt. Im 20. Jahrhundert ist es ein Zentrum für den Touristenverkehr geworden.

Namen von zwei Flüssen bezeichnet° : die Oder und die Neiße. Die Neiße fließt in die Oder, die Oder in eine Bucht° der Ostsee. Die zwei Flüsse bilden die jetzige Grenze zwischen Polen und der DDR. Kurz nach Ende des Krieges nannten Harry Truman, Winston Churchill und Joseph Stalin die Oder-Neiße-Linie nicht eine Grenze, sondern eine Demarkationslinie. Inzwischen ist sie aber eine Grenze geworden. Ein Teil des ehemaligen° deutschen Gebietes östlich der Oder-Neiße-Linie kam an Polen, ein anderer Teil an die Sowjetunion. Sechshundert Jahre zuvor hatten die Deutschen das ursprünglich° slawische Gebiet kolonisiert und christianisiert.

bezeichnen to designate
die **Bucht** bay

ehemalig former

ursprünglich originally

Ostberlin ist die Hauptstadt der Deutschen Demokratischen Republik; hier ist der Sitz der Regierung. Die älteren Teile Berlins, eine der jüngeren Städte Deutschlands, liegen in Ost-, nicht Westberlin. Seit dem 13. August 1961 trennt eine Mauer Ost- von Westberlin. Das Theater- und Musikleben ist äußerst rege. Ausländer können die Theater Ostberlins ohne Schwierigkeiten besuchen, Westberliner nicht.

ROHSTOFFE°, HANDEL° UND INDUSTRIE

Deutschland ist arm an Rohstoffen. Das Fehlen von wichtigen Rohstoffen in großen Mengen, außer Kohle und Kali°, unterscheidet° Deutschland von den USA und der UdSSR. In der DDR ist Braunkohle die einzige Energiequelle°. Neben den offenen Grenzen, der zentralen Lage und dem relativ kleinen Raum bestimmt der Mangel an Rohstoffen die Rolle, die Deutschland unter den Völkern der Welt spielt.

Dreißig Prozent des Landes sind in der BRD und in der DDR Wald, sechzig Prozent sind Ackerland°.

Industrie und Handel sind aber weit wichtiger als die vielen

der **Rohstoff** raw material
der **Handel** trade

das **Kali** potash

unterscheiden to distinguish
die **Quelle** source

das **Ackerland** farmland

Kartoffeln und Zuckerrüben°, die in Deutschland wachsen. Auf beiden Gebieten sind die zwei deutschen Staaten führende Nationen. Die BRD ist das zweitgrößte Export- und Importland der Welt und das bedeutendste Industrieland Europas. Die DDR zählt zu den zehn größten Industrieländern der Welt.

Da Deutschland unter den Ländern der Welt mit einer ähnlichen° Größe die größte Dichte° der Bevölkerung° hat, sind Handel und Industrie lebenswichtig.

die **Zuckerrübe** sugar beet

ähnlich similar
die **Dichte** density
die **Bevölkerung** population

DAS KLIMA

Deutschland liegt so weit nördlich wie Kanada. Montreal und Quebec liegen unter dem fünfzigsten, Berlin und Hamburg sogar über dem fünfzigsten Breitengrad°. Doch hat Deutschland ein milderes Klima als die nördliche Hälfte Nordamerikas. Gegen Osten des deutschen Sprachgebietes wird das Klima kontinentaler; die Winter sind kälter und die Sommer wärmer. Hingegen ist es im Norden des deutschen Sprachraumes milder als im Süden; der Winter ist nicht so kalt und der Sommer nicht so warm.

der **Breitengrad** degree of latitude

Für Menschen, die den hellen Sonnenschein lieben, ist das Klima nicht günstig°. Die Sonnenscheindauer° beträgt° nur etwa fünfunddreißig Prozent von dem, was möglich ist. Deutschland liegt in der Westwindzone, in der immer wieder Schlechtwettergebiete von Westen nach Osten ziehen°. Es regnet oft. Selten ist es aber ein strömender° Regen wie in New York, Philadelphia oder Chicago; es ist ein leichter, aber andauernder° Regen. Das frische Grün der duftenden° Wiesen° und Wälder ist für die deutsche Landschaft charakteristisch.

günstig favorable
-dauer duration
betragen to amount to

ziehen to move (over)
strömend pouring

andauernd lasting
duftend fragrant
die **Wiese** meadow

FLÜSSE, BERGE UND DIE SPRACHE

Auf der Ostseite des Schwarzwaldes entspringt° die Donau°, fließt nach Süden und Südosten und mündet° ins Schwarze Meer. Die anderen großen deutschen Flüsse fließen von der bergigen Landschaft im Süden nach dem Tiefland° im Norden. Der Main mündet bei der Stadt Mainz in den Rhein. Der Rhein und die Elbe münden in die Nordsee, die Oder in die Ostsee.

entspringen to rise
die **Donau** Danube
münden to discharge

das **Tiefland** lowland(s)

Eine geographische Bezeichnung, die man für den deutschen Dialekt des Nordens gebraucht, hat schon zu Mißverständnissen geführt. Menschen, die auf dem „platten° Lande" leben,

platt low, flat

sprechen noch Plattdeutsch, obwohl man in der Schule Hochdeutsch lernt. „Hoch" ist in dem Wort Hochdeutsch auch eine geographische Bezeichnung. Hochdeutsch gilt als die Schriftsprache. Ursprünglich war es nur der Dialekt des Hochlandes, des bergigen Südens. Heute ist es die Schriftsprache aller deutschsprachigen Menschen.

GESCHICHTSBILDER

Manche Historiker entwerfen° gerne Geschichtsbilder. Für Laien° ist es eine Art Gesellschaftsspiel, Geschichtsbilder von Nationen und ihrem Nationalcharakter zu entwerfen. Wer kann mit seinem Urteil° zurückhalten, wenn man vom Nationalcharakter der Deutschen oder Italiener, der Amerikaner oder Mexikaner spricht! Doch entsprechen Geschichtsbilder nicht der Wirklichkeit.

    Wenn wir allgemeine Meinungen über Deutschland und die Deutschen, England und die Engländer, die USA und die Amerikaner äußern°, müssen wir vieles weglassen°. War England schon immer für die Freiheit der Völker und für die Selbstverwaltung°? Man könnte die Frage bejahen°, wenn man vom Sklavenhandel° und vom Kolonialismus absieht°. Sind die USA für die Freiheit und Gleichheit der Menschen? Man könnte auch diese Frage bejahen, wenn man von dem Minoritätenproblem absieht.

    Bei der bunten° Geschichte der Deutschen ist der Fall besonders kompliziert. Das Geschichtsbild Deutschlands wurde im zwanzigsten Jahrhundert von Jahrzehnt zu Jahrzehnt anders. In der heutigen Zeit denken jüngere Menschen in der Welt vor allem an ein Deutschland, das im Zweiten Weltkrieg durch Bomben zerstört° war und nach wenigen Jahren seine Städte wieder aufgebaut° hatte. Mit Friedrich Schiller würden sie sagen: „Das Alte stürzt°, es ändert sich die Zeit, und neues Leben blüht aus den Ruinen."

    Während der Zeit Hitlers und der Nationalsozialisten hatte das Bild der Deutschen groteske Züge° angenommen. Es geschahen in der Tat von 1933, als Adolf Hitler Kanzler Deutschlands wurde, bis 1945, dem Ende des Zweiten Weltkrieges, grausame° Dinge. Ein blinder Deutschenhaß führte aber dazu, daß man Grausamkeit mit dem typisch Deutschen gleichsetzte°. Die Deutschen seien von Natur aus barbarisch, meinten viele.

    Einige Titel von Büchern, die während der Nazi-Diktatur in den USA erschienen, zeigen, wie bitter der Haß geworden war. „Von Luther bis Hitler" sind milde Worte. Die Epoche

---

entwerfen to sketch
der **Laie** layman

das **Urteil** opinion

äußern to express
weg-lassen to omit

die **Selbstverwaltung** self-government
bejahen to affirm
der **Sklavenhandel** slave trade
ab-sehen von to ignore

bunt checkered

zerstören to destroy

wiederauf-bauen to rebuild
stürzen to crumble

der **Zug** feature

grausam cruel, inhuman

gleich-setzen to equate

---

von Martin Luther (1483–1546) bis Hitler (1889–1945) war für den Autor aber die Zeit einer charakteristischen deutschen Entwicklung zum Nationalsozialismus. Ein anderer Schriftsteller ging noch weiter, als er von einer „Tausend Jahre alten Verschwörung°" schrieb. Er meinte nämlich, die geduldigen°, aber beharrlichen° Deutschen träumten seit tausend Jahren davon, die Welt zu versklaven°. Der dritte war mit einer Untersuchung der Vergangenheit nicht zufrieden und schrieb über die Zukunft°: „Die Deutschen werden es wieder versuchen." Noch ein anderer entdeckte viel Tierisches° in der deutschen Verschwörung und nannte sein Buch: „Deutschland: Jekyll und Hyde". Der vierte stellte im Titel seines Buches die Frage: „Ist Deutschland unheilbar°?" Der fünfte meinte in dem Band „Deutschland muß untergehen°" mit bitterem Haß, die Deutschen seien in der Tat tierisch; sie hätten die „Seele° eines Tigers". Wenn man sie sterilisiere, gebe es noch vor Beginn des einundzwanzigsten Jahrhunderts kein deutsches Problem mehr. Und die schwierigen Deutschen könnten nie wieder Schwierigkeiten machen.

die **Verschwörung** conspiracy
geduldig patient
beharrlich stubborn, persistent
versklaven to enslave
die **Zukunft** future
Tierisches (that is) bestial

unheilbar incurable
untergehen to perish
die **Seele** soul

Gedanken über die unheilbar aggressiven Deutschen fanden auch in der Politik ein Echo. Der Finanzminister° Franklin Delano Roosevelts, Henry Morgenthau, strebte° Deutschlands Entindustrialisierung° an°. Die Deutschen sollten wieder Bauern werden, wie sie es, zum großen Teil, vor der industriellen Revolution gewesen waren. Der Morgenthau-Plan spukte° jahrelang durch die Köpfe° der Menschen.

der **Finanzminister** Secretary of the Treasury
an-streben to strive for
die **Entindustrialisierung** deindustrialization
spuken (durch die Köpfe) to haunt
häßlich ugly

„Der häßliche° Deutsche" ist älter als „der häßliche Amerikaner". Kurz vor Beginn des Ersten Weltkrieges sagte der französische Staatsmann Georges Clemenceau: „Es gibt in Europa zwanzig Millionen Deutsche zuviel." In England meinte der englische Staatsmann Lloyd George: „Wir lachen über Dinge in Deutschland, die uns erschrecken° sollten." Der Kaiser hieß in England: „die Bestie° von Berlin". In den USA schrieb Theodore Roosevelt, daß Deutschland „der Krebs°" der Welt sei; Präsident Woodrow Wilson meinte im Jahr 1917, die Deutschen wären der Freiheit schon immer feind°. Im allgemeinen galten die Deutschen als barbarische Militaristen, deren U-Boote Schiffe voller Frauen und Kinder versenkten.

erschrecken to frighten
die **Bestie** beast
der **Krebs** cancer

feind hostile (to)

Zwischen den zwei Weltkriegen schwanden° die brutalen Züge im Bilde der Deutschen in Amerika. Man erinnerte sich an das Bild des tüchtigen°, aber gemütlichen Deutschen. Sie galten ja einmal als „das Volk der Dichter und Denker". Waren die Dichter, die Denker, die gemütlichen Biertrinker und die tüchtigen Wissenschaftler° wirklich zu brutalen Soldaten geworden?

schwinden to vanish

tüchtig efficient

der **Wissenschaftler** scientist

Manche Menschen, besonders ältere, glauben es immer noch. Im Jahre 1970 schrieb ein französischer Schriftsteller über das zweigeteilte° Deutschland von heute: „Ich liebe Deutschland. Ich liebe es so sehr, daß ich sehr froh bin, daß es jetzt zwei gibt." Der fünfundachtzigjährige Schriftsteller dachte an die Welt von gestern. Er befürchtete°, daß ein geeinigtes° Deutschland auf einen Dritten Weltkrieg hinarbeiten° würde.

Es wissen heute die meisten Menschen: Den Charakter einer Nation kann man nicht in ein Schema° pressen. Der Schweizer Dichter Carl Spitteler hatte vor vielen Jahren schon geschrieben: „. . . nur ein Kind oder ein Irrsinniger° dürfte eine ausnahmslos° gute oder schlechte Nation für möglich halten°." Da Geschichtsbilder aber nicht wegzuwischen° sind, muß man im Auge behalten, wie sie entstehen. Von Epoche zu Epoche vertritt° nämlich eine Minderheit° jede Nation vor der Geschichte. Bei den Deutschen waren es einmal Poeten, Komponisten und Philosophen, dann Chemiker, Physiker und Technologen, daneben harmlose Esser und Trinker und letztens Generäle und Nazi-Führer, große und kleine.

Was ist aber Deutsch — ohne alle Werturteile°?

WER IST HEUTE DEUTSCH?

Die etwa 62 000 000 Menschen, die in der Bundesrepublik Deutschland leben, heißen Deutsche. Die Menschen, die in der Deutschen Demokratischen Republik leben, zwischen 17 000 000 und 18 000 000, sind Deutsche. Obwohl die Sprache Österreichs und der zwei Briefmarken-Länder, Liechtenstein und Luxemburg, auch Deutsch ist, wird die Frage des Deutschseins schwierig. Manche Österreicher, besonders in den westlichen Gebieten des Landes, meinen, sie seien Deutsche. Viele andere behaupten° aber, sie seien nichts weniger als° Deutsche.

Die Schweiz gehörte vor Jahrhunderten zum Reich; einundsiebzig Prozent Schweizer sprechen Deutsch. Niemand behauptet aber heute, daß die Schweizer Deutsche sind. Mehr Menschen sprechen Deutsch als irgendeine andere Sprache Europas, aber alle deutschsprachigen Menschen sind keineswegs Deutsche im politischen Sinn des Wortes. Nur diejenigen, die in der BRD oder DDR leben, kann man ohne weiteres° so bezeichnen°. Außerhalb der Grenzen deutschsprachiger Länder leben weitere Millionen deutscher Menschen, die aber zum großen Teil Staatsbürger nichtdeutscher Länder geworden sind.

zweigeteilt divided into two parts

befürchten to fear
geeinigt unified
hin-arbeiten auf to work toward

das Schema pattern

der Irrsinnige madman
ausnahmslos invariable
halten für to consider
weg-wischen to wipe away
vertreten to represent
die Minderheit minority

das Werturteil value judgment

behaupten to assert, maintain
nichts weniger als anything but

ohne weiteres readily
bezeichnen to characterize

Könnte man zwischen Deutsch und Englisch hier eine Parallele ziehen? Ein englischsprechender Mensch könnte Engländer, aber auch Amerikaner, Kanadier, Australier, Südafrikaner oder Neuseeländer sein. Hier ist in der Tat eine Parallele, aber auch ein Gradunterschied°, denn die weite Verbreitung° der englischen Sprache ist einzigartig°.

der **Grad** degree

die **Verbreitung** diffusion, spread
einzigartig unique

WAS IST DEUTSCH — HISTORISCH BETRACHTET°?

betrachten to consider

Bei einer historischen Betrachtung der Frage „Was ist Deutsch?" wird der Raum größer als die Gebiete, die sich BRD und DDR nennen. Er wird sogar größer als der heutige deutsche Sprachraum.

Die Germanen°, die vor Christi Geburt in der Geschichte erschienen, lebten in Mittel- und Nordeuropa, kamen bis ans Schwarze Meer im Südosten, bis nach Spanien im Westen und überrannten Italien im Süden.

die **Germanen** Germanic tribes

Zwei germanische Stämme°, die Angeln und Sachsen, siedelten sich in England an°. Die verschiedenen Stämme der Germanen waren keine „Deutschen"; sie kannten das Wort gar nicht.

der **Stamm** tribe

sich an-siedeln to settle

In dem Sinne, in dem wir das Wort gebrauchen, gibt es Deutsche erst seit dem dreizehnten Jahrhundert. Von den Menschen, die in der BRD und der DDR leben, sind etwa dreißig Prozent vorherrschend° germanisch. Die Anthropologen können uns nicht erklären, was deutsch ist, denn eine deutsche Rasse gibt es nicht.

vorherrschen predominate

In der Geschichte der Deutschen läßt° sich keine klare Linie wie bei den Engländern und Franzosen erkennen°. Seit tausend Jahren gibt es ein England mit festen Grenzen und einem politisch-kulturellen Zentrum, der Stadt London. Seit tausend Jahren gibt es ein Frankreich mit relativ festen Grenzen und einem politisch-kulturellen Zentrum, der Stadt Paris.

läßt ... erkennen one cannot see a clear line of development

Deutschland ist keine geographische Einheit wie England und Frankreich; feste Grenzen hatte es nie. Der Titel „Geschichte Deutschlands", den viele Bücher führen, ist eine ungenaue Benennung, denn Deutschland ist keine alte Nation. Der deutsche Sprachraum hat eine alte Kultur, aber die heutige politische Konstellation ist erst einige Jahrzehnte alt.

Da die Nationalsozialisten von einem Dritten Reich sprachen, muß es aber ein Erstes und ein Zweites gegeben haben. Die Daten des Ersten Reiches sind 962—1806. Erst sprach man vom Romanum Imperium (Römisches Reich), dann Sacrum Imperium (Heiliges Reich), später Sacrum Romanum Imperium und noch viel später, und zwar im fünfzehnten Jahr-

Luther wollte keine neue Kirche gründen, er wollte die katholische Kirche reformieren. Im April 1521 war es aber schon zu spät; die Reformation hatte begonnen. In seiner Rede auf dem Reichstag zu Worms sprach er erst in deutscher, dann in lateinischer Sprache; die letzten Worte waren: „Gott helfe mir, Amen."

Zur Zeit der Reformation gibt es schon das gedruckte Wort, also Massenkommunikation. Luthers rhythmisch-melodische Übersetzung der Bibel ins Deutsche übt einen großen Einfluß auf die deutsche Sprache und Literatur aus.

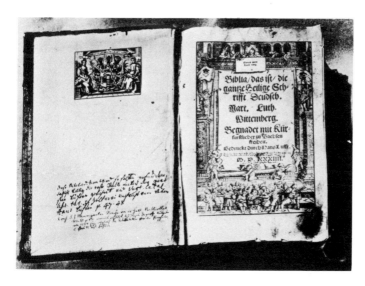

Was ist deutsch – historisch betrachtet?   **11**

Wenn wir die Epoche von der Mitte des achtzehnten bis zur Mitte des neunzehnten Jahrhunderts die Goethe-Zeit nennen, so könnten wir die Epoche von Gutenberg (1400–1468) bis Luther (1483–1546) und Kopernikus (1473–1543) als die Dürer-Zeit bezeichnen. Unter den zeitgenössischen deutschen Malern war er der größte. Er zeigt sich als Meister der Präzision, wenn er Hieronymus in seinem Zimmer malt. Man vergleiche zum Beispiel auch sein „Ritter, Tod und Teufel", „Die Melancholie" und „Adam und Eva".

hundert, vom Sacrum Romanum Imperium Nationis Germanicae (Heiliges Römisches Reich Deutscher Nation). Durch die frühe Bindung° an Rom und den Papst° betrachtete man das Reich als Nachfolger° des Römischen Imperiums. Der nationale Gedanke kam Jahrhunderte später hinzu. Neben den deutschen Landen gehörten Italien und Burgund zum Heiligen Römischen Reich Deutscher Nation. Die Bevölkerung war nur zum Teil deutschsprachig. Hinzu kam, daß manche Gebiete,

die **Bindung (an)** tie (to)
der **Papst** pope
der **Nachfolger** successor

die Schweiz und die Niederlande, im Laufe der Jahrhunderte von dem dezentralisierten Reich abfielen°.

ab-fallen to secede

WELTBEWEGENDE° EREIGNISSE°

Im deutschen Sprachraum des Reiches, und zwar in Mainz, dem Zentrum der deutschen Kirche, erfand° Johannes Gutenberg im fünfzehnten Jahrhundert die Buchdruckerkunst°. Die Milliarden von Büchern, Zeitschriften und Zeitungen der Welt gehen auf seine weltbewegende Erfindung zurück. Das erste gedruckte Buch ist die Bibel vom Jahre 1455. — Neu erwählte° amerikanische Präsidenten legen im Laufe ihrer Inauguration die Hand auf eine Kopie der Gutenberg-Bibel. — Am Anfang hatte die neue Druckliteratur vor allem kirchlichen Charakter. Die Auflagen° wurden immer größer; für arme Prediger° gab° man sehr billige „Armenbibeln" heraus°.

Als Gutenberg im Jahre 1469 starb, gab es an neun Orten Europas schon Druckereien. Sieben der neun waren in deutschsprachigen Städten. Zwei Jahre später konnte einer der ersten berühmten Drucker, Anton Koberger, in Nürnberg hundert Gesellen° und 24 Druckereipressen beschäftigen°. In den folgenden Jahrzehnten verbreiteten° sich der Buchdruck und der Buchhandel über ganz Europa.

Man konnte nicht mehr von einer deutschen Buchdruckerkunst sprechen, aber Deutschland spielte weiter eine führende Rolle. Frankfurt wurde schon im späten Mittelalter ein Zentrum für den Buchhandel. Heute ist die Frankfurter Buchmesse die wichtigste und größte der Welt. Im Jahre 1970 waren 3384 Verleger° von 66 Ländern in Frankfurt vertreten°. In der BRD erscheinen jährlich mehr neue Bücher als in England oder Frankreich oder in den USA. Die DDR nennt sich in einem Sonderdruck° „ein Land des Buches". Die Autoren des Büchleins schreiben: „Johannes Gutenberg ermöglichte durch seine Erfindungen die Massenverbreitung° des Buches . . . Durch die sozialistische Kulturpolitik des ersten deutschen Arbeiter- und Bauern-Staates wird es endlich möglich, daß ein ganzes Volk vom geistigen° Erbe° der Nation Besitz ergreift°." Tatsache ist, daß in der BRD mehr Bücher herauskommen als in der DDR. Tatsache ist auch, daß Bücher in der DDR aber bedeutend billiger sind als in der BRD.

Ohne die Erfindung der Buchdruckerkunst wäre die Reformation, die im sechzehnten Jahrhundert stattfand, undenkbar°. Es begann in der Luther-Stadt Wittenberg, die in der heutigen DDR liegt. Martin Luther ist bis heute eine umstrittene° Figur. Das Bild, das man von ihm entwirft, ist je

weltbewegend world-shaking
das Ereignis event
erfinden to invent
die Buchdruckerkunst art of printing

erwählt elected

die Auflage edition
der Prediger preacher
heraus-geben to publish

der Geselle journeyman
beschäftigen to keep busy
sich verbreiten to spread

der Verleger publisher
vertreten to represent

der Sonderdruck booklet

die Massenverbreitung circulation in large numbers

geistig intellectual
das Erbe heritage
ergreifen to take possession

undenkbar inconceivable
umstritten controversial

nach° religiösen und politischen Anschauungen° verschieden. je nach according to
die **Anschauung** view
Auf die Geschichte der Welt und, vor allem, auf die deutsche Geschichte hat Luther jedenfalls einen mächtigen Einfluß ausgeübt°. Bis zur Zeit der Reformation lebte in den Anschauungen der Kaiser des Heiligen Römischen Reiches Deutscher Nation die Idee der *einen* Christenheit. Sie sahen ihre Aufgabe° darin, der Einheit° der Christenheit zu dienen. Für sie gab es nur die eine Kirche und den einen Glauben. Mit der Reformation zerfiel diese Einheit. Die politische Dezentralisierung des Reiches hatte zwar schon begonnen, aber die Reformation beschleunigte° sie. Aus dem gespaltenen° Reich wurde ein Territorium von Kleinstaaten, während England, Frankreich und Spanien starke Nationalstaaten wurden.

Einfluß aus-üben to exert influence

die **Aufgabe** mission
die **Einheit** oneness, unity

beschleunigen to accelerate
spalten to split

In den Geschichtsbüchern nichtdeutscher Länder liest man von Luther und der Reformation ebenso wie in Deutschland. Dort schreibt man aber auch von einer anderen Seite Luthers. Ein Zeitgenosse° schrieb schon über ihn: „Luther ist Vater der deutschen wie Cicero der lateinischen Sprache." In der Tat ist Luthers Übersetzung der Bibel ins Deutsche eine der bedeutendsten Übersetzungen der Weltliteratur. Zahllose° deutsche Dichter sind bei Luther in die Schule gegangen°. Sein dichterischer Stil, der Rhythmus und die Melodie seiner Sprache haben die Literatur tiefgehend beeinflußt. Noch in der zweiten Hälfte des neunzehnten Jahrhunderts schrieb Friedrich Nietzsche: „Luthers Bibel war bisher° das beste deutsche Buch"; er nannte es „das Meisterstück der deutschen Prosa".

der **Zeitgenosse** contemporary

zahllos numerous
in die Schule gehen bei to learn from

bisher up to this time

DIE LETZTEN ZWEIHUNDERT JAHRE

Die politische Dezentralisierung des Reiches ging weiter. Territoriale Fürsten° hatten in den meisten Gebieten mehr zu sagen als der Kaiser. Einzelne Teile des Reiches, vor allem Preußen, wurden autonom°; man konnte nur dem Namen nach von einem Reich sprechen. Durch Napoleon verschwand am Anfang des neunzehnten Jahrhunderts auch der Name Deutsches Reich von der Landkarte.

der **Fürst** prince

autonom autonomous

Die Zeit politischer Ohnmacht° war eine Epoche kultureller Blüte. In dem Goethe-Beethoven-Kant-Zeitalter° (etwa 1770 bis 1830) sprach man von den Deutschen als dem „Volk der Dichter und Denker". Man vergleicht auch heute noch das goldene Zeitalter deutscher Kultur mit dem des alten Griechenland. Der Schriftsteller Victor Hugo machte damals, im neunzehnten Jahrhundert, einen weiteren Vergleich: „Deutschland ist das Indien des Abendlandes°."

die **Ohnmacht** powerlessness
das **Zeitalter** age

das **Abendland**
Western World

Erst Jahrzehnte später, im Jahre 1871, entstand das Zweite Reich. Der König von Preußen wurde der Kaiser von Deutschland, aber der eigentliche Gründer des neuen Reiches war Otto von Bismarck. Er wollte aus dem neuen Reich eine europäische, aber keine imperialistische Weltmacht machen. Solche Ambitionen hatten erst Kaiser Wilhelm II. und Adolf Hitler.

Infolge° der früheren Dezentralisation und des Fehlens eines politisch-kulturellen Zentrums findet man bis heute unterschiedliche° Lebensformen in den verschiedenen deutschen Landen. Es gibt wesentliche° Unterschiede in der Architektur und in der Kunst, in den Dialekten und in der Religion, in der Kleidung und im Essen und Trinken.

Das Zweite Reich brach° am Ende des Ersten Weltkrieges zusammen°. Es hatte nur siebenundvierzig Jahre gelebt. Die anderen, tausend Jahre alten, europäischen Nationen bestanden weiter. Vor einigen Jahren schrieb ein französischer Historiker: „Die Geschichte Deutschlands ist die Geschichte eines unglücklichen Volkes — eine Geschichte, die voll der Kontraste ist und voll der Extreme."

Im Jahre 1919 wurde die „Weimarer Republik" gegründet. Sie hieß so, weil die Verfassung° der Republik in Weimar, der Stadt Goethes und Schillers, also der deutschen Kultur im besten Sinne des Wortes, unterschrieben° wurde.

In der Republik entstanden durch die Verhältniswahl° Dutzende von politischen Parteien. Die Parteien bekamen je nach Zahl der Stimmen Abgeordnete° im Parlament. Hier nahmen die Deutschen die neu eingeführte Demokratie und den Parlamentarismus sehr ernst. Die größeren Parteien bildeten Privatarmeen, was dem Sinne des Wortes demokratisch aber nicht entsprach. Am Anfang der dreißiger Jahre wurde die Nationalsozialistische Privatarmee und die Nationalsozialistische Partei die stärkste. 1933 kam Adolf Hitler als Führer eines neuen Deutschen Reiches, des Dritten, an die Macht. Die Entstehung des Nationalsozialismus hat man auf verschiedene Weise erklären wollen: politisch, ökonomisch, psychologisch. Eine monokausale Erklärung gibt es nicht.

Nach sechs Jahren germanozentrischer Politik war Hitler der Führer eines Großdeutschen Reiches, das einen großen Teil des deutschen Sprachraumes umfaßte°. Nach weiteren sechs Jahren brannte die Hitler-Leiche° vor dem Berliner Führer-Bunker. An der Stelle, wo früher das Reich gewesen war, lag 1945 ein zerstörtes Gebiet, das man nicht Reich und kaum noch Deutschland nennen konnte.

Das zerbombte° Land wurde von den Alliierten in vier Zonen aufgeteilt°. Es gab keinen Friedensvertrag°, nur Ruinen und Schwarzen Markt. Ein Deutschland existierte nicht. Es war

infolge in consequence of

unterschiedlich differing
wesentlich fundamental

zusammen-brechen to collapse

die **Verfassung** constitution

unterschreiben to sign
die **Verhältniswahl** proportional representation
der **Abgeordnete** deputy

umfassen to include
die **Leiche** corpse

zerbomben to bomb to pieces
auf-teilen to divide up
der **Friedensvertrag** peace treaty

Die letzten zweihundert Jahre

Ludwig van Beethoven ist, neben Haydn und Mozart, der letzte der Wiener Klassiker. Als Zeitgenosse Goethes und Schillers las er ihre Werke mit Begeisterung. Er liebte Goethe, aber eigentlich ist er ein Geistesverwandter des Idealisten Friedrich Schiller. Man hört es zum Beispiel in der Neunten Symphonie mit dem Chor aus Schillers „Ode an die Freude". Neben Beethoven, Mozart, Haydn, Goethe und Schiller lebten zu der Zeit Kant, Hegel und Schopenhauer, Schubert, Schumann und Mendelssohn.

noch das Herzland Europas; aber war es noch ein Schwerpunkt° des Abendlandes? Konnte Europa überhaupt wieder ein Schwerpunkt der Welt werden? Europäische Großmächte gab es nicht mehr wie in den Jahrhunderten zuvor: Die Sowjets waren und blieben in Berlin und Budapest und Prag.

der **Schwerpunkt** strong and crucial center

Nach vier Jahren der Okkupation entstanden die zwei deutschen Staaten, die BRD und die DDR. Das Wirtschaftswunder hatte in der BRD schon begonnen. In einer Pariser Zeitschrift stand: „Der deutsche Arbeiter hat das Totenhaus, das Deutschland nach dem Kriege war, in ein Bienenhaus verwandelt." Die BRD trat 1955 der „Westeuropäischen Union" und dem Nordatlantikpakt (NATO) bei, die DDR unterzeichnete den Warschauer Pakt, das Militärbündnis° der Ostblockstaaten. Eine tiefe Kluft° trennte die zwei Deutschlands. Bis 1961 trafen sich Deutsche aus Ost und West in der zweigeteilten Stadt Berlin. Im August 1961 ließ die DDR eine vierundzwanzig Kilometer lange Mauer zwischen Ost- und West-Berlin bauen.

das **Bündnis** alliance
die **Kluft** gulf

Im Jahre 1971 war das hundertjährige Jubiläum der Gründung eines geeinigten Deutschlands. Journalisten schrieben nüchterne° Leitartikel°; Jahrhundertfeiern fanden nicht statt; die Deutschen hatten keine Lust.

nüchtern sober
der **Leitartikel** editorial

In der Epoche des überhitzten° Nationalismus, vom Anfang des neunzehnten bis zum zwanzigsten Jahrhundert, feierte man gerne patriotische Feste. In der Schule las man patriotische Legenden von Kaisern, Königen, Generälen und gewonnenen Schlachten. Die Nationalhymne und die Flaggen des Reiches erregten° Vaterlandsliebe.

Heute ist es den Menschen peinlich°, „Deutschland über alles" zu singen; die schwarz-rot-goldene Flagge rührt° sie nicht zu Tränen. Die Bundesrepublik ist ein Land ohne bedeutungsvolle° nationale Symbole. Die historische Stunde des Nationalismus ist vorüber. Der Präsident der BRD konnte in den siebziger Jahren in aller Öffentlichkeit° sagen: „Ich liebe nicht den Staat, ich liebe meine Frau." Europäisch gesinnte junge Leute meinen, sie gehören nicht zu ihrem Land, das Land gehört ihnen. Sie sind keine Patrioten, sie wollen keine Soldaten werden. Die Bundeswehr ist die schwächste deutsche Armee der letzten 200 Jahre. „Andre Zeiten, andre Vögel! / Andre Vögel, andre Lieder!"

Im Bundeshaushalt° der BRD findet man eine relativ kleine Summe für Heer°, Luftwaffe und Marine. Hingegen steht im Bundeshaushalt eine Buchung°, die es bei anderen Ländern

überhitzt overheated, impassioned

erregen to stir up
peinlich embarrassing
rühren to move

bedeutungsvoll meaningful

in aller Öffentlichkeit publicly

der **Bundeshaushalt** Federal Budget
das **Heer** army
die **Buchung** item, entry

Vier berühmte Deutsche! Bibliographien der Übersetzungen zeigen uns, daß keine Schriften so oft aus dem Deutschen übersetzt werden wie die von Karl Marx. Als er 1818 geboren wurde, war Goethe schon 69 Jahre alt. Der Faust-Dichter, Shakespeare und Dante

nicht gibt: Wiedergutmachung°. Bisher hat die BRD etwa 50 Milliarden Mark an das jüdische Volk, an Einzelpersonen und an den Staat Israel ausgezahlt. Theodor Heuss, Präsident der BRD von 1949 bis 1959, erklärte damals, „Wiedergutmachung" sei eine „Ersatzformel°". Die Zahlung der Gelder sei nur als „Ausdruck redlichen° guten Willens" zu verstehen.

Auf dem Gebiet der Entwicklungshilfe° steht die BRD nach den USA an zweiter Stelle in der Welt. Prozentual° steht die BRD mit 1,3 Prozent am Bruttosozialprodukt° sogar vor den USA.

DAS KULTURELLE ERBE°

In der BRD und in der DDR pflegt° man „das kulturelle Erbe" Deutschlands und des deutschen Sprachraums.

Bei den deutschen Klassikern — Lessing, Goethe, Schiller und Heine — ist man in der DDR geneigt°, sozialpolitische Aspekte der Literatur hervorzuheben° und die Dichter als Vorläufer des Sozialismus zu bezeichnen. Auch auf dem Gebiet der

die **Wiedergutmachung** restitution

die **Ersatzformel** makeshift term
redlich sincere
die **Entwicklungshilfe** aid for underdeveloped countries
prozentual proportionately
das **Bruttosozialprodukt** gross national product

das **Erbe** heritage

pflegen to cultivate

geneigt inclined
hervor-heben to stress

sind die bedeutendsten Dichter Europas, Goethe und Schiller die bedeutendsten Deutschlands. Und auf dem Gebiet der Wissenschaft ist unser Bild von der Welt und ihren Kräften durch Albert Einstein anders geworden. Die heutige Physik ist ohne ihn undenkbar.

Musik und der Kunst nimmt man die großen Deutschen gern für sich in Anspruch°. Als man im Jahre 1970 den zweihundertsten Geburtstag Beethovens feierte, stand in der DDR-Zeitschrift „Kontakt": „Für die fortschrittliche° Menschheit bleibt Beethoven der große revolutionäre Künstler und Bürger, der seine Interessen mit denen des Volkes verband ... Den Begründern° des Marxismus diente das Schaffen Beethovens als das große Beispiel einer heroischen revolutionären Kunst." Als der fünfhundertste Geburtstag Albrecht Dürers 1971 gefeiert wurde, stand in einer anderen Zeitschrift, „Neue Heimat". Journal aus der Deutschen Demokratischen Republik", die Kunst Dürers erreichte „erst heute in der Sphäre des realen Humanismus der sozialistischen Menschengemeinschaft° ihre volle Wirkung und Erfüllung. In der Deutschen Demokratischen Republik hat die Kunst Albrecht Dürers, gleich vielen anderen humanistischen und progressiven Leistungen° der Vergangenheit..., eine feste Heimstatt° gefunden."

Im Westen werden die Künste auch gepflegt, aber man legt weniger Gewicht° auf die sozialpolitische Seite der Kunst. Bach und Händel, Haydn und Mozart, Brahms und Mendels-

in Anspruch nehmen to claim

fortschrittlich progressive (socialist)

der Begründer founder

die Gemeinschaft community

die Leistung achievement
die Heimstatt home

das Gewicht weight

sohn, Wagner und Richard Strauss werden gespielt und gefeiert. Über das kulturelle Erbe schreibt man aber heute mit weniger Pathos als zur Zeit des Dritten oder des Zweiten Reiches.

Die Werke deutscher Komponisten und Maler, Dichter und Philosophen sind ja mehr als deutsches kulturelles Erbe. Sie gehören zur Weltkultur. Die Musik des Abendlandes ist ohne die Deutschen undenkbar. Ob die Dichter und Schriftsteller Goethe oder Jakob und Wilhelm Grimm heißen — sie gehören zur Weltliteratur. Manche, Hermann Hesse und Franz Kafka zum Beispiel, werden in nichtdeutschen Ländern mehr gelesen als im deutschen Sprachraum.

In der Geschichte der Wissenschaft und der Technologie, von Röntgen, Diesel und Bunsen bis zu Einstein, Heisenberg und Otto Hahn, haben die Deutschen eine führende Rolle gespielt.

In der Philosophie haben Leibniz, Kant, Hegel, Schopenhauer und Nietzsche die Denkformen der Menschen tief beeinflußt. Sigmund Freud und Karl Marx, der erste aus Österreich, der zweite aus dem Rheinland, haben in beispielloser° Weise auf das Denken und Handeln der Menschen eingewirkt°.

Der Russe Michail Bakunin, der lange in Deutschland gelebt hatte und vom deutschen Denken tief beeinflußt war, schrieb gegen Ende seines Lebens: „Wenn es keine Deutschen gäbe, müßte man sie erfinden."

beispiellos unprecedented

ein-wirken to have an effect

DIKTAT

Die Deutschen sind von Vorgestern und von Übermorgen — sie haben noch kein Heute ... Der Deutsche selbst ist nicht, er wird, er „entwickelt sich".

— *NIETZSCHE*

Deutschland braucht Europa, aber Europa braucht auch Deutschland. Wir wissen es im Geistigen: Wir sind in der Hitlerzeit ärmer geworden, als uns die Macht des Staates von dem Leben der Völker absperrte. Aber wir wissen auch dies: Die anderen würden ärmer werden, ohne das, was Deutschland bedeutet.

— *THEODOR HEUSS*

FRAGEN

Zweimal Deutschland

1. Warum entspricht das Wort Deutschland keiner politischen Wirklichkeit von heute? 2. Wie heißen die zwei deutschen Staaten, und wie nennt man sie noch?

3. Wie heißen die anderen Gebiete der Welt, die zum Teil rot und zum Teil nichtrot sind?

Landesgrenzen

1. Wie viele *Meilen* lang ist die Grenze zwischen der BRD und der DDR? 2. Wie heißen die zehn Nachbarn der zwei deutschen Staaten? 3. Vergleichen Sie die Größe der deutschen Staaten mit der Größe Großbritanniens, Japans, der Sowjetunion, Chinas und der USA! 4. Beschreiben Sie die Oder-Neiße-Linie! Ist sie eine Demarkationslinie oder eine Grenze?

Rohstoffe, Handel und Industrie

1. Zählt Deutschland zu den Ländern, die reich oder arm an Rohstoffen sind? Erklären Sie! 2. Wie steht es mit dem Handel und der Industrie in den zwei deutschen Staaten?

Das Klima

I. Ist das Klima in Deutschland dem Klima Kanadas ähnlich? Erklären Sie! 2. Regnet es viel oder wenig in Deutschland?

Flüsse, Berge und die Sprache

1. Nennen Sie die bedeutendsten deutschen Flüsse! Fließen sie alle von Süden nach Norden? 2. Was haben geographische Bezeichnungen mit der deutschen Sprache zu tun?

Geschichtsbilder

1. Haben Sie allgemeine Meinungen über Nationalcharakter? Zum Beispiel? 2. Glauben Sie, daß es einen amerikanischen Nationalcharakter gibt? 3. Warum ist der Fall bei den Deutschen kompliziert? 4. Nennen Sie die Titel von einigen Büchern, die während der Nazi-Zeit in Amerika erschienen! 5. Was war der Morgenthau-Plan? 6. Wie sah das Bild der Deutschen im neunzehnten Jahrhundert aus? 7. Was haben gewisse Minderheiten mit dem Bild einer Nation zu tun?

Wer ist heute Deutsch?

1. Welche deutschsprechenden Menschen sind Deutsche? 2. Welche deutsch-

Fragen **21**

sprechenden Menschen sind keine Deutschen? 3. Ist hier eine Parallele zwischen Deutsch und Englisch?

Was ist Deutsch — historisch betrachtet?

1. Waren die alten Germanen Deutsche? Erklären Sie! 2. Wie unterscheidet sich die deutsche von der englischen Geschichte? 3. Wie hieß das Erste Reich? Wie lange lebte es?

Weltbewegende Ereignisse

1. Was für eine Rolle spielte Deutschland in der Entwicklung des Druckens im fünfzehnten Jahrhundert? 2. Was für eine Rolle spielen die zwei deutschen Staaten im Drucken von Büchern heute? 3. Was zerfiel mit der Reformation? 4. Über welche Leistung Luthers liest man in Amerika wenig?

Die letzten zweihundert Jahre

1. Wie unterschieden sich die Ambitionen Hitlers von denen Bismarcks? 2. Was ist eine Folge der historischen deutschen Dezentralisierung? 3. Warum hieß die deutsche Republik 1919—1933 die Weimarer Republik? 4. Wie viele Parteien gab es in der Weimarer Republik? 5. Wie hat man schon die Entstehung des Nationalsozialismus erklärt? Was denken Sie darüber? 6. Wie änderten sich die Machtverhältnisse durch den Zweiten Weltkrieg? 7. Wann entstanden die heutigen deutschen Staaten? 8. Welche Militärbündnisse unterzeichneten die deutschen Staaten? 9. Erklären Sie die Worte „bedeutungsvolle nationale Symbole"! 10. Was unternimmt die BRD auf dem Gebiet der Entwicklungshilfe und der Wiedergutmachung?

Das kulturelle Erbe

1. Wie unterscheidet sich das Pflegen des kulturellen Erbes in der DDR von dem in der BRD? 2. Was schrieb man über Beethoven und Dürer in der DDR? 3. Was bedeutet „mit Pathos schreiben"? 4. Welche modernen deutschen Schriftsteller werden in den USA viel gelesen? Was haben Sie gelesen? 5. Welche Deutschen spielen Ihrer Meinung nach in der Weltkultur eine bedeutende Rolle?

KAPITEL 2

SAGEN, LEGENDEN UND MÄRCHEN[1]

Margaret Keidel Bluske

ALLGEMEINES

Sagen, Legenden und Märchen sind Prosaerzählungen in der Volkssprache. Sie sind Überlieferungen° aus alter Zeit. Wohl hat eine einzelne Person die Sage, die Legende oder das Märchen geschaffen, aber man hat sie in der Gemeinschaft erzählt oder gelesen. Danach waren sie Gemeingut°, und man hat vergessen, wer sie zuerst erfunden hat. Sie lebten im Volksmund° weiter und sind ein Teil der Volksdichtung geworden.

Bevor man Geschichten schreiben konnte, mußte man sie „sagen". Die Sage ist also ein mündlicher° Bericht° über eine Familie, einen Helden° oder eine historische Begebenheit°. Die meisten Sagen sind historische Berichte über eine Familie. Man erzählte, was die Familie durch mehrere Generationen erlebt hatte. Natürlich findet man „sagenhafte°" Elemente in dem Bericht, aber der Erzähler versuchte, die Familiengeschichte so objektiv wie möglich weiterzugeben°. Die Form ist einfach, die Handlung° ist die Hauptsache°.

[1] das **Märchen** fairy tale

die **Überlieferung** tradition, things handed down

das **Gemeingut** common heritage

der **Volksmund** vernacular

mündlich oral
der **Bericht** report
der **Held** hero
die **Begebenheit** event

sagenhaft fantastic
weiter-geben to transmit
die **Handlung** plot
die **Hauptsache** main thing

23

Im Mittelpunkt der Heldensage stehen Persönlichkeiten wie zum Beispiel Siegfried oder deutsche Kaiser wie Karl der Große. Historische Sagen haben als Hauptthema° geschichtliche Ereignisse°, aber man findet auch viele wunderliche° Elemente dabei. Da der Bericht von Mund zu Mund ging, spielten Phantasie und Gedächtnis° eine große Rolle. Hier und da vergaß man manches, oder man erzählte etwas mehr. Der Hauptgedanke aber blieb.

Das Volk versuchte in der weltlichen° Sage das Seltsame° zu erklären; eine hohe dunkle Felsenwand°, eine alte einsame° Burgruine, das Verschwinden° eines Kindes, das plötzliche Reichwerden eines Menschen. Der Erzähler brachte dann oft Dämonen, Hexen°, Teufel° und Geister° in die Geschichte hinein.

Das Wort „Legende", von dem lateinischen „legenda", bedeutet „das zu Lesende°". An dem Namenstag eines Heiligen° las° man dem Volk die Lebensgeschichte des Heiligen in der Kirche vor°. Ein Mensch konnte nur Heiliger werden, wenn er besondere Tugenden° besaß°, und wenn er Wunder° tun konnte. In der Sage ist das Historische wichtig, aber in der Legende sind nur Tugend und Wunder wichtig. Da die Legende von Mund zu Mund ging, änderte sich die Erzählung von Zeit zu Zeit, und die Wunder wurden seltsamer und geheimnisvoller°.

Märchen, Legenden und Sagen sind verwandt, doch in Form, Absicht° und Idee ganz verschieden. Die Sage versucht von einer wirklichen Begebenheit zu berichten, und die Form ist einfach. Die Welt der Märchen entspricht nicht der Welt der Wirklichkeit. In der Sage und in der Legende stehen Zeit und Ort fest. Man weiß, wann und wo die Geschichte beginnt. Im Märchen weiß man das nicht, denn es beginnt: „Es war einmal" oder „Vor vielen langen Jahren", und es endet: „Und wenn sie nicht gestorben sind, so leben sie noch heute." Man weiß auch nicht, in welchem Ort das Märchen beginnt. Die Personen haben keine Familiennamen. Sie heißen „Brüderlein und Schwesterlein", „Aschenputtel°" oder „Hans im Glück". Wunderliche Dinge geschehen: Tiere sprechen, Tote erwachen° wieder zum Leben, alte Menschen werden wieder jung, arme Leute werden reich, böse Geister verwandeln° Menschen in andere Gestalten°. Am Ende siegt° das Gute, und man bestraft° das Böse. Die Brüder Grimm schrieben: „Das Märchen ist poetischer, aber Legenden und Sagen sind historischer." Die Motive der Märchen sind oft Ausdruck° der Hoffnungen, der Wünsche und der Träume des Volkes.

Es folgen einige Sagen, Legenden und Märchen in der ein-

Haupt- main
das Ereignis event
wunderlich strange

das Gedächtnis memory

weltlich secular
das Seltsame strange things
der Felsen cliff
einsam lonely
das Verschwinden disappearance
die Hexe witch
der Teufel devil
der Geist spirit

das zu Lesende that which is to be read
der Heilige saint
vor-lesen to read aloud
die Tugend virtue
besitzen to possess
das Wunder miracle

geheimnisvoll mysterious

die Absicht intent

Aschenputtel Cinderella
erwachen to awaken

verwandeln to transform
die Gestalt form
siegen to triumph
bestrafen to punish

der Ausdruck expression

Germanische Sagen haben Richard Wagner den Stoff zu vielen seiner Opern gegeben. „Tannhäuser" ist die Geschichte eines Ritters, der durch die Liebe zu Frau Venus alles Gute vergißt. „Tristan und Isolde" erzählt von der Liebe, „die zwei Menschen ins Unglück stürzt". „Lohengrin" ist ein Ritter des heiligen Grals, der „eine schöne Prinzessin aus der Not rettet". „Parzifal" will Gralsritter werden, aber er muß erst beweisen, daß er ein mitleidiges Herz hat. Die Heldensagen von Siegfried, Brunhild, Kriemhild und anderen hört man im „Ring der Nibelungen". Der Kapitän, der verdammt ist, um die Welt zu segeln, bis die Liebe eines unschuldigen Mädchens ihn erlöst, ist der „Fliegende Holländer".

fachen Form, in der sie Menschen des deutschen Sprachgebietes sehr früh in ihrem Leben kennenlernen.

EMMA UND EINHARD [2]

Karl der Große (742–814) war seit 768 König der Franken und wurde im Jahre 800 Kaiser eines großen Reiches auf dem europäischen Kontinent. Der mächtige° Kaiser herrschte über weite Teile von Frankreich, Italien und Deutschland und versuchte, Europa im christlichen Glauben° zu vereinigen und zusammenzuhalten. Karl reiste viel, aber er war in Aachen zu Hause; seine Muttersprache war ein althochdeutscher Dialekt.

    Karl der Große liebte seine Kinder sehr; man erzählt viele Geschichten von ihm als Familienvater. Da seine Töchter sehr

mächtig mighty

der Glaube faith

[2] The story cannot be documented historically.

Es gibt über hundert lustige Erzählungen von Till Eulenspiegel, einem Handwerker aus dem vierzehnten Jahrhundert. Immer wieder werden Sammlungen dieser Geschichten neu gedruckt. Eine typische Eulenspiegel-Geschichte ist folgende:

Till geht in ein Wirtshaus: „Ich will für mein Geld das beste Essen!" Der Wirt bringt Suppe, Fisch, Fleisch, Gemüse, Kartoffeln, Salat, Wein. Am Ende kommt die große Rechnung, aber Till legt nur zehn Pfennig auf den Tisch. „Ich habe ‚für mein Geld' gesagt, und zehn Pfennig ist mein ganzes Geld!"

schön waren, sollten sie immer bei ihm bleiben. Sie durften nicht mit jungen Männern ohne seine Erlaubnis° sprechen. Sie sollten nicht heiraten und ihn verlassen°. Die jüngste Tochter, Emma, war besonders anmutig°; Karl liebte sie über alles.

die **Erlaubnis** permission
verlassen to leave
anmutig charming

Der Kaiser hatte einen Schreiber namens Einhard. Der junge Mann war ein Liebling° des Kaisers, denn er war intelligent, treu und fleißig. Jeden Tag mußte er für den Kaiser aufschreiben, was wichtig war, und jeden Tag sah ihn Emma durch das Fensterchen der Schreibstube°. Einhard hatte auch das Mädchen gesehen, aber nur von weitem°. Sie gefiel ihm sehr, aber die zwei jungen Menschen durften nicht miteinander° sprechen.

der **Liebling** favorite

die **Stube** small room
von weitem from afar

einander one another

Einhard erfuhr mit der Zeit, wo Emmas Zimmerchen war. Eines Abends, als es dunkel war, ging er leise über den Hof und klopfte sanft° an das Fenster. „Ich bin der Schreiber Einhard", flüsterte° er. „Ich muß mit Ihnen sprechen." Emma war glücklich, die Stimme des jungen Mannes zu hören. Sie öffnete das Fenster und ließ Einhard ins Zimmer steigen. Sie hatten viel zu erzählen und zu fragen. Die Zeit verging° schnell. Einhard versprach, so oft wie möglich wiederzukommen.

sanft gently
flüstern to whisper

vergehen to pass

Es war nun einige Monate später, mitten° im Winter und kurz vor Weihnachten°. Kaiser Karl war in seinem Schlafzimmer. Es war lange nach Mitternacht, aber der Kaiser konnte nicht schlafen. Er stand auf und nahm ein Manuskript in die Hand. Lesen war für ihn schwer, aber er wollte es lernen. Es war so kalt im Zimmer, daß er sich nicht konzentrieren° konnte. Er ging an das Fenster und schaute hinaus. Es war eine mondklare Nacht. „Wie herrlich° ist doch die Natur!" dachte er. Es hatte geschneit, und alles war weiß. Da sah Kaiser Karl plötzlich eine merkwürdige° Gestalt über den Hof gehen. Wer war das? War das —? Nein! Das konnte nicht sein. Und doch — im hellen Mondschein war es klar. Seine Emma ging langsam und mühsam° über den Hof, und sie trug — ja doch! Das war er! Sie trug den Schreiber Einhard huckepack°.

mitten middle
Weihnachten Christmas

sich konzentrieren to concentrate

herrlich splendid

merkwürdig peculiar

mühsam with effort
huckepack piggyback

Das war so gekommen. Die jungen Leute hatten den Flug° der Zeit nicht bemerkt°. Es war so schön, zusammen zu sein. Sie versprachen, einander immer treu zu bleiben. Endlich bemerkten sie doch, daß es sehr spät geworden war. Einhard mußte schnell fort°! Sie schauten zum Fenster hinaus und sahen zu ihrem Erstaunen°, daß es inzwischen geschneit hatte. Die Erde war mit tiefem Schnee bedeckt°. Wie konnte Einhard über den Schnee laufen? Seine Schuhe mußten Spuren° hinterlassen. Was sollten sie tun? Emma kam auf die Idee, Einhard auf dem Rücken zu tragen. So würden nur *ihre* kleinen Schuhe Spuren hinterlassen. Das wäre in Ordnung°. Einhard wollte nicht. Die kleine Emma ihn tragen? Leider gab es keinen anderen Ausweg. Es waren nur zwanzig oder dreißig Schritte. Leicht war es nicht für sie, aber es mußte sein. Diese Szene beobachtete° nun Kaiser Karl, als er zum Fenster hinaussah.

der **Flug** flight
bemerken to notice

fort away
das **Erstaunen** astonishment
bedeckt covered
die **Spur** track

in Ordnung all right

beobachten to observe

Am nächsten Morgen rief der Kaiser seinen Schreiber: „Wo

warst du gestern nacht?" Einhard wußte, der Kaiser stellte diese Frage nicht ohne einen guten Grund. Er antwortete: „Ich liebe Eure Tochter, und ich weiß, ich kann sie glücklich machen." Der Kaiser war wütend°, aber Einhard hatte die Wahrheit gesagt. Also gab ihm der Kaiser eine leichte Strafe°, verbannte ihn aber für immer aus dem Land. Emma hörte davon, packte ein Bündel und floh in der Nacht. Zusammen wanderten Einhard und Emma in ein anderes Land.

wütend furious
die Strafe punishment, sentence

Am folgenden Tag hörte der Kaiser von der Flucht seiner Tochter. Er war unglücklich und schickte Reiter aus, um das Paar zu suchen. Es war verschwunden, hatte keine Spur hinterlassen; alles Suchen half nichts. Der Kaiser wartete lange Monate, aber seine Tochter kam nicht wieder. Traurig gab er alle Hoffnung auf, sie wiederzusehen.

Vier Jahre vergingen. Während eines Feldzuges° in Schwaben° ging der Kaiser eines schönen Sommertages auf die Jagd° in einem großen grünen Wald. In seinem Jagdeifer° ritt er so schnell, daß er von seinen Leuten abkam°. Endlich bemerkte er, er war tief im Wald und ganz allein. Er konnte den richtigen Weg nicht mehr finden! Hungrig und durstig ritt er weiter. Nach mehreren Stunden kam er an ein einsames Waldhäuschen. Er stieg vom Pferd und klopfte an die Tür. Die Tür ging auf°, und vor ihm stand ein dreijähriges Mädchen. Es sah wie Emma aus, der Kaiser nahm es in die Arme. In diesem Augenblick kam die Mutter aus der Küche.

der Feldzug campaign
Schwaben Swabia
die Jagd hunting
der Eifer zeal
ab-kommen to get separated

auf-gehen to open

Alle drei weinten, Kaiser und Tochter vor Glück, und das kleine Mädchen vor Angst°. Einhard kam dann auch bald nach Hause. Der Kaiser bat die kleine Familie, nach Aachen zurückzukommen. Das tat sie gern. Alle lebten noch viele Jahre glücklich zusammen.

vor Angst with fright

DER MÄUSETURM

Bei Bingen am Rhein sieht man einen alten Turm°. Er steht auf einer kleinen Insel; viele Schiffe fahren da vorbei°. Der Turm heißt der Mäuseturm, und man erzählt folgende Geschichte darüber:

der Turm tower
vorbei past

Um das Jahr 900 lebte ein Bischof Hatto in Mainz am Rhein. Er war ein reicher Mann. Der Bischof hatte viele Häuser, weite Felder, große Wälder und viel Geld, aber er war ein hartherziger Mensch. Er wollte alles für sich haben und wollte keinem Menschen helfen. Bischof Hatto füllte seine Scheunen° voll mit Korn und Brot und führte ein lustiges Leben.

die Scheune barn

Jahrelang ging alles gut. Dann kam eine große Hungersnot° über das Land. Viele Menschen hatten nichts zu essen und

die Hungersnot famine

Die Legende von Faust geht viele Jahrhunderte zurück und hat sich im Laufe dieser Zeit über die ganze Erde verbreitet. Johann Wolfgang von Goethe verwandelte den Stoff in eines der größten Werke der Weltliteratur. Das Streben Fausts zu erfahren „Was die Welt im Innersten zusammenhält" führt zu einem Bund mit dem Teufel, zu großen Abenteuern und zu tiefer Schuld. Am Ende retten ihn die Engel, denn

Wer immer strebend sich bemüht,
Den können wir erlösen.

starben vor Hunger. Endlich kam das Volk zu Bischof Hatto. „Herr Bischof", riefen die Leute, „hilf uns! Gib uns etwas zu essen! Du hast so viel, und wir haben nichts." Aber der Bischof schickte sie mit harten Worten fort, obwohl er fast alle Häuser und Scheunen voll hatte.

Da kam das Volk wieder zu Bischof Hatto. Es rief wieder: „Hilf uns, bitte! Nicht nur wir haben Hunger, unsere Kinder haben auch nichts zu essen. Gib uns etwas für unsere Kinder!" Der Bischof hörte wieder nicht, er gab ihnen nichts und sagte nur: „Das ist nicht meine Sorge. Laßt mich in Ruhe°!" Die Menschen waren in solch großer Not°, sie wollten nicht nach Hause gehen. Sie blieben vor dem Haus des Bischofs und riefen immer lauter: „Hilf uns, hilf uns!" Endlich war es ihm zuviel.

in Ruhe lassen to leave in peace
die Not distress

Der Mäuseturm   **29**

Er ließ seine Diener kommen und befahl° ihnen: „Sagt den Menschen, ich gebe ihnen etwas zu essen. Sie sollen in die Scheune kommen und es holen. Sagt ihnen aber nicht, daß sie leer ist. Wenn die Leute in der Scheune sind, schließt die Tore° und macht ein Feuer! Dann stören° mich diese Menschen nicht mehr!"

Die Diener mußten machen, was der Bischof befahl. Sie sagten den Menschen, sie sollten in die große Scheune gehen. Schnell lief das Volk in die Scheune, die Diener schlossen die Tore. Die Scheune begann zu brennen, und die Menschen konnten nicht hinaus. Sie schrieen um Hilfe. Der Bischof sagte: „Hör', wie die Mäuse quieken°!"

Kaum hatte der Bischof diese Worte ausgerufen, da wurde der Himmel dunkel. Aus dem Feuer in der Scheune rannte eine Maus, dann noch eine, und dann immer mehr. Zehn, zwanzig, fünfzig, hundert Mäuse sprangen, liefen, rannten aus dem Feuer! Zweihundert, dreihundert, vierhundert — immer mehr! Wie eine Wasserflut° stürzten° sie in das Haus des Bischofs. Sie liefen durch die Türen, sie sprangen durch die Fenster. Sie liefen durch die Vorzimmer°, die Wohnzimmer, die Eßzimmer, die Küchen und suchten den Bischof. Endlich erreichten sie ihn in seinem Schlafzimmer.

Hatto mußte fliehen. Er öffnete ein Fenster und sprang hinaus in den Garten. Er rannte zum Stall°, sattelte sein schnellstes Pferd und ritt an den Rhein. Dort lag ein Ruderboot°. Der Bischof band es los°, stieg hinein und ruderte so schnell er konnte zu dem Turm auf der kleinen Insel im Rhein. „Hier bin ich sicher", dachte er. „Mäuse können nicht schwimmen. Hier bleibe ich." Er legte sich in das Bett und wollte schlafen.

Die vielen Mäuse sprangen aber in den Fluß, hielten aneinander° fest° und gingen nicht unter. Sie erreichten den Turm nur wenige Minuten später. Sie sprangen gegen die Türen und die Fenster. Türen und Fenster brachen ein°; Mäuse liefen zu Tausenden in den Turm. Sie rannten durch die Zimmer und fanden den Bischof in seinem Bett.

Später suchten ihn die Diener. Sie fanden nur seine Pantoffeln°. Die Mäuse hatten ihn mit Haut und Haar gefressen°. Seit diesem Tag nennt das Volk den Turm den „Mäuseturm".

DIE LEGENDE VOM ALTEN SPIELMANN°

Ein armer Spielmann lebte vor vielen langen Jahren am Rhein. Der alte Mann hatte keine Familie mehr, weder Frau noch° Kinder. Er hatte auch kein Zuhause° und wanderte von Ort zu

befehlen to command

das Tor gate
stören to disturb

quieken to squeak

die Flut flood
stürzen to dash

das Vorzimmer reception room

der Stall stable

das Ruderboot rowboat
los-binden to untie

fest-halten to hold fast
aneinander to one another

ein-brechen to break down

der Pantoffel slipper
fressen to devour

der Spielmann minstrel

weder . . . noch neither . . . nor
das Zuhause home

Ort mit seiner Geige° unter dem Arm und seinem alten Hut auf dem Kopf. Sobald° er einige Menschen erblickte°, nahm er seine Geige in die Hand, stellte den Hut auf die Erde und spielte ein Liedchen. Manchmal warfen die Menschen eine Münze° in den Hut. Dann dankte der Alte freundlich und kaufte sich ein Stück Brot zu essen.

Der arme Spielmann wurde alter, und sein Spiel wurde nicht schöner. Junge Menschen kamen, die besser spielen konnten, ihre Musik war lustiger. Schließlich kam der Tag, wo der alte Mann gar nichts mehr hatte. Kein Mensch schenkte ihm etwas. Niemand hörte° seiner Musik zu°. Er war hungrig und zitterte° vor Kälte, denn es war Winter und bitterkalt. Die Füße konnten ihn kaum mehr tragen, und er wußte nicht, wo er in der Nacht schlafen sollte. Plötzlich sah er den großen Dom° der Stadt vor sich. In seiner Not ging der Alte hinein. „Hier ist es nicht so kalt wie auf der Straße", dachte er traurig.

In der stillen dunklen Kirche nahm der Alte den Hut ab, sank auf eine Bank und machte° die Augen zu°. Eine große Ruhe kam über ihn. Nach einigen Minuten öffnete er die Augen wieder. Direkt vor ihm stand eine Statue der Madonna. Sie trug ein langes goldenes Kleid, und um die Schultern hatte sie einen blauen Sternenmantel. Sie sah den Alten so freundlich an, daß er vor sie trat und auf die Knie sank. Den Hut stellte er auf den Boden. Dann faltete° er die Hände und betete: „Liebe Mutter Gottes, ich bin in großer Not, aber ich kann nicht betteln°. Ich spiele dir mein letztes Lied, bevor ich sterbe." Er nahm die Geige und spielte eine schöne Melodie. Zuerst ging es nicht gut, denn die Finger waren kalt und steif°. Langsam wurde es besser. Als das Lied zu Ende war, lächelte° die Madonna ihm zu°. Die Engel in der Kirche lächelten mit.

Dann hob die Madonna langsam ihren langen Rock und ließ einen ihrer goldenen Schuhe in den Hut des alten Mannes fallen. „Danke, danke", murmelte° der Alte. Er stand auf, so schnell er konnte, und schwankte° hinaus auf die Straße. Nicht weit vom Dom fand er den Laden eines Goldschmieds, und er trat ein°. „Bitte, gib mir Geld für dieses goldene Schuhchen", bat er schüchtern°. Der Goldschmied sah erst den goldenen Schuh und dann den alten Mann erstaunt° an. „Nicht so schnell, mein lieber Mann! Woher hast du diesen Schuh?" Der arme Spielmann antwortete leise: „Die Madonna hat ihn mir gegeben." Der Goldschmied lachte laut auf°: „Du hast den Schuh gestohlen!"

Der Goldschmied rief die Soldaten der Stadt, sie griffen den alten Mann und warfen ihn in den Turm der Burg°. Am nächsten Tag kam er vor das Gericht, aber kein Mensch glaubte seine Geschichte. Niemand konnte für ihn sprechen,

die **Geige** violin

sobald as soon as
erblicken to catch sight of

die **Münze** coin

zu-hören to listen to
zittern (vor) to tremble (with)

der **Dom** cathedral

zu-machen to close

falten to fold

betteln to beg

steif stiff
zu-lächeln to smile at

murmeln to murmur
schwanken to totter

ein-treten to enter
schüchtern shy
erstaunt astonished

auf-lachen to start to laugh

die **Burg** fortress

denn niemand war in der Kirche gewesen. Da entschied der Richter°: „Der Tod am Galgen° ist, was ein Kirchendieb° verdient!"

<aside>der **Richter** judge
der **Galgen** gallows
der **Dieb** thief</aside>

Kurz bevor der alte Mann sterben sollte, fragte ihn der Richter: „Hast du einen letzten Wunsch?" „O ja", seufzte° der alte Spielmann. „Gib mir meinen Hut und meine Geige und laß mich noch einmal in den Dom gehen!"

<aside>**seufzen** to sigh</aside>

Der Richter und alle Soldaten begleiteten° den Alten zum Dom. Die halbe Stadt lief mit. Im Dom ging der Alte zu der Statue der Madonna und kniete vor ihr nieder°. Dieses Mal war er nicht allein. Richter, Soldaten und die halbe Stadt standen um ihn herum°. Der alte Spielmann legte den Hut auf den Boden, faltete die Hände und rief: „Liebe Mutter Gottes, du wolltest mir gestern helfen, aber du hast mich nur in größere Not gebracht. Man will mich heute aufhängen. Hilf mir, ich bitte dich!" Er nahm die Geige in die Hand und spielte wieder dieselbe Melodie.

<aside>**begleiten** to accompany
nieder down
um ihn herum round about him</aside>

Zuerst ging es nicht gut, denn der alte Mann war ängstlich°. Es standen so viele Leute umher. Allmählich° wurde es besser, und als das Lied zu Ende war, lächelte die Madonna ihm wieder zu. Auch lächelten die Engel mit, und wieder hob die Madonna ihren langen goldenen Rock und ließ das andere Schuhchen in den Hut des Spielmanns fallen.

<aside>**ängstlich** nervous
allmählich gradually</aside>

Der Richter, die Soldaten und die halbe Stadt brachen in Jubel° aus. Sie führten den Alten in ein kleines Haus und gaben ihm soviel Geld als er brauchte. Er durfte bis an sein Lebensende dort bleiben, und alle Menschen verehrten° ihn sehr.

<aside>der **Jubel** jubilation
verehren to esteem</aside>

Der Richter aber gab der Madonna ihre goldenen Schuhe nicht zurück. Sie sollte nie mehr in Versuchung° kommen, sie zu verschenken°. Nun liegen sie in einem Glaskästchen im Dom, und die barmherzige° Madonna steht barfuß dort.

<aside>die **Versuchung** temptation
verschenken to give away
barmherzig merciful</aside>

DIE LEGENDE VON DEM RIESEN° OFFERUS

<aside>der **Riese** giant</aside>

Offerus war ein Riese, das heißt, er war über zwei und ein halb Meter° groß. Da er sehr stark war, beschloß° Offerus: „Ich will wandern und den mächtigsten Herrn der Welt finden. Ihm will ich dienen." Er wanderte, bis er zu einem großen König kam. Dieser herrschte über ein weites Land und viele Menschen. Der König nahm Offerus in seinen Dienst auf, denn er war stark, groß und freundlich.

<aside>**zwei und ein halb Meter** over seven feet
beschließen to decide</aside>

Eines Tages kam ein Spielmann an den Hof° des Königs. Er sang vor dem König und dem ganzen Hof. In seinem Lied

<aside>der **Hof** court</aside>

nannte er den Teufel; der König wurde blaß°. Offerus fragte den König: „Warum bist du so blaß?" Der König antwortete: „Der Teufel hat große Macht; ich fürchte mich vor° ihm." „O ho!" rief Offerus, „wenn die Macht° des Teufels größer ist, dann suche ich ihn und diene ihm, da er gewaltiger° ist als du!"

Offerus ging und suchte den Teufel überall. Eines Tages kam er in einen dunklen Wald. Er sah eine Gruppe von Edelleuten, darunter einen grauenvollen° schwarzen Ritter. Dieser ritt stürmisch voran° und fragte Offerus: „Was willst du hier?" Offerus antwortete: „Ich suche den Teufel, denn man sagt, er ist mächtiger als der mächtigste König. Ich will ihm dienen." Da sprach der Ritter: „Der Teufel bin ich!" Und er nahm Offerus in seinen Dienst.

Eines Tages kamen der Teufel und Offerus auf eine lange breite Straße. Da stand ein Kreuz° am Weg. Der Teufel bog° vom Weg ab° und wagte° nicht, auf dem Weg zu reiten. Offerus fragte: „Warum reitest du nicht auf dem geraden Weg?" Der Teufel wollte ihm keine Antwort geben, aber zuletzt° mußte er es doch. „Das Kreuz ist das Zeichen Christi, und davor fürchte ich mich. Ich muß immer vor dem Zeichen des Kreuzes fliehen." Da sprach Offerus: „Das Kreuz ist mächtiger als du, also ist es Christus auch. Ich suche ihn und diene ihm." Er verließ den Teufel und suchte den Herrn, der mächtiger war als der Teufel.

Offerus fragte überall, aber es war nicht leicht, Christus zu finden. Endlich kam er an einen Fluß. Ein Einsiedler° lebte dort, und Offerus fragte ihn: „Weißt du, wer der größte Herr der Welt ist? Ich will ihm dienen." „Ja", antwortete der Einsiedler, „der mächtigste Herr der Welt ist Gott. Es ist nicht leicht, ihm zu dienen. Du mußt fasten, beten und wachen°." „Aber", sagte Offerus, „ich mag nicht beten, fasten und wachen!" „So?" sagte der Einsiedler, „dann bleibe hier am Wasser. Hier ist weder Brücke noch Boot. Du kannst Menschen in Gottes Namen über den Fluß tragen und ihm dabei dienen." „Gut", sagte Offerus, „das tue ich gern." Und er baute eine Hütte am Wasser und trug Menschen Tag und Nacht in Gottes Namen viele Jahre lang über den Strom.

Eines Nachts war Offerus müde und wollte schlafen. Er legte sich ins Bett und schlief fest ein°. Plötzlich hörte er ein Kind rufen. Der Riese stand auf und lief hinaus in die dunkle Nacht und zum Fluß hinunter. Er suchte lange, aber er konnte das Kind nicht finden. Offerus ging nach Haus zurück und versuchte wieder einzuschlafen. Da hörte er das Kind von neuem°. Er stand wieder auf und ging noch einmal an den

blaß pale

sich fürchten vor to be afraid of
die Macht power
gewaltig powerful

grauenvoll ghastly
voran ahead

das Kreuz cross
ab-biegen to turn away
wagen to dare
zuletzt at last

der Einsiedler hermit

wachen to watch

ein-schlafen to fall asleep

von neuem again

Die Legende von dem Riesen Offerus

33

Fluß, aber er fand niemand. Als das Kind das drittemal rief, entdeckte° er es. Der Riese nahm es auf den Arm und ging in das Wasser. Das Wasser wurde aber so tief, und die Strömung° so wild, daß Offerus kaum stehen konnte. Das Kind wurde immer schwerer, so daß Offerus glaubte, er müßte sinken und ertrinken°. In seiner Not rief er: „Kind, du bist so schwer, mir ist, als ob ich die Last° der ganzen Welt trüge!" Er gab aber nicht auf, erkämpfte sich° den Weg durch das Wasser und erreichte todmüde das andere Ufer°.

Das Kind verschwand, aber Offerus hörte noch die Worte: „Du hast nicht nur die Welt, sondern auch das Christuskind getragen. Deinen Stab° sollst du morgen in die Erde pflanzen. Er wird blühen und Früchte tragen. Du sollst auch nicht mehr Offerus heißen. Man wird dich Christofferus nennen, und du sollst mir ewig dienen." Christofferus pflanzte den Stab in die Erde, und dieser wuchs in einer Nacht zu einem Baum und blühte. Er diente seinem Herrn in Treue und Liebe sein Leben lang.

entdecken to discover
die Strömung current

ertrinken to drown
die Last load, burden
sich erkämpfen to gain by struggle
das Ufer shore

der Stab staff

EINE ALTE BAUERNLEGENDE

Es waren einmal zwei Bauern. Sie lebten als Nachbarn in einem Dorf. Der eine war reich und hatte eine Herde von hundert Schafen°. Der andere war arm und hatte nur drei Schafe. Da ging der arme Bauer zu dem reichen und sagte: „Ich habe kein Weideland° mehr und kann meine drei Schafe nicht mehr füttern°. Kannst du mir helfen? Dürfen meine drei Schafe mit deiner Herde weiden°? Ich schicke auch meinen kleinen Sohn mit auf das Weideland. Er kann über unsere Schafe wachen."

Der reiche Bauer war zuerst grob° und wollte es nicht. Endlich sagte er doch ja. Die drei Schafe durften mit den hundert Schafen des reichen Mannes zusammen weiden, und der kleine Sohn wachte über sie.

Eines Tages schickte der König des Landes eine Botschaft° zu dem reichen Bauern. „Du sollst dem König ein fettes Schaf schicken. Es gibt heute ein großes Fest, und der König will ein Schaf schlachten°", riefen die Boten°. Der reiche Bauer wollte kein Schaf abgeben und befahl seinen Knechten°, eines von den drei Schafen des armen Mannes zu nehmen. Der kleine Sohn des Bauern weinte.

Nach einiger Zeit kamen die Boten des Königs wieder und verlangten noch einmal ein fettes Schaf für ein Fest des Königs. Wieder befahl der reiche Bauer, eines der zwei Schafe des armen Bauern zu nehmen, und wieder weinte der kleine Sohn.

das Schaf sheep

das Weideland pasture
füttern to feed
weiden to graze

grob rude

die Botschaft message

schlachten to slaughter
der Bote messenger
der Knecht farmhand

Am nächsten Tag stand er auf, nahm das letzte Schaf und wanderte weit von der Herde des reichen Bauern, denn er dachte: „Vielleicht kommen die Boten des Königs zurück und nehmen unser letztes Schaf weg." Er wanderte drei Tage und kam schließlich an ein herrliches Weideland. Es war von hohen Bergen umgeben° und vor rauhen° Winden geschützt°. Schöne Blumen wuchsen dort, und ein klares Bächlein rieselte° durch die grüne Wiese°.

Eines Tages sagte der arme Bauer: „Ich muß doch gehen und sehen, wie es meinem Sohn und den drei Schafen geht." Er fand aber weder seinen Sohn noch die drei Schafe. Niemand wußte, wo sie waren. Traurig wanderte der arme Bauer durch das Land und suchte seinen Sohn. Er fragte die helle Sonne, aber sie konnte ihm den Weg nicht zeigen. Dann fragte er den rauhen Wind. Dieser zeigte ihm den Weg. Da sah er das schöne Tal von hohen Bergen umgeben und seinen Sohn mit dem einzigen° Schaf. Er blieb dort bei seinem Sohn an dem klaren Bächlein, das durch die grüne Wiese rieselte, denn das Schaf war sein letzter Besitz. Er und sein Sohn wollten es zusammen hüten°. Eines Tages kamen zwei Wanderer in das einsame Tal. Sie sagten: „Wir sind müde und hungrig. Dürfen wir die Nacht hier bei euch bleiben? Könnt ihr uns etwas Fleisch zu essen geben? Wir haben tagelang nichts gegessen und sind schwach vor° Hunger." Der arme Bauer hatte Mitleid° mit ihnen, aber er hatte kein Fleisch. Er hatte nur etwas Schafmilch und Käse. Er schlachtete das Schaf und gab den beiden Wanderern das Fleisch zu essen. Er wußte nicht, daß es der Heiland° und Sankt Petrus waren.

Als es Nacht wurde, gebot° der Heiland dem Sohn, alle Knochen° in das Schaffell° zu sammeln. Dann legten sich alle nieder und schliefen. Frühmorgens standen der Heiland und Sankt Petrus leise auf, segneten° den Mann und seinen Sohn und gingen fort.

Als der arme Mann erwachte°, sah er zweihundert Schafe auf der Wiese. Sie weideten friedlich°, und das Schaf, das er gestern geschlachtet hatte, stand gesund neben ihm. Es trug ein Schild° um den Hals: „Alle zweihundert Schafe gehören dir und deinem Sohn."

Fröhlich° sammelte der Mann seine Herde; er und sein Sohn trieben sie zurück in sein Heimatdorf. Die Leute staunten° über das große Glück des armen Mannes; er mußte die Geschichte von den zwei Wanderern immer wieder erzählen.

Der reiche Bauer aber war neidisch°, denn die Schafe seines armen Nachbarn waren schöner und doppelt so viele wie seine. So rief er alle Bettler° und Wanderer zusammen, schlachtete seine hundert Schafe und sammelte die Knochen

umgeben to surround
rauh rough
schützen to protect
rieseln to ripple
die **Wiese** meadow

einzig only

hüten to watch over

vor with
das **Mitleid** pity

der **Heiland** the Saviour
gebieten to command
der **Knochen** bone
das **Fell** skin, hide

segnen to bless

erwachen to wake up
friedlich peacefully

das **Schild** sign-plate

fröhlich joyously

staunen to be astonished

neidisch envious

der **Bettler** beggar

Eine alte Bauernlegende   **35** in die Schaffelle. Er gab allen Bettlern und Wanderern das Fleisch zu essen. Er freute sich auf den Morgen und legte sich schlafen.

Am nächsten Tag erwachte der reiche Bauer. Er fand aber keine lebenden Schafe mehr. Da lagen nur die Felle und die Knochen der hundert Schafe. Er blieb sein Leben lang ein armer Mann.

KÖNIG DROSSELBART (nach Grimm)

Es war einmal ein König. Er hatte eine wunderschöne Tochter, und viele Prinzen kamen, die sie heiraten wollten. Sie war aber so stolz° und hochnäsig°, daß ihr keiner gut genug war. Außerdem lachte sie über jeden Freier°. Der König war traurig und wußte nicht, was er tun sollte. Da kam er auf den Gedanken, ein großes Fest zu geben. Er lud° alle jungen Männer ein° und ordnete sie nach Rang° und Stand°. Zuerst kamen die Prinzen, dann die Herzöge°, die Grafen° und die Freiherren°. Nun führte man die Königstochter zu ihnen, aber keiner gefiel ihr. Der eine war zu dick, „Weinfaß°", sagte sie zu ihm. Der andere war zu lang, „Bohnenstange°", lachte sie. Der andere war zu blaß, „der bleiche° Tod", spottete sie. Der andere war nicht gerade genug, „grünes Holz, hinter dem Ofen getrocknet!" rief sie. Der fünfte war zu rot, „Rübenkopf°" nannte sie ihn. Besonders aber lachte sie über einen netten reichen Prinzen, weil sein Kinn ein wenig krumm war. „Ho, ho", lachte die Prinzessin, „er hat ein Kinn wie der Schnabel° einer Drossel°!" Seit dieser Zeit bekam er den Namen „Drosselbart".

Als der alte König sah, daß seine Tochter nur über ihre Freier lachte, wurde er zornig°. „Ich schwöre°, du sollst den ersten Bettler heiraten, der vor die Tür kommt!"

Am nächsten Morgen begann ein Spielmann sehr früh unter dem Fenster zu singen. Als der König ihn hörte, rief er: „Laßt ihn heraufkommen!" Der Spielmann trat herein, schmutzig und zerlumpt. Er mußte vor dem König und der Königstochter singen. Als er sein Lied beendet hatte, bat er um eine Gabe°. Der König antwortete: „Du hast so schön gesungen, daß ich dir meine Tochter zur Frau geben will!" Die Königstochter erschrak°, aber der König sprach weiter: „Ich habe geschworen, dich dem ersten Bettelmann zu geben, und ich halte mein Wort!" Er ließ den Priester kommen, und die Prinzessin mußte den armen Spielmann heiraten. Dann sagte der König: „Als Bettelweib kannst du nicht mehr im Schloß leben. Du mußt nun deinem Mann folgen."

stolz proud
hochnäsig arrogant
der **Freier** suitor

ein-laden to invite

der **Rang** degree, class
der **Stand** station, rank
der **Herzog** duke
der **Graf** count
der **Freiherr** baron
das **Faß** barrel
die **Bohnenstange** beanpole
bleich pallid

die **Rübe** beet, carrot

der **Schnabel** beak
die **Drossel** thrush

zornig angry
schwören to swear

die **Gabe** donation

erschrecken to be startled

Die Märchen, die Jakob und Wilhelm Grimm sammelten und in
den Jahren 1812–1814 drucken ließen, gehören noch heute zu den
Erzählungen, die immer wieder gelesen werden. Eines der bekanntesten Märchen ist „Rotkäppchen". Hier sehen wir den Wolf, Hut
auf dem Kopf, Spazierstock in der Pfote, ein freundliches Lächeln
auf dem Gesicht. Er zeigt Rotkäppchen den Weg zum Hause der
Großmutter. Das kleine Mädchen stellt das Gute, der Wolf das
Böse dar. Am Ende muß er sterben, aber Rotkäppchen bleibt glücklich ihr Leben lang.

Der Bettelmann führte die Königstochter aus dem Schloß.
Nach langem Wandern kamen sie an einen wunderschönen
grünen Wald. „Wem gehört dieser schöne Wald?" fragte die
Königstochter. „König Drosselbart", war die Antwort. „Ach",
seufzte die Prinzessin, „ich habe über ihn gelacht! Hätte ich

König Drosselbart **37**

In allen Städten und Dörfern Deutschlands leben Sagen und Legenden weiter. Das Volk nimmt lebhaft daran teil. Hier in Fürth kämpft Ritter Udo mit einem Drachen. In Hameln gibt es jedes Jahr ein Fest, und der Rattenfänger zieht durch die Stadt; hinter ihm kommen die Ratsherren, die Ratten, Mäuse und Kinder. In Rothenburg feiert man den Meistertrunk, in Dinkelsbühl gibt es einen Kinderfesttag. So bleiben Legenden, Sagen und Märchen bis zum heutigen Tag in jeder Stadt lebendig.

ihn doch nur genommen!" Dann kamen sie in eine große Stadt. „Wem gehört diese große Stadt?" fragte die Prinzessin. „König Drosselbart", war die Antwort. „Hätte ich ihn nur genommen!" seufzte die Prinzessin. Da rief der Spielmann: „Es ist nicht recht von dir, dir einen anderen Mann zu wünschen. Bin ich dir nicht gut genug?" Die Prinzessin weinte nur, und der Spielmann sagte nichts mehr.

Gegen Abend kamen sie an ein ganz kleines Häuschen. „Wem gehört dieses Häuschen?" fragte die Prinzessin. „Das ist unser Häuschen, wo wir zusammen wohnen", sagte der Spielmann. „Aber wo sind die Diener?" rief die Königstochter. „Diener?" fragte der Spielmann, „du mußt die Arbeit selbst machen! Mach' nun gleich Feuer und stelle Wasser auf das Feuer, so daß du mir mein Essen kochen kannst!" Aber die Königstochter verstand nichts vom Feuermachen und Kochen, und der Spielmann mußte es ihr zeigen.

So lebten sie ein paar Tage schlecht und recht°. Dann sagte der Spielmann: „Frau, es geht nicht mehr, daß wir hier nur so leben und du nichts verdienst. Du sollst Körbe° flechten°!" Er ging hinaus in den Wald und schnitt Weiden°, aber die harten Weiden zerstachen° der Prinzessin die zarten° Hände. „Ich sehe, das geht auch nicht", sagte der Spielmann. „Vielleicht ist es besser, du spinnst." Sie versuchte zu spinnen, aber der harte Faden° schnitt ihr in die zarten Finger, bis sie bluteten. „Siehst du", sagte der Spielmann, „du taugst zu nichts°. Vielleicht kannst du Töpfe° verkaufen. Du gehst in die Stadt zum Markt und verkaufst Töpfe!" „Ach", dachte die Königstochter, „wenn die Leute aus dem Reich meines Vaters kommen, so lachen sie über mich!" Aber es half nichts. Sie mußte zum Markt.

schlecht und recht by hook or by crook

der **Korb** basket
flechten to weave
die **Weide** willow
zerstechen to cut to pieces
zart tender

der **Faden** thread

zu nichts taugen to be good for nothing
der **Topf** pot

Engelbert Humperdinck komponierte die Musik zu der Märchenoper „Hänsel und Gretel", und Richard Strauss dirigierte die Uraufführung 1893 in Weimar. Wie nie zuvor spielen Volkslied und Volksmusik in der Oper eine wichtige Rolle. „Brüderchen, komm tanz mit mir!" und „Ein Männlein steht im Walde" sind Lieder, die jedes Kinderherz erfreuen. Fast jeder kennt auch das Abendgebet „Abends wenn ich schlafen geh, vierzehn Engel bei mir stehn". Wie nie zuvor steht auch der deutsche Wald in märchenhafter Schönheit im Mittelpunkt dieser Oper.

Zuerst ging es gut. Die Prinzessin war so schön, daß die Leute alle Töpfe kauften. Viele gaben Geld und nahmen die Töpfe gar nicht mit. Eines Tages saß sie in einer Ecke des Marktes, da kam ein betrunkener Husar° und ritt in die Töpfe hinein, daß sie alle zerbrachen°. Die Königstochter weinte, und der Spielmann sagte: „Siehst du, du bist zu nichts gut. Ich war heute in dem Schloß deines Vaters. Sie brauchen dort eine Küchenmagd. Vielleicht nehmen sie dich. Du bekommst dafür dein Essen."

der **Husar** hussar
zerbrechen to break to pieces

Und so wurde die Königstochter eine Küchenmagd in dem Schloß ihres Vaters. Sie mußte die schwerste Arbeit tun. Niemand erkannte° sie in ihren zerlumpten° Kleidern, niemand wußte, wer sie war. Sie war tapfer° und arbeitete, damit sie essen konnte. Manchmal trug sie etwas zu essen unter ihrer Schürze° nach Hause zu ihrem Mann.

erkennen to recognize
zerlumpt ragged
tapfer brave

die **Schürze** apron

Nach einem Jahr heiratete der älteste Königssohn, ihr Bruder. Ein großes Fest fand statt. Die Prinzessin, als Küchenmagd, stand im Schatten° einer Tür, um zuzusehen. Sie sah den schönen Saal° mit tausend Lichtern, die Gäste in feinstem Schmuck°, und dachte traurig: „Ich war so stolz. Nun bin ich elend° und allein hier!" Da kam ein Diener und hatte Mitleid mit ihr. Er gab ihr etwas zu essen. Sie nahm es, dankte und wollte es unter der Schürze nach Hause tragen, aber da trat einer der Edelleute zu ihr. Er zog sie in den Saal und wollte mit ihr tanzen. Sie erkannte zu ihrem Schrecken°, es war der König Drosselbart! Ihre Angst war so groß, daß sie das Essen mitten im Saal auf den Boden fallen ließ. Alle Leute lachten und spotteten.

der **Schatten** shadow
der **Saal** hall
der **Schmuck** jewelry
elend miserable

der **Schrecken** horror

Die Prinzessin schämte sich° so sehr, sie wollte fliehen. Sie rannte aus dem Saal zu der Treppe, aber der König Drosselbart lief ihr nach°. Er lächelte freundlich: „Du brauchst nicht zu fliehen. Ich bin dein armer Spielmann. Ich hörte deinen Vater sagen, du müßtest den ersten Bettler heiraten, und ich habe für dich diese Rolle gespielt. Ich war auch der betrunkene Husar, und ich zerschlug° die Töpfe auf dem Markt. Ich liebe dich, und ich will nur dich als meine Königin haben!"

sich schämen to be ashamed

nach-laufen to run after

zerschlagen to smash

Die Königstochter weinte bitterlich. „Ich habe großes Unrecht° getan und bin nicht wert, deine Frau zu sein." Aber König Drosselbart lachte nur: „Die bösen Tage sind vorüber°. Jetzt feiern wir mit deinem Bruder Hochzeit°!" Die Diener kamen mit den schönsten Kleidern, und die junge Prinzessin war noch schöner als je zuvor°. Ihr Vater, der König, umarmte° sie. Der ganze Hof brach in fröhlichen Jubel° aus und wünschte dem jungen Paar viel Glück. Und wenn sie nicht gestorben sind, so leben sie noch heute.

das **Unrecht** injustice
vorüber over
die **Hochzeit** wedding

je zuvor ever before
umarmen to embrace
der **Jubel** exultation

DIKTAT

Wie jammervoll und nüchtern erscheint mir eine Kinderstube, aus der das Märchen verbannt ist.

— EBNER-ESCHENBACH

Ich weiß nicht, was soll es bedeuten, / Daß ich so traurig bin; / Ein Märchen aus alten Zeiten, / Das kommt mir nicht aus dem Sinn.

— HEINE

Es wechseln die Geschlechter, die Sage bleibt sich treu.

— CHAMISSO

FRAGEN

Allgemeines

1. Weshalb könnte man sagen, daß Sagen Gemeingut sind?   2. Was ist eine „Sage"?
3. Was für Motive findet man in Sagen?   4. Was ist der Unterschied zwischen Sage und Legende?   5. Beschreiben Sie die Form des Märchens!

Emma und Einhard

1. Wer war Karl der Große?   2. Was für ein Mensch war Einhard?   3. Warum durfte er mit Emma nicht sprechen?   4. Beschreiben Sie die Szene im Hof!   5. Erklären Sie, was „Huckepack" ist!   6. Was unternahm Einhard, als er aus dem Lande verbannt wurde?   7. Wie viele Jahre vergingen, bis der Kaiser seine Tochter wiederfand?   8. Was war aus der kleinen Familie geworden?

Der Mäuseturm

1. Wo steht der Mäuseturm?   2. Warum kamen so viele Menschen zum Bischof Hatto?   3. Was machte der Bischof mit den Menschen?   4. Beschreiben Sie, was geschah, als die Scheune brannte!   5. Wohin ruderte der Bischof?   6. Was fanden die Diener später?

Die Legende vom alten Spielmann

1. Wovon lebte der Spielmann?   2. Was spielte er für die Madonna?   3. Was wollte er mit dem goldenen Schuh machen?   4. Welchen Wunsch hatte er, bevor er sterben sollte?   5. Wodurch wendete sich sein Schicksal?   6. Was wurde aus den goldenen Schuhen?

Die Legende von dem Riesen Offerus

1. Wie groß war Offerus? 2. Weshalb wollte er dem Teufel dienen? 3. Wovor hatte der Teufel Angst? 4. Was für Arbeit tat Offerus bei dem Einsiedler? 5. Was ist der Sinn der Episode mit dem Kind?

Eine alte Bauernlegende

1. Was wollte der arme Bauer von dem reichen Bauern? 2. Was wollte der König von dem reichen Bauern? 3. Warum ging der Sohn des armen Bauern von der Herde des reichen Bauern weg? 4. Wer waren die zwei Wanderer? 5. Was fanden der arme Bauer und sein Sohn am nächsten Morgen? 6. Was versuchte der reiche Bauer, und was war das Ergebnis?

König Drosselbart

1. Charakterisieren Sie die Tochter des Königs! 2. Was sagte sie über die jungen Männer? Geben Sie einige Beispiele! 3. Was hat der König geschworen? 4. Wie sah der Spielmann aus, der hereintrat? 5. Wer war eigentlich König Drosselbart? 6. Welche Arbeiten mußte die Königstochter bei dem Spielmann machen? 7. War sie wirklich für nichts gut? Erklären Sie! 8. Weshalb fand wieder ein Fest beim König statt? 9. Wo war die Königstochter, während die Gäste in dem schönen Saal waren? 10. Beschreiben Sie das Ende der Geschichte!

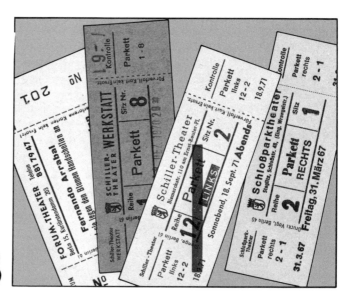

KAPITEL 3

MUSIK UND THEATER

Maria S. Haynes

DIE BEDEUTUNG DEUTSCHER MUSIK

Im Jahre 1970 fanden Feiern° statt, die nicht nur für das kulturelle Leben des deutschen Sprachraums, sondern auch für die Weltgeltung° der deutschen Kultur charakteristisch waren. In Ländern aller Kontinente feierte man einen Deutschen, der zweihundert Jahre zuvor° geboren wurde: Ludwig van Beethoven (1770—1827). Er ist für die Welt der sichtbarste° Repräsentant° der deutschen Kultur. In der Weltkultur spielt er eine ähnliche° Rolle wie Shakespeare. Zwischen der Wirkung° der beiden ist aber ein großer Unterschied, der in den Worten „Beethoven ist der Shakespeare der Massen" zum Ausdruck kommt°. Man denke nicht nur an Konzertsäle und Opernhäuser, sondern an die Massenmedien, durch die man mehr Beethoven-Musik hört als die irgendeines anderen Komponisten°!

Die Beethovenfeiern waren in nichtdeutschsprachigen Ländern imposant°. In Japan spielten die Berliner Philharmoniker unter ihrem Dirigenten° Herbert von Karajan alle neun Symphonien. Was man auch° unternahm, in England und in Mexiko, in den USA und in der UdSSR, die Feste im deut-

die **Feier** celebration

die **Weltgeltung** recognition in the world

zuvor before

sichtbar visible

der **Repräsentant** representative
ähnlich similar
die **Wirkung** influence

zum Ausdruck kommen to be expressed

der **Komponist** composer

imposant impressive

der **Dirigent** conductor
was ... auch whatever

43

Musik ist seit Jahrhunderten ein wichtiger Teil im Leben jedes Deutschen. Deshalb haben auch kleine Städte und alle größeren Dörfer eine Musikkapelle. Die Kapelle in diesem Bild zeigt eine typische Dorfkapelle in Tirol, Österreich. Durch solche Kapellen lebt die Volksmusik von einer Generation zur anderen weiter. Im Gegensatz zu amerikanischen Musikkapellen folgt jede Dorfkapelle dem Beispiel ihrer Vorväter im farbenfrohen Aussehen der Uniformen, in der Wahl der Instrumente und in der Interpretation der Musikstücke.

schen Sprachraum stellten alles andere in den Schatten. Die Wiener Festspiele erreichten in den Beethoven-Konzerten einen glanzvollen° Höhepunkt. Das „Internationale Beethovenfest" wurde in Bonn, der Geburtsstadt des Komponisten, im Laufe des Jahres in drei Etappen° gefeiert. Das letzte Konzert fand am 17. Dezember statt. Beethovens Geburtstag ist nicht festzustellen°; am 17. Dezember 1770 wurde er aber getauft°.

Die Musikfeiern vom Jahre 1970 sind ein Zeichen° für die Bedeutung, die die deutsche Musik im Rahmen° der Weltkul-

glanzvoll brilliant

die Etappe stage

fest-stellen to ascertain
taufen to baptize
das Zeichen indication
der Rahmen framework

tur hat. Bei Konzerten spielt man vor allem deutsche Musik, denn sie macht° den größten Teil des internationalen Konzertrepertoires aus°.

Seit der Epoche Bachs und Händels im achtzehnten Jahrhundert sind Deutschland und Österreich führend auf dem Gebiet. Schon früher gab es bedeutende deutsche Musik, aber Bach und Händel sind die ersten deutschen Komponisten von Weltruf°. Um diese Zeit wurden Mozart und Haydn geboren; in der Epoche Beethovens Schubert, Schumann und Mendelssohn. Es folgten Wagner, Brahms, Bruckner, Gustav Mahler und Richard Strauss. Im zwanzigsten Jahrhundert schuf eine junge Komponisten-Generation eine neue moderne Musik. Führend war Paul Hindemith. Arnold Schönberg, Anton Webern und Alban Berg gingen neue, atonale Wege. Aber genug des Aufzählens°!

ALTE UND NEUE MUSIK

Die klassische Musik, und die jetzt schon ältere neue, wird von Streichquartetten°, von Kammer- und Symphonieorchestern und in Opernhäusern in der zweiten Hälfte des zwanzigsten Jahrhunderts im deutschen Sprachraum reichlich gepflegt°. Es ist im Lande der Musik nicht anders zu erwarten°.

Neben der alten und der jüngeren Musiktradition gibt es, vor allem in der Bundesrepublik Deutschland, eine neue Form zeitgenössischer° Musik. Warum konnte ein italienischer Komponist in diesen Jahren schreiben: „Mehr als in allen anderen Ländern interessiert man sich in Deutschland für zeitgenössische Musik"? Es hängt erstens mit der traditionellen Pflege der Musik überhaupt zusammen°. Zweitens hängt es mit der jüngsten° deutschen Vergangenheit° zusammen. Die Jahre von 1933 bis 1945 waren für die moderne Kunst in Deutschland ein Vakuum. In der Epoche der Hitler-Diktatur gehörte ausschließlich° die klassische Musik von Bach bis zu Richard Wagner und Richard Strauss zum Repertoire. Das sogenannte Moderne galt als entartet°.

Deutschland war am Ende des Krieges im Jahre 1945 ausgehungert° — auch musikalisch. Noch vor Ende des Jahres entstanden° Zentren für neuartige° Musik. Musica-viva-Konzerte, also Konzerte lebender Musik, wurden anfangs° von Hunderten, später von Tausenden besucht. Weite Radio-Verbreitung° zeitgenössischer Musik machte das breite Publikum° mit den neuartigen Rhythmen bekannt. Der Anfang wurde im selben Jahr 1945 vom Bayerischen Rundfunk° gemacht. Nach kurzer Zeit folgte ein Sender° nach dem anderen dem bayerischen Beispiel. Seit etwa 1955 wird nirgends so

aus-machen to constitute

der Weltruf worldwide reputation

das Aufzählen enumerating

das Streichquartett string quartet

reichlich pflegen to cultivate to a great degree
ist nicht anders zu erwarten can't expect anything else
zeitgenössisch contemporary

zusammen-hängen to be connected
jüngst recent
die Vergangenheit past

ausschließlich exclusively

entartet degenerate

ausgehungert starved
entstehen to be established
neuartig new-fashioned
anfangs initially
die Verbreitung dissemination
das breite Publikum general public
der Bayerische Rundfunk Bavarian Broadcasting System
der Sender station

viel zeitgenössische Musik gespielt, und es wird nirgends so viel darüber geschrieben und diskutiert° wie in der Bundesrepublik. Durch die verschiedenen Rundfunkorganisationen gibt es regelmäßige° Konzertserien, deren Namen andeuten°, daß es sich um die neueste Musik handelt°. Neben musica viva lauten° die Titel: „Das neue Werk", „Jugend hört neue Musik", „Woche für neue Musik", „Tage für neue Musik", „Musik der Zeit", „Musik unserer Zeit", „Musik der Gegenwart°", „Musiktage für zeitgenössische Musik".

Manche junge Komponisten halten° mehr oder weniger an der traditionellen Kompositionstechnik und an Regeln der Harmonielehre fest°, lockern° sie aber zuweilen auf°. Andere entwickeln° neue Formen, Rhythmen und Klänge°. Einige komponieren sogar Werke ohne geschlossene° Form, also formlose Musikstücke.

Die elektronische Musik entstand etwa 1955 im Rheinland. Im Jahre 1954 wurde in Köln das erste Studio für elektronische Musik eröffnet°, im Jahre 1965 ein Hochschulstudio dieser Art. Der inzwischen bekannt gewordene Karlheinz Stockhausen wurde Leiter° des neuartigen Musikstudios, das sofort Schule machte°.

Es liegt in der Natur der Sache, daß die zeitgenössische Musik oft experimentell ist. Manche Experimente bleiben Experimente, manche Musik der Zeit ist nur Musik der Stunde.

diskutieren to discuss

regelmäßig regular
an-deuten to indicate
sich handeln um to be a question of
lauten to read

die **Gegenwart** present
fest-halten to adhere to

auf-lockern to loosen up
entwickeln to develop
der **Klang** sound
geschlossen specific

eröffnen to open

der **Leiter** director

Schule machen to find followers

NEUE FORMEN DER OPER

Auf dem Gebiet der Oper sowie auf dem Gebiet der Instrumentalmusik suchen die modernen Deutschen nach neuen Formen. Gerne nennen sich manche Anti-Wagnerianer und wollen damit eine neue Art von Opernmusik andeuten. Sie interessieren sich vor allem für neue Strukturen und verwerfen° die dramatisch und musikalisch traditionelle Oper mit ihren drei Akten und einer fortschreitenden° Handlung°. Die neue Opernstruktur besteht häufig aus° sogenannten Sequenzen oder Reihen°. In einem Werk von Boris Blacher heißen die Sequenzen „die Angst", „die Liebe", „der Schrecken°" und „der Schmerz°". Hier ist keine Handlung; hier sind auch keine klaren Worte. Durch die Musik und durch die Laute° soll das Publikum spüren, daß es um° charakteristische Emotionen der Menschen geht°.

Blacher vertritt° eine radikale Richtung°, aber eine typische Seite des sich wandelnden° Musiklebens. Man sucht nach neuen Themen sowie nach neuen Formen. Hans Werner Hen-

verwerfen to reject
fortschreitend progressive
die **Handlung** action
bestehen aus to consist of
die **Reihen** (pl.) series
der **Schrecken** fright
der **Schmerz** sorrow, pain
der **Laut** sound
gehen um to be a question of
vertreten to represent
die **Richtung** tendency
sich wandeln to change

zes „Versuch° über Schweine" hat zum Beispiel eine Studentendemonstration zum Thema. Seine „Elegie für junge Liebende" hat einen Titel, der konventionell lautet. Das Thema ist aber gar nicht konventionell, denn die Hauptfigur°, ein Dichter, schreibt° der Welt der Wirklichkeit die Gesetze° seiner Dichterwelt vor°. Als Mensch ist er ehrlich° und auch falsch, gut und auch schlecht, wie es die Menschen eben sind.

Unter den Opernkomponisten, die vollkommen° neue Wege gehen, gibt es himmelweite° Unterschiede in der Thematik° und in der Kompositionstechnik. Ein Unterschied wie Tag und Nacht besteht auch zwischen den Opernintendanten°, die die Neue Oper spielen, und denen, die die Tradition pflegen und immer wieder Richard Strauss, Wagner, Mozart, Verdi und Puccini spielen. „Opernmuseen" heißen die Häuser bei denen, die Neuland° betreten. Doch ist die Avantgarde-Oper dem immer noch großen konservativen Musikpublikum Deutschlands fremd und unbequem°.

der **Versuch** experiment

die **Hauptfigur** main character
vor-schreiben to dictate
das **Gesetz** law
ehrlich honest

vollkommen completely
himmelweit (that are) miles apart
die **Thematik** range of themes
der **Intendant** director

das **Neuland** new territory

unbequem disturbing

DAS MUSIKLEBEN IM ALLGEMEINEN

Bei den alten wie bei den neuen Darbietungen° zeigen die Deutschen rege Teilnahme°. Die Saison für Musik beginnt Anfang September und endet in der letzten Juniwoche. In den zwei Sommermonaten sind die Konzertsäle und Opernhäuser geschlossen. Dafür° steigt die Zahl der Sommerfestspiele ständig°. In Bayreuth sind die Musikfestwochen Richard Wagner gewidmet°; in Salzburg vor allem Mozart. Allgemeine Musikfestspiele bieten in den großen wie in den kleinen Städten hervorragende° Programme mit internationalen Stars. Dadurch hat auch der Tourist, der im Sommer nach Europa reist, die Gelegenheit, weltberühmte Musiker und Sänger zu hören.

Sogar Operetten-Festspiele gibt es noch. Die Wiener Operette, die in den USA ausgestorben ist, ist in deutschsprachigen Ländern immer noch populär. Manche junge Leute lernen immer noch, den Wiener Walzer° nach den Melodien von Johann Strauß zu tanzen. Das Publikum ist in den Operettenhäusern aber mehr ein älteres als ein junges Publikum. Bei den jüngeren ist ein amerikanischer Import, das Musical, populärer als Wiener Operetten.

Nicht nur das amerikanische Musical, sondern auch das, was man mit dem Sammelnamen° Jazz bezeichnet°, hat in Deutschland eine zweite Heimat gefunden. Deutsche Amateur- und Berufsjazzgruppen° spielen zuweilen auch im Ausland, stehen° aber meist hinter den amerikanischen Gruppen zurück°. Aus dem Ausland kommen seit 1963 viele nach

die **Darbietung** performance
rege Teilnahme lively interest

dafür on the other hand
ständig constantly
widmen to devote to

hervorragend outstanding

der **Walzer** waltz

der **Sammelname** collective name
bezeichnen to label
Berufs- professional
zurück-stehen not to come up to

Aus Wagners Oper „Der Ring des Nibelungen". Musikfreunde in der ganzen Welt kennen Richard Wagner und sein Werk. Durch die Modernisierung von Wagners Opern durch seine Enkel in Bayreuth und durch die dynamische Interpretation des weltberühmten Operndirigenten Herbert von Karajan erobert Wagner von neuem die internationale Opernwelt. Heute werden Wagner-Opern von den großen Opern-Ensembles aller Länder gesungen. Ob in Amerika oder Rußland, Wagners Operntexte werden nie übersetzt, sondern immer in deutscher Sprache gesungen.

Deutschland, um an den größten deutschen Jazz-Spielen, den „Berliner Jazz-Tagen", teilzunehmen. Das Programm bietet von Jahr zu Jahr neue Formen der Jazz-Musik, von Protest-Jazz bis zu Jazz in der Kirche. Die amerikanische Teilnahme zeigt auch hier, wie sehr die Deutschen auf diesem Gebiet unter amerikanischem Einfluß stehen.

Um ein genaues Bild vom Musikleben in der Bundesrepublik Deutschland zu gewinnen°, sollte man sich einige wenige Statistiken ansehen. In der BRD, diesem einen Teil des deutschen Sprachraumes, gibt es mehr Opernhäuser mit einem ständigen° Ensemble von Sängern als in irgendeinem anderen

gewinnen to gain

ständig permanent

Szene aus dem zweiten Akt der Walküre, einer der Opern in Wagners Tetralogie „Der Ring des Nibelungen". Die Inszenierung ist von Wolfgang Wagner, einem Enkel von Richard Wagner. Durch die Inszenierungen Wolfgang und Wieland Wagners, erhalten die Opern ihres Großvaters die Dimension der optischen Interpretation. Als konservative Kritiker die zwei Enkel angriffen, schrieben sie: „Wenn wir die Opern so aufführen wie zu Großvaters Zeit, dann dürfen wir auch kein elektrisches Licht im Festspielhaus haben, sondern müssen Gaslaternen brennen."

Das Musikleben im Allgemeinen

Land der Erde. In der ganzen übrigen° Welt sind nicht so viele Opernhäuser wie im westlichen Teil Deutschlands. Mehr als zweimal so viele Menschen besuchen Opern als Musicals und Operetten. Ein Teil der allgemeinen Musikbegeisterung° gilt° der zeitgenössischen Musik. Opern und Konzerte gibt es keineswegs nur in den Großstädten. Fast jede deutsche Stadt mit einer Bevölkerung° von etwa 150 000 hat ein Symphonieorchester. Ungefähr° hundert deutsche Orchester sowie die meisten Opernhäuser sind vom Staate subventioniert°. Auch bei den Massenmedien spielt die Musik eine bedeutende Rolle. Bis zu 47 % der Programme vieler Rundfunksender bestehen aus Opern, klassischer und zeitgenössischer Musik.

    Da die Deutschen Konzerte und Opernvorstellungen so häufig besuchen, will der Besucher jeweils° erfahren, *wie* der Intendant, der Dirigent, der Solist Beethoven oder Wagner oder Hindemith interpretiert. Auch bei den oft gespielten Komponisten zeitgenössischer Musik ist das *Wie* sehr wichtig.

    Ein Musikabend hat für den Deutschen etwas Festliches°. Vor Anfang des Programmes werden die Türen zum Saal geschlossen. Wer zu spät kommt, kann den Platzanweiser° nicht bewegen°, ihm die Tür zu öffnen. Da man bis zum folgenden Akt oder bis zur nächsten kleinen Pause warten muß, kommen die Menschen selten zu spät.

    Der deutsche Dichter, der auch Komponist war, E. T. A. Hoffmann, Autor bekannter „Erzählungen°", schrieb im neunzehnten Jahrhundert: „Wo die Sprache aufhört°, fängt die Musik an." Es sind romantische Worte, aber das Musikleben des heutigen Deutschland scheint sie immer noch zu bestätigen°.

THEATERSTÜCKE UND SCHAUSPIELER

Das Theater ist im Rahmen des kulturellen Lebens im deutschen Sprachraum ein Gegenstück° zur Musik. Was° Weltgeltung anbetrifft°, so ist es kein Gegenstück zur deutschen Musik. Theaterstücke müssen übersetzt° werden, bevor sie in der Welt ein breites Publikum finden. Es gibt auch keinen älteren oder jüngeren Dramatiker, der so große Bedeutung erlangt° hat wie Shakespeare.

    Im deutschen Sprachgebiet selber spielt man aber ebenso viel Theater wie Musik. Neben subventionierten Orchestern und Opernensembles gibt es subventionierte Stadttheater, auch in Städten mit einer Bevölkerung von 100 000 bis 150 000. Da die Stadt 60 bis 70 % der Kosten trägt, sind die Karten

Das Stuttgarter Ballett steht heute in derselben Rangreihe mit den führenden russischen, englischen, dänischen und amerikanischen Balletten. Wo immer das Stuttgarter Ballett tanzt, in Moskau, New York oder London, jubelt ihm das Publikum zu. Die beinahe unglaubliche Grazie der Stuttgarter Künstler hat in den letzten Jahren die ganze Welt in Staunen versetzt. Aber auch andere Ballette der großen deutschen Opernhäuser entwickeln in unseren Tagen ein erstaunliches künstlerisches Können.

ebenso billig wie die Karten für die Oper oder das Konzert. Neben Stadttheatern gibt es auch Staatstheater, die vom Land° subventioniert werden.

    Wenn man die Musik- und die Theaterprogramme vergleicht, kommt man zu dem Ergebnis°, daß die Klassiker auf beiden Gebieten den größten Teil des Repertoires ausmachen. Hier Bach, Mozart, Beethoven und Wagner; dort Lessing, Schiller, Goethe und Shakespeare in hervorragenden deutschen Übersetzungen. Die etwa dreihundert Theater der Bundesrepublik sind zum großen Teil° Repertoiretheater. Jeweils stehen mehrere Theaterstücke auf dem Spielplan°. Das Programm der Woche sieht vielleicht aus wie folgt. Montag: Goethes „Faust"; Dienstag: Lessings „Nathan der Weise"; Mittwoch: Brechts „Der gute Mensch von Sezuan"; Donnerstag: Dürrenmatts „Der Besuch der alten Dame"; Freitag: Schillers

das **Land** state

das **Ergebnis** result

zum großen Teil largely
der **Spielplan** repertoire

Theaterstücke und Schauspieler   **51**

„Don Carlos"; Sonnabend: Goethes „Faust"; Sonntag: Shakespeares „Viel Lärm um nichts".

In den Großstädten gibt es Schauspielhäuser°, in denen nur Theater gespielt wird, aber auch Opernhäuser und Operettentheater. In den kleineren Städten spielt man Theater, Opern und Operetten in demselben Theater. Da bekannte Dramen immer wieder aufgeführt werden, interessiert sich das Publikum, ebenso wie bei der Musik, für die jeweilige Interpretation der Stücke und für die schauspielerischen° Leistungen°. Das Publikum besteht zum großen Teil aus Abonnenten°, die nach alter Tradition regelmäßig das Theater besuchen. Als sie noch auf der Schule waren, haben sie verbilligte° Theaterkarten bekommen; die Geschmacksbildung° hat im Alter von zwölf oder dreizehn schon begonnen. Nicht nur einzelne sind° im Theater abonniert°. Firmen abonnieren zuweilen für ihre Angestellten; Gewerkschaften° vermitteln° ihren Mitgliedern° auch Abonnements.

Die Schauspieler — und auch die Musiker — haben feste Verträge°, bekommen Urlaub° und am Lebensabend eine Pension. Als junge Menschen besuchen die meisten Schauspielschulen. Um Schauspieler zu werden, lernen sie auch Tanz, Gymnastik und Fechten°; sie bekommen Sprachunterricht° und studieren Literatur- und Theatergeschichte.

Die besten Schauspieler spielten früher im ganzen deutschen Sprachgebiet. Heute spielt ein Westdeutscher, Österreicher oder Schweizer selten in der DDR; selten fährt ein Schauspieler aus der DDR in den Westen.

Vor 1945 war Berlin das Theaterzentrum Deutschlands. Obwohl die Berliner Theater auch heute noch als Maßstab° gelten, ist Berlin nicht das Zentrum des Theaterlebens. Die frühere Hauptstadt versucht allerdings, im Mittelpunkt° des Interesses zu stehen, und veranstaltet° seit Jahren im Mai ein Treffen° der deutschsprachigen Theater. Die Stadt schickt Einladungen an die großen Theater der Bundesrepublik, Österreichs und der Schweiz. Eine Reihe von Stücken aus jedem der drei Länder wird in Berlin vor einer Jury aufgeführt. In fast jedem Jahr hat das „Theatertreffen Berlin" Ost-Berliner eingeladen. „Doch ist leider bis jetzt noch nie die Einladung angenommen° worden . . .", schrieb die Leitung° der Berliner Festspiele im Jahre 1970.

Die glanzvollsten Theater-Festwochen finden in den Großstädten statt. Außerhalb der Bundesrepublik zählen die Festspiele Wiens zu den bedeutendsten Europas. Eine andere Art von Festspielen wird von Universitätsstudenten veranstaltet. Jährlich° nehmen zwanzig bis dreißig Studentengruppen an internationalen Theaterwochen teil. Sie kommen nicht nur

---

das **Schauspielhaus** playhouse

schauspielerisch theatrical, histrionic
die **Leistung** performance, achievement
der **Abonnent** season ticket holder
verbilligt at a reduced price
die **Geschmacksbildung** development of educated taste
abonniert sein to have a season ticket
die **Gewerkschaft** union
vermitteln to arrange
das **Mitglied** member
der **Vertrag** contract
der **Urlaub** vacation

das **Fechten** fencing
der **Unterricht** instruction

der **Maßstab** criterion

der **Mittelpunkt** focal point
veranstalten to organize
das **Treffen** meeting

an-nehmen to accept
die **Leitung** management

jährlich annually

aus dem deutschen Sprachraum, sondern auch aus Osteuropa und aus Amerika, um an dem Treffen teilzunehmen. Die Studenten-Schauspieler und das Studenten-Publikum interessieren sich vor allem für zeitgenössische Autoren. Jeweils stehen zum großen Teil die Werke lebender, junger, engagierter° Dramatiker auf dem Spielplan. Nicht Unterhaltungstheater°, sondern Stücke mit politischem Inhalt° will man sehen. Die Qualität der Aufführungen und das Niveau° sind verschieden, aber eines haben sie gemeinsam°: die Tendenz zum politischen Theater.

engagiert committed

die Unterhaltung (light) entertainment
der Inhalt content(s)
das Niveau standard(s)
gemeinsam in common

EXPERIMENTELLES THEATER

In der Welt des deutschen Theaters tut sich stets° etwas°. Es gibt ebenso viel experimentelles Theater wie experimentelle Musik. Eine Form des Experimentierens ist das Verändern° des Textes. Schauspieler und Regisseur machen aus der Sprache des Autors „ihre" Sprache. Zweck und Ziel° solcher Experimente ist, daß man in die Dramen alter Dichter neues Leben bringt. Eine Inszenierung° dieser Art von Schillers Stück, „Die Räuber°", erhielt in Berlin begeisterten Applaus, der eine halbe Stunde andauerte°. Die Aufführung mit dem „modernisierten" Helden°, der die Werte der jeweiligen Gesellschaft° verwirft, hat dem Publikum von heute viel zu sagen.

Schiller, Goethe und Shakespeare müssen sich die Veränderung des Textes gefallen lassen°. Mit den lebenden Autoren ist die Sache anders. Sind sie dagegen oder sind sie dafür? Manche, Heinrich Böll zum Beispiel, sind nicht gegen die Manipulation des Textes. Einige schreiben sogar unfertige° Texte, sogenannte Szenenvorschläge°. Obwohl man von einer Theaterkrise spricht, weil sich Regisseure und Schauspieler zu viel Freiheiten erlauben°, findet Böll keinen Grund, von einer Krise zu sprechen. Autoren wie Böll sehen das deutsche Theater der Zukunft° als eine Koexistenz von Autorentheater und Theater ohne Autoren.

Viele Dramatiker lassen sich die Manipulation ihrer Texte nicht gefallen. Durch die Improvisation auf der Bühne spielt der Dichter ja eine untergeordnete° Rolle. Günter Grass erlaubt das Verändern zum Beispiel nicht. „Ich lehne es ab°", sagte er, „daß der Regisseur in den Text des Autors seine Meinung° hineininterpretiert."

Es gibt auch Schauspieler, die ihre Meinungen nicht in den Text des Autors hineininterpretieren wollen. Sie haben keine Lust°, Texte zu manipulieren oder unfertige Rollen zu spielen. Einer — er heißt Helmut Griem — meinte: „Ich bin gegen

(es) tut sich etwas something is going on
stets always
verändern to change

Zweck und Ziel aim and purpose

die Inszenierung production
„Die Räuber" The Robbers
an-dauern to last
der Held hero
die Gesellschaft society

sich gefallen lassen to put up with

unfertig unfinished

die Szenenvorschläge suggestions for scenes

sich Freiheiten erlauben to take liberties

die Zukunft future

untergeordnet subordinate
ab-lehnen to refuse, not accept

die Meinung opinion

Lust haben to feel like

Die Programme der deutschen Kabarett-Theater wie hier „Das Kommödchen" in Düsseldorf bieten humorvolle Kommentare über aktuelle politische Ereignisse in Deutschland und in der ganzen Welt. Ein Abend im Kabarett-Theater bietet auch Karikaturen über bekannte Persönlichkeiten in der Regierung und auf verschiedenen Gebieten des heutigen Kulturlebens. Die humorvolle Satire des Kabaretts entwickelte sich während der letzten Jahre von scharfen Angriffen zu einer subtilen Unterhaltungsform.

die modische° Tendenz, das Theater zum politischen Nachhilfe-Unterricht° oder zum soziologischen Seminar zu machen."

Unter den vielen neuen dramatischen Formen ist das sogenannte Aktionstheater das sozialpolitischste und sozialkritischste. Die Aktionen sind oft primitiv und schockierend, aber die Autoren sehen gerade darin einen therapeutischen Wert für das Publikum *und* für die Schauspieler.

Eine weitere neue dramatische Form ist das Diskussionstheater. Während die Methoden der Dramatiker verschieden sind, bespricht man auch hier vor allem sozialpolitische Fragen. Beliebte° Themen sind: die vollkommene° Gleichstellung° der Frau, der Wissenschaftler° und die Gesellschaft, der Dichter und die Gesellschaft, die Kirche und die Gesellschaft. Oft dient die deutsche Geschichte vor und nach 1945 als Hintergrund° für politische, moralische und philosophische Diskussionen.

Experimentelle Stücke werden meist in den Kellertheatern, auf den Werkstattbühnen° oder Probebühnen° der großen Theater aufgeführt. Die Vorstellungen werden nur von einem kleinen Publikum gesehen. Manche Regisseure meinen, daß

modisch fashionable
der **Nachhilfe-Unterricht** coaching

beliebt popular
vollkommen complete
die **Gleichstellung** equalization
der **Wissenschaftler** scientist
der **Hintergrund** background

die **Werkstatt** workshop
die **Probe** rehearsal

das neumodische Theater nur in kleinen Dosen° überhaupt möglich ist.

In der Tat° werden die konventionellen Dramen fast immer vor einem vollen Haus gespielt. Bei experimentellen Stücken ist das nicht der Fall. Trotzdem veranstaltet die „Deutsche Akademie der darstellenden° Kunst" jedes Jahr „Experimenta"-Aufführungen in Frankfurt. Etwa hundert Autoren, Musiker und Künstler° legen° ihre Stücke, Spiele und Aktionsentwürfe° vor°. Eine Darbietung darf nicht mehr als fünfzig Minuten dauern. Auch deutschsprachige Bühnen werden eingeladen, Neuinszenierungen vorzubereiten°. Die „Experimenta" bringen mit anderen Worten vieles zusammen, was neu ist, um es auf ihren Werkstattbühnen zu prüfen°.

Unkonventionelles und experimentelles Theater ist in der BRD eine umstrittene° Frage. Der Dramatiker Peter Weiss gab denjenigen, die das Experimentieren ablehnen, folgende Antwort: „Wir wissen nicht, ob das Denken, Fühlen und Handeln° der Menschen durch experimentelle Kunst verändert werden kann. Aber warum sollten wir es nicht mit neuen dramatischen Formen versuchen? Dramatische Experimente auf der Bühne sind ebenso berechtigt° wie wissenschaftliche Experimente im Laboratorium."

die Dosis dose

in der Tat indeed

darstellend performing

der Künstler artist
vor-legen to submit
der Entwurf outline, draft

vor-bereiten to prepare

prüfen to put to a test

umstritten controversial

das Handeln behavior

berechtigt justified

PUPPENTHEATER

Das Puppenspiel ist eine internationale Form des Theaters, das im deutschen mehr als im englischen Sprachraum gepflegt wird. Da es in Deutschland neue Aufgaben bekommen hat, spielt es heute eine noch größere Rolle als in der Vergangenheit. Während es früher nur der Unterhaltung diente, hat es heute Aufgaben auf dem Gebiet der Erziehung und der Therapie.

In der Therapie verwendet° man Puppen, um psychologische Störungen° zu behandeln°. Der Wert der Behandlungen zeigt sich in der großen Zahl von therapeutischen Erfolgen°, besonders auf dem Gebiet von Sprachfehlern° bei Kindern. Aber auch in Krankenhäusern verwenden Ärzte Puppen, und zwar sofort nach einer Operation. Sie haben festgestellt, daß Patienten in manchen Fällen schneller genesen°.

In den letzten Jahren hat die Verkehrspolizei° der Bundesrepublik gelernt, daß die kleinen Schauspieler ein wirksames° Mittel° in der Verkehrserziehung sind. Das staatliche Verkehrsamt° schreibt: „Seit Puppenspiele für die Verkehrserziehung gebraucht werden, ist die Zahl der Kinder-Verkehrsunfälle° in Deutschland um mehr als fünfzig Prozent ver-

verwenden to employ
die Störung disorder
behandeln to treat
der Erfolg success
der Sprachfehler speech defect

genesen to recover

die Verkehrspolizei traffic police
wirksam effective
das Mittel means
das Verkehrsamt Department of Motor Vehicles
der Unfall accident

mindert° worden." Die Verkehrspolizei hat ihr eigenes Puppentheater. Die Marionettenspieler sind geschulte° Polizisten, die mit ihren hölzernen° Künstlern von einer Stadt zur anderen fahren. Das Programm ist überall dasselbe: Die Erziehung der Kinder zum korrekten Verhalten° im Straßenverkehr.

An Pädagogischen Hochschulen° Deutschlands hat man schon vor Jahren erkannt°, wie wirksam die Puppencharaktere in der Erziehung sein können. Sie gehören zu den modernen Hilfsmitteln° in der Veranschaulichung° sozialer und ethischer° Werte.

Als Unterhaltung spielen die Puppen auch eine weit größere Rolle als zum Beispiel in den USA. Vor Jahrhunderten war „Dr. Johannes Faust" das beliebteste Puppenspiel überhaupt; den Menschen schauderte die Haut°, als Dr. Faust zur Hölle° fuhr. Heute gehören Opern sowie Theaterstücke zum Repertoire der Puppentheater. Österreichs Salzburger Marionettentheater ist das bekannteste unter denen, die regelmäßig Opern aufführen.

Kann eine Marionetten-Oper eine Kunstform ersten Grades sein? Professor Hermann Aicher, Direktor des Salzburger Marionettentheaters, sagte: „Eine Opernaufführung meiner Puppen ist ein reinerer Kunstgenuß° als eine Opernaufführung auf der Menschenbühne." Warum? Der Direktor wählt° Tonbandaufnahmen° der besten Sänger und Orchester; prominente Regisseure, hervorragende Choreographen, Tontechniker° und Bühnenarchitekten wirken mit°.

Die Bewegungen der kleinen Schauspieler wirken° absolut natürlich. Sie haben kein Lampenfieber°, brauchen nicht auf das Zeichen des Dirigenten zu warten und haben keine Probleme mit Atemtechnik. Die Musik und das Spiel der Marionetten verschmelzen° in eins. Man denkt an die Worte des Dichters Heinrich von Kleist: „Nur Gott und die Marionetten können Vollkommenheit° erzielen°."

Das vollkommene Zusammenspiel° von Instrumentalmusik, Stimmen und Rhythmus zeugt von° der Kunst und auch der Geduld° der Marionettenspieler. An einer Inszenierung von Mozarts „Don Giovanni" arbeiteten sie zwei Jahre lang. Für jede Neuinszenierung werden neue Puppen geschnitzt°. In der Werkstatt des Salzburger Marionettentheaters werden sie von Meistern der Holzschnitzerei gemacht. Kein Schneider°, der für Menschen schneidert, kann die Eleganz der Puppenkleidung übertreffen°.

Nicht nur Salzburg, sondern viele Städte in allen Teilen der Erde wollen die berühmten Minikünstler sehen. Das Ensemble reist jährlich durch Europa, Nord- und Südamerika und seit

vermindern to reduce
geschult trained
hölzern wooden

das Verhalten conduct

die Pädagogische Hochschule School of Education
erkennen to realize

das Hilfsmittel device
die Veranschaulichung demonstration
ethisch ethical

schauderte die Haut (their) skin crawled
die Hölle hell

der Genuß enjoyment
wählen to choose
die Tonbandaufnahme tape recording
der Tontechniker sound technician
mit-wirken to collaborate
wirken to have an effect
das Lampenfieber stage fright

verschmelzen to be merged

die Vollkommenheit perfection
erzielen to achieve
das Zusammenspiel coordination
zeugen von to testify to
die Geduld patience

schnitzen to carve

der Schneider tailor
übertreffen to excel

Gegr. 1913

SALZBURGER
MARIONETTENTHEATER

SALZBURG — KAPITELPLATZ 6 — TELEFON 81713 — AUSTRIA

Vorverkauf an der Tageskasse des Marionettentheaters (10—12 und 15—18 Uhr)
und in den Kartenbüros Neubaur, Durchhaus Griesgasse 15, Polzer, Bergstraße 22,
RUEFA, Kongreßhaus, Dr. Degener, Linzer Gasse 4

Eintrittspreise : S 30.— bis S 100.—

Das „Salzburger Marionettentheater" nimmt einen Ehrenplatz
unter den Puppentheatern der Welt ein. Das Marionettentheater
ist international beliebt und wird als Kunstform anerkannt. Überall in der Welt gibt es Puppenspieler-Gruppen, die ihre nationale
Eigenart zum Ausdruck bringen: Humor und Tragik, Schlauheit
und Naivität, Leidenschaft und Heldenmut.

1968 durch Südafrika und Australien. Von Oktober bis März
reist es um die ganze Welt. Auf dem Spielplan stehen Opern,
Operetten, Singspiele°, Ballette und Theaterstücke. Die viel-
sprachigen° Marionetten sprechen und singen in mehreren
Sprachen. Wenn sie im englischen Sprachgebiet der Welt spielen, sprechen sie englisch. Obwohl sie in Salzburg deutsch

das **Singspiel** musical
comedy
vielsprachig polyglot

Puppentheater   **57**

sprechen, werden die Programme in vier Sprachen gedruckt, denn das Publikum ist international.

MUSIK UND THEATER IN DER DDR

Im Gegensatz zur Bundesrepublik ist das Musikleben der DDR sehr konservativ. Die Deutsche Demokratische Republik erhält° die Musiktradition Deutschlands weiter aufrecht° und pflegt das, was man im Osten das Kulturerbe nennt. Die klassische Oper wird immer wieder gespielt und neu inszeniert; der Spielplan sieht nicht viel anders aus, als er vor fünfzig Jahren ausgesehen hat. Mozart, Verdi und Puccini hört man gern. Die Neuinszenierungen der alten Opern unterscheiden sich° aber zuweilen von denen der Bundesrepublik. Die allgemein bekannten Opern werden in der DDR nicht selten im Sinne des gegenwärtigen° sozialpolitischen Lebens neu interpretiert. Durch Modifikation der Musik und des Textes erscheinen sie in funkelnagelneuen° sozialen Zusammenhängen°.

Außer den bekannten deutschen und italienischen Opern sieht man im Osten Deutschlands hervorragende Aufführungen von russischen Opern. Man wahrt° im allgemeinen ein hohes Niveau, besonders an der Deutschen Staatsoper und an der Komischen Oper in Ost-Berlin. Vor der Erstaufführung° wird endlos geprobt°.

Operettenmusik gibt es im Gegensatz zum Westen fast überhaupt nicht. Auch das amerikanische Musical, das auf den Bühnen der BRD große Erfolge erzielt hat, ist in der DDR wenig bekannt.

Moderne, also atonale und elektronische Musik und dergleichen mehr° wird selten gespielt, obwohl einige jüngere Komponisten versuchen, in „gemäßigt° moderner" Weise zu komponieren.

Bach- und Händelfeste werden in der DDR veranstaltet, aber sonst gibt es wenige Musikfestspiele im westdeutschen Sinn. Volksmusik wird hingegen° sehr gefördert. Über 5000 Chöre, fast 5000 Laienkapellen° und 1500 Volkstanzgruppen zeugen von einem kulturellen Leben auf einer breiten populären Basis. Die vielen Musikschulen sind staatlich; private Musiklehrer gibt es noch, aber sie werden immer weniger.

Die Spielpläne der Theater sehen in der DDR ebenso konservativ aus wie die Repertoires der Opernhäuser. In der Tat wird im Sinne der westdeutschen Bühnen wenig experimentiert. Das Theater hat aber als „Instrument der Bewußtseinsbildung°" eine sozialpolitische Funktion zu erfüllen°. Es soll

aufrecht-erhalten to maintain, preserve

sich unterscheiden to differ

gegenwärtig present

funkelnagelneu brand-new
der **Zusammenhang** context

wahren to maintain

die **Erstaufführung** premiere
proben to rehearse

dergleichen mehr other things of that sort
gemäßigt moderate

hingegen on the other hand
die **Laienkapelle** amateur band

die **Bewußtseinsbildung** shaping of attitudes
erfüllen to serve

an der Erziehung sozialistischer Menschen aktiv teilnehmen. Auf einer Kulturkonferenz der SED, der Sozialistischen Einheitspartei° Deutschlands, wurde gesagt: „Die Spielpläne müssen ... im Sinne unserer sozialistischen Kulturpolitik gestaltet° werden." Hier unterscheiden sich Osten und Westen. Während Sozialpolitisches im Theaterleben der BRD keineswegs fehlt, werden die Spielpläne nicht vom Staat gelenkt° oder kontrolliert°.

die **Einheit** unity

gestalten to shape, give form

lenken to manage
kontrollieren to supervise

Die ostdeutschen Bühnen fördern das „Kulturerbe", neigen° aber dazu, die klassischen Theaterstücke aus ihrer politischen Weltanschauung° heraus neu zu interpretieren. Unter den Dramatikern des zwanzigsten Jahrhunderts, die in der DDR oft aufgeführt werden, ist Bertolt Brecht der bekannteste. Brecht hatte aber seine bedeutendsten Stücke schon geschrieben, bevor er nach Ende des Zweiten Weltkrieges aus dem Exil nach Europa zurückkehrte und in Ost-Berlin sein eigenes Theater gründete°. Er starb im Jahre 1956. Seine Witwe° leitete das Theater, das Berliner Ensemble, bis zu ihrem Tode im Jahr 1971. Hier gilt die Epische° Methode. Nach Brechts Auffassung° des Epischen Theaters soll das Publikum denken lernen, während die Schauspieler von den Charakteren, die sie spielen, *erzählen*. Es ist eine didaktische Form des Theaters, denn es soll lehren, sozialpolitische Fragen zu verstehen, um manches an der Gesellschaft ändern zu können.

neigen to incline

die **Weltanschauung** ideology

gründen to establish
die **Witwe** widow

episch epic
die **Auffassung** conception

Ein bekannter Schüler Brechts ist der Dramatiker Peter Hacks, der im Jahre 1955 Westdeutschland verließ, um im Osten zu arbeiten. Seit der Zeit lebt und schafft er dort. Auch in den Stücken von Peter Hacks dreht es sich um° Probleme, die mehr als private Fragen sind. Er deutet° in seinen historischen Stücken die Geschichte, besonders nationalistisch geschriebene deutsche Geschichte, um°.

sich drehen um to revolve about
um-deuten to give a new interpretation to

Die Epische Methode ist nicht das, was man die offizielle Methode der DDR nennen könnte. An den Schauspielschulen lernen junge Leute eine ganz andere Methode der Darstellungskunst°, eine Abwandlung° des Naturalismus. Diese ist also die vorherrschende°. Die Schulen sind staatlich; private Schauspielschulen gibt es nicht mehr. Die Bühnenkünstler sind alle Mitglieder der staatlichen Gewerkschaft, die Lohn-° und Arbeitsbedingungen° vorschreibt°.

die **Darstellungskunst** art of production and acting
die **Abwandlung** modification
vorherrschend prevailing (one)
der **Lohn** wage(s)
die **Bedingung** term
vor-schreiben to lay down, dictate
entscheidend decisive

Kindertheater werden von der DDR sehr gefördert. Die „Jungen Pioniere", die sechs bis dreizehn Jahre alt sind, und die „Freie Deutsche Jugend" spielen dabei eine entscheidende° Rolle.

Da Theater und Musik vom Staat systematisch unterstützt° werden, haben mehr Menschen denn je zuvor Gelegenheit,

unterstützen to support

Musik und Theater in der DDR **59**

Eine Szene aus Brechts „Dreigroschenoper", die durch Deutschlands berühmten Theater-Komponisten Kurt Weill einen Welterfolg erzielte. Wie Brecht zum Gründer einer neuen dramatischen Richtung wurde, so wurde Weill zum Gründer einer neuen Richtung auf dem Gebiet der Opernmusik. Die Szene ist aus einer Aufführung vom „Berliner Ensemble" im Jahre 1960. Dieses Ensemble genießt auch heute noch großes Ansehen. Brechts Werke werden von vielen Bühnen mit großem Erfolg aufgeführt.

an dem regen° Theater- und Musikleben teilzunehmen. Da die Form des Theaters und der Musik auch systematisch gelenkt wird, besteht keine Möglichkeit für Experimente, die der Staat nicht billigt°.

    In der DDR ist das Interesse an Musik und Theater nicht weniger rege als in der BRD; prozentual gibt es in der DDR ebenso viele Theater wie in der BRD. Die Tendenz zur Politisierung findet man hier wie dort. Im Westen aber sind es Einzelpersonen und einzelne Gruppen, die die Form der Politisierung bestimmen, während im Osten die Funktionäre des Ministeriums für Kultur in großem Ausmaße° die Politisierung des Musik- und Theaterlebens bestimmen.

rege lively

billigen to approve (of)

das **Ausmaß** extent

DIKTAT

Man kann das Theater nicht reformieren, wenn man nicht zugleich den ganzen Geist der Zeit reformiert. Es ist der Irrtum unserer Zeit, daß sie meint, man könne wesentliche Probleme aus dem Zusammenhang herauspflücken und für sich allein lösen.
— MORGENSTERN

Das, was die Musik ausspricht, ist ewig, unendlich und ideal. Sie spricht nicht die Leidenschaften, die Liebe, die Sehnsucht dieses oder jenes Individuums in dieser oder jener Lage aus, sondern die Leidenschaft, die Liebe, die Sehnsucht selbst.
— RICHARD WAGNER

FRAGEN

Die Bedeutung deutscher Musik

1. Wie könnte man Beethoven und Shakespeare vergleichen — und nicht vergleichen? 2. Geben Sie Beispiele für die Bedeutung deutscher Musik in der Welt! 3. Welche Namen deutscher Komponisten sind Ihnen bekannt?

Alte und neue Musik

1. Was verstehen Sie unter „alter und neuer Musik"? 2. Wie heißen einige Konzertserien, in denen neue Musik gespielt wird? 3. Warum liegt es wohl „in der Natur der Sache", daß zeitgenössische Musik oft experimentell ist?

Neue Formen der Oper

1. Was sind „Sequenzen" in der neuen Oper? 2. Warum nennen manche Leute Opernhäuser „Opernmuseen"?

Das Musikleben im allgemeinen

1. Wann beginnt und wann endet die Saison? 2. Wo ist der amerikanische Einfluß am sichtbarsten? 3. Was sagt uns die Zahl der Opernhäuser über das Musikleben der BRD? 4. Warum hören manche Menschen dieselben Opern immer wieder?

Theaterstücke und Schauspieler

1. Warum ist das deutsche Theater kein Gegenstück zu deutscher Musik? 2. Was bedeutet „subventioniert"? 3. Was ist ein Repertoiretheater? 4. Was bedeutet

„abonnieren"?   5. Weshalb spielen Westdeutsche wohl nicht in der DDR?   6. Was
für Themen interessieren Studenten-Schauspieler vor allem?

Experimentelles Theater

1. Erklären Sie eine Form, die Form des Veränderns, des neuen Theaters!   2. Warum ist das Verändern bei lebenden Autoren manchmal schwierig?   3. Welche
Themen sind, zum Beispiel, im Diskussionstheater beliebt?   4. Weshalb führt man
experimentelle Stücke meist in kleinen Theatern auf?   5. Erklären Sie „Experimenta"-Aufführungen!

Puppentheater

1. Welche Aufgaben hat das Puppentheater neben der Unterhaltung?   2. Was hat
die Verkehrspolizei mit dem Puppentheater zu tun?   3. Welches Stück war früher
das beliebteste Puppenspiel?   4. Warum meinte der Salzburger Direktor, daß die
Puppen vollkommene Künstler seien?   5. Haben die Puppen auch Fremdsprachen
gelernt?

Musik und Theater in der DDR

1. In welchem Sinne ist das Musikleben der DDR konservativ?   2. Welche Opernkomponisten sind zum Beispiel in der DDR beliebt?   3. Was für Musik fördert
man sehr? Geben Sie Beispiele!   4. Was für eine Funktion soll das Theater in der
DDR haben?   5. Erklären Sie die „Epische Methode" im Theater Brechts!   6. Ist
das Theaterleben der DDR ebenso rege wie das der BRD? Erklären Sie!   7. Wo liegen die Hauptunterschiede im Musik- und Theaterleben zwischen der DDR und
der BRD?

KAPITEL 4

POLITIK UND WIRTSCHAFT
Henry C. Werba

BRD UND DDR NACH DEM KRIEG

Viele deutsche Staatsmänner streben nach einem freundschaft-
lichen Verhältnis zwischen Westdeutschland und Ostdeutschland. So ein Verhältnis hat in den ersten Jahrzehnten nach
dem Zweiten Weltkrieg nicht existiert. Im Gegenteil! Wie das
tatsächliche Verhältnis gewesen ist, soll der kurze Bericht auf
den folgenden Seiten zeigen.

John Rogers ist Amerikaner. Er ist ein Teenager und lebt in
New York, im Westen der Stadt. Seine Großmutter wohnt
nicht weit von ihm. Heute hat sie Geburtstag°. John kauft ihr
ein schönes Geschenk°. In wenigen Minuten ist er bei ihr.
Sie ist glücklich.

    Hans Schmidt ist Deutscher. Er ist auch ein Teenager. Er lebt
in West-Berlin. Seine Großmutter wohnt auch nicht weit von
ihm, aber sie lebt in Ost-Berlin. Wenn sie Geburtstag hat,
möchte ihr Hans auch ein Geschenk bringen. Aber er kann
und darf es nicht. Die Berliner Mauer steht zwischen ihnen.

    Hans war noch ein Kind, als er seine Großmutter zuletzt
sah. Er erinnert sich nicht mehr an alles, aber vieles wird er
nie vergessen.

der **Geburtstag** birth-
day
das **Geschenk** present

63

Ein kleiner Junge hat Angst. Es ist Nacht und kalt und dunkel. Seine Eltern schleppen° ihn leise durch Stacheldraht und über Steine. Grelle° Scheinwerfer° leuchten° plötzlich auf°. Schüsse fallen°. Sein Vater bleibt blutend liegen. Seine Mutter erreicht mit ihm West-Berlin.

Warum beginnen wir mit Berlin? Berlin ist ein Symbol der deutschen politischen Situation. Berlin ist eine geteilte Stadt. Die Berliner Mauer trennt° West-Berlin von Ost-Berlin. Ein Streifen Niemandsland trennt Westdeutschland von Ostdeutschland: der Eiserne Vorhang°.

Nach dem Zweiten Weltkrieg war Deutschland im Jahre 1945 fast total zerstört. Im Westen lebten die Deutschen in einer der drei Besatzungszonen°, der englischen, französischen oder amerikanischen. In Mittel- und Ostdeutschland lebten sie unter sowjetischer Herrschaft°. Später schaffte° man im Westen die drei Zonen ab°. Im Jahre 1949 entstand hier die Bundesrepublik Deutschland (BRD). Im selben Jahre entstand im Osten die Deutsche Demokratische Republik (DDR). „Demokratisch" hat im Osten natürlich eine andere Bedeutung als im Westen. Einen Friedensvertrag° mit Deutschland gibt es immer noch nicht.

Das Schicksal Berlins, der alten deutschen Hauptstadt, ist ganz ähnlich. Es wird dadurch besonders dramatisch, daß Berlin hinter dem Eisernen Vorhang liegt. 1945 gab es in Berlin auch vier Besatzungszonen, die Sektoren. Aus den drei westlichen Sektoren entstand später West-Berlin. Ost-Berlin war der sowjetische Sektor. Heute ist Ost-Berlin die Hauptstadt der DDR. Die Hauptstadt der Bundesrepublik ist Bonn.

West-Berlin ist nicht nur ein Symbol der politischen Teilung° Deutschlands. Es ist auch ein Symbol der Freiheit° und des Mutes. Die Lage der Stadt gibt den Russen immer wieder Gelegenheit, Schwierigkeiten zu machen. Um nach West-Berlin zu kommen, muß man durch die DDR fahren oder fliegen. Immer wieder sperren° die Russen die Zufahrtsstraßen°, oder sie machen die Zufahrt schwierig.

Am schlimmsten war die Blockade im Jahre 1948. Sie dauerte ungefähr° ein Jahr lang. Die Berliner „Luftbrücke°" rettete° aber der Stadt das Leben. Westliche Piloten landeten ein Flugzeug nach dem anderen in West-Berlin. Sie brachten den Westberlinern alles, was man zum Leben braucht: jeden Sack Mehl°, jedes Stück Fleisch, jede Kiste° Obst, jede Flasche Milch und sogar jeden Sack Kohle für die Kraftwerke° West-Berlins.

West-Berlin ist eine Insel im roten Meer. So wie sich die Lage in der Bundesrepublik verbesserte, so verbesserte sich° auch die Lage in West-Berlin. West-Berlin war und ist das „Schaufenster"° des Westens. Es gibt viele Geschäfte, Theater,

schleppen to drag

grell bright
der Scheinwerfer searchlight
auf-leuchten illuminate the darkness
Schüsse fallen shots ring out

trennen to separate

der Eiserne Vorhang iron curtain

die Besatzungszone zone of occupation

die Herrschaft rule
ab-schaffen to do away with

der Friedensvertrag peace treaty

die Teilung division
die Freiheit liberty

sperren to close off
die Zufahrtsstraße access highway

ungefähr approximately
die Luftbrücke airlift
retten to save

das Mehl flour
die Kiste crate
das Kraftwerk power station

sich verbessern to improve

das Schaufenster showcase

Kinos, gute Restaurants und viele Autos. In Ost-Berlin war es anders. Deshalb kamen immer mehr Menschen von Ost- nach West-Berlin. Zwischen 1949 und 1961 kamen Millionen auf diesem Wege nach dem Westen. 1961 sperrte man ihnen diesen Fluchtweg° durch die Mauer, aber manche kamen und kommen noch immer auf verschiedenen Fluchtwegen.

Viele sind aus den Fenstern der Häuser gesprungen, die an der Grenze zwischen Ost- und West-Berlin stehen. Manche sind durch Abflußrohre° gekrochen°. Einige sind bei eiskaltem Wetter über Kanäle nach dem Westen geschwommen. Mehreren ist die Flucht in selbstgemachten Polizeiuniformen gelungen. Andere haben Tunnels gegraben. Züge und Lastautos° sind schon durch die Barrikaden gerammt. Schließlich ist manchen die Flucht mit Hilfe von Ausländern oder Bundesbürgern° gelungen. Viele sind jedoch bei ihren Fluchtversuchen gestorben, wie Hans Schmidts Vater.

Die Berliner haben Witz° und Humor. Er hilft ihnen, in ihrer Isoliertheit nicht den Mut zu verlieren. Als Präsident John F. Kennedy am 26. Juni 1963 West-Berlin besuchte, sagte

der **Fluchtweg** escape route

das **Abflußrohr** sewer
kriechen to creep

das **Lastauto** truck

der **Bundesbürger** citizen of the Federal Republic
der **Witz** quick wit

Dieser Vorbeimarsch auf dem Marx-Engels-Platz in Ost-Berlin im Jahre 1969 feiert das 20-jährige Bestehen der DDR. Die Porträts der Politiker und Funktionäre, die dabei getragen werden, erinnern an den Personenkult in der Sowjetunion zur Zeit Stalins. Solche sowjetrussischen extremen Phänomene sind in den Ostblockstaaten oft stärker ausgeprägt als in der Sowjetunion.

er: „Ich bin ein Berliner; alle freien Menschen, wo immer sie leben mögen, sind Bürger dieser Stadt West-Berlin." Die West-Berliner jubelten°. Sie verstanden, was der amerikanische Präsident sagen wollte. 2,2 Millionen Menschen leben in West-Berlin; sie brauchen das Gefühl der Solidarität mit dem Westen.

jubeln to cheer

Mit der Zeit wird es den heutigen deutschen Staatsmännern hoffentlich gelingen, die Spannungen° zwischen Ost- und Westdeutschland zu beseitigen°.

die **Spannung** tension
beseitigen to eliminate

DIE POLITIK DER BRD

Das politische System der Bundesrepublik Deutschland ist dem politischen System der USA in mancher Hinsicht° ähnlich. Natürlich gibt es aber auch Unterschiede, wie das Folgende zeigt.

die **Hinsicht** respect

Die Vereinigten Staaten sind ein Bund von fünfzig Staaten. Die Bundesrepublik ist ein Bund von elf Ländern. Der Bund hat eine zentrale Regierung°, die Bundesregierung. Daneben hat jedes Land seine eigene Regierung. Die Länderregierungen der elf Länder haben nicht alle dasselbe System.

die **Regierung** government

Was ist die Aufgabe der Bundesregierung? Die Bundesregierung befaßt sich° hauptsächlich° mit° Fragen internationaler Bedeutung°, zum Beispiel mit der Immigration und der Emigration, mit dem Postsystem, mit dem Handel und mit dem Finanzsystem. Auf manchen Gebieten hat die Bundesregierung die oberste Macht°, zum Beispiel in Fragen des Strafrechts° und der öffentlichen Fürsorge°. Wenn die Bundesregierung aber ihre Macht auf diesen Gebieten nicht ausübt°, so tun es die Länder.

sich befassen mit to deal with
hauptsächlich mainly
die **Bedeutung** significance

die **Macht** power, authority
das **Strafrecht** criminal law
öffentliche Fürsorge public welfare
aus-üben to exercise

Was ist die Aufgabe der Länderregierungen? Die Länderregierungen befassen sich mit der Erziehung, mit dem Polizeisystem und mit den Gemeinden° und mit lokalen Fragen. Die Länder der Bundesrepublik heißen: Schleswig-Holstein, Hamburg, Niedersachsen, Bremen, Nordrhein-Westfalen, Hessen, Rheinland-Pfalz, Baden-Württemberg, Bayern, Saarland und West-Berlin. West-Berlin hat eine besondere Position: Es ist das elfte Land der Bundesrepublik, aber seine Vertreter° haben nur eine beratende° Stimme.

die **Gemeinde** community

der **Vertreter** representative
beratend advisory

Die Länder der Bundesrepublik sind nicht nur politische Einheiten°; sie spiegeln° auch die Geschichte wider°. Vor fast zweitausend Jahren siedelten sich germanische Stämme in einigen der Gebiete an, die heute Länder der Bundesrepublik sind. Bayern, zum Beispiel, heißt so nach einem dieser Stämme, nämlich den Bajuwaren. Deshalb weiß es der Tourist fast

die **Einheit** unit, unity
wider-spiegeln to reflect

Die Erhaltung der Stabilität der Lebenskosten ist eines der Hauptziele der Regierung. Bei dieser Sondersitzung des Bundestages am 11. 5. 1971 appelliert Bundeskanzler Brandt an die Sozialpartner, diese Stabilität durch Mäßigung in ihren Lohnforderungen zu unterstützen. Das Verständnis, mit dem die Arbeiter solchen Forderungen gewöhnlich entgegenkommen, nennt man oft die „geheime Waffe" der Industrie.

immer, wenn er in ein neues Land kommt. Er merkt es vielleicht am Dialekt: Berlin, zum Beispiel, hat einen ganz besonderen Dialekt, wie New York. Oder der Tourist merkt es an den Sitten° oder an der Kleidung, besonders im Süden: Die Bayern, zum Beispiel, tragen oft noch Lederhosen° und Dirndlkleider°.

die **Sitte** custom
die **Lederhose** leather shorts
das **Dirndlkleid** Bavarian costume dress

Die beiden Länder Hamburg und Bremen sind Stadt-Staaten. Schon zur Zeit der Hanse waren sie Freie und Hansestädte. Die Hanse, oder Hansa, war im Mittelalter° ein wirtschaftlich° und politisch mächtiger Bund norddeutscher Kaufleute°. Das Wort „Hansa" finden wir heute im Namen der deutschen Luftfahrtgesellschaft° „Lufthansa".

das **Mittelalter** Middle Ages
wirtschaftlich economically
die **Kaufleute** merchants
die **Luftfahrtgesellschaft** airline

Die Bundesrepublik Deutschland ist eine demokratische Republik, aber viele Leute fragen noch immer skeptisch: „Können die Deutschen in einer Demokratie leben?" Sie sagen: „Die Deutschen haben fast immer unter Fürsten, Königen, Kaisern und einem ‚Führer' gelebt. Sie sind an° die Freiheit einer Demokratie nicht gewöhnt° und verstehen sie nicht. Die

gewöhnt sein an to be used to

„In einer Demokratie können die Deutschen nicht leben", sagen viele Leute und sprechen von neonazistischen Tendenzen in Deutschland. Solche Tendenzen symbolisiert die kleine National-demokratische Partei Deutschlands, die NPD. Bei den Wahlen im Jahre 1969 erinnert sie mit dem Slogan „Sicherheit durch Recht und Ordnung" an die amerikanischen Rechts-Radikalen mit ihrem „Law and Order".

Solche Parteien sind aber in beiden Ländern in der Minderheit. Die Reaktion der Gegner der NPD ist hier typisch: sie haben auf die Plakate der NPD eine Karikatur von Adolf Hitler geklebt, beschriftet mit den Worten: „Ein Adolf war schon zuviel!" Das Versprechen der SPD gefällt ihnen besser: „Sichere Arbeitsplätze und stabile Wirtschaft."

erste Republik, die Weimarer Republik, brach doch auch zusammen."

Der Bundesbürger glaubt aber an den Erfolg der zweiten Republik und an den Erfolg der Demokratie. Seine persönliche Freiheit schätzt° er sehr. Die Verfassung°, das Grundgesetz° der Bundesrepublik, garantiert ihm diese Freiheit. Die Verfassung schützt° den Bürger sogar vor° seiner eigenen Regierung. Wenn er glaubt, die Regierung tut ihm ein Unrecht, kann er zu einem Spezialgericht, dem Bundesverfassungsgericht°, gehen. Das Bundesverfassungsgericht ist unabhängig

schätzen to appreciate
die Verfassung constitution
das Grundgesetz basic law
schützen vor to protect from
das Bundesverfassungsgericht Federal Constitutional Court

von allen Organen der Verfassung. Wie der *Supreme Court* in den Vereinigten Staaten, überwacht° es die Gesetzgebung° und die Rechtspflege°.

Was garantiert die Verfassung dem Bundesbürger sonst noch? Sie garantiert ihm das Recht, sich mit anderen zu versammeln° und seine Meinung frei zu sagen. Er hat auch das Recht, sich zu informieren; die Presse ist frei. Wie in den Vereinigten Staaten, darf er nicht willkürlich° verhaftet° werden. Er hat das Recht auf eine Ausbildung° und auf eine freie Berufswahl°. Er darf die Kirche besuchen, wann und wo er will. Die Verfassung schützt seine Ehe und seine Familie. Seine Wohnung ist unverletzlich°, und er hat das Recht auf privates Eigentum°. Niemand darf seine Post zensieren oder kontrollieren.

Nach demokratischem Brauch° nimmt° der Bundesbürger indirekt an der Regierung teil°. Alle vier Jahre wählt er nämlich den Bundestag, das wichtigste Organ des Bundes. Die Wahlen sind direkt, allgemein, frei, gleich und geheim°. Wer über 18 Jahre alt ist, hat eine Stimme°.

Der Bundestag macht die Gesetze und kontrolliert die Regierung und die Verwaltung°. Er hat über 500 Abgeordnete°. Der Bundestag ist *eine* Kammer° des deutschen Parlaments.

Die andere Kammer des Parlaments heißt der Bundesrat. Die 45 Mitglieder° des Bundesrats vertreten die Regierungen der elf Länder der Bundesrepublik. Die Mitglieder des Bundesrats werden nicht gewählt, sondern von den Länderregierungen ernannt°. Vier der 45 Mitglieder des Bundesrats kommen aus West-Berlin. Auch sie haben nur eine beratende Stimme.

Der Präsident der Bundesrepublik steht an ihrer Spitze°. Der Präsident wird alle fünf Jahre von einer Bundesversammlung° gewählt. Aber sein Amt ist hauptsächlich ein zeremonielles Amt. Der Präsident formuliert nicht die Politik. Das tut der Bundeskanzler mit Hilfe seiner Minister. Den Bundeskanzler wählt der Bundestag und schlägt° ihn dann dem Präsidenten zur Ernennung vor°. Der Präsident ernennt den Bundeskanzler. Durch ein „Mißtrauensvotum"° kann der Bundestag den Kanzler auch wieder absetzen°. In so einem Fall muß der Bundestag aber schon einen Nachfolger° für den Bundeskanzler haben, um Regierungskrisen zu vermeiden°.

In vielen europäischen Ländern gibt es immer wieder Regierungskrisen. Neue Kabinette müssen zusammengestellt° werden, und es ist schwer für die vielen politischen Parteien, zusammenzuarbeiten. Im Gegensatz zu diesen Zuständen° ist die Regierung der Bundesrepublik stabil. Es gibt mehrere politische Parteien, aber bei weitem nicht so viele wie zur Zeit der Weimarer Republik. Damals gab es über dreißig kleine politi-

überwachen to watch over
die **Gesetzgebung** legislation
die **Rechtspflege** administration of justice
sich versammeln to assemble

willkürlich at will
verhaften to arrest
die **Ausbildung** education
die **Berufswahl** choice of profession
unverletzlich inviolable
das **Eigentum** property

der **Brauch** custom
teil-nehmen an to take part in

geheim secret
die **Stimme** vote

die **Verwaltung** administration
der **Abgeordnete** delegate
die **Kammer** chamber
das **Mitglied** member

ernennen to appoint

die **Spitze** top, point
die **Bundesversammlung** constitutional assembly

vor-schlagen to propose
das **Mißtrauensvotum** no-confidence vote
ab-setzen to remove from office
der **Nachfolger** successor
vermeiden to avoid

zusammen-stellen to compose
der **Zustand** condition

sche Parteien. Heute hat die Bundesrepublik vielmehr° ein Zwei-Parteien-System, wie es in England und den Vereinigten Staaten existiert. Traditionell sind die beiden stärksten Parteien die Christlich-Demokratische Union (CDU) und die Sozialdemokratische Partei Deutschlands (SPD).

vielmehr rather

Der erste Kanzler der Bundesrepublik war von 1949 bis 1963 Konrad Adenauer, der „Vater der Bundesrepublik". Nach ihm war der frühere Wirtschaftsminister, der „Vater des Wirtschaftswunders°", Ludwig Erhardt, Kanzler bis 1966. Der dritte war von 1966 bis 1969 Kurt Georg Kiesinger. Im Jahre 1969 wurde Willy Brandt Kanzler. Die ersten drei Kanzler waren Mitglieder der CDU, Willy Brandt aber Partei-Chef° der SPD.

das **Wirtschaftswunder** economic miracle

der **Chef** head

Wer ist Willy Brandt? Als die Nazis in Deutschland an die Macht kamen, war er noch ein junger Mann. Da er gegen die Nazis war, floh° er nach Norwegen, wo er norwegischer Staatsbürger° wurde. Während des Zweiten Weltkriegs war Willy Brandt Mitglied der norwegischen Untergrundbewegung°. Nach dem Krieg kam er als Presse-Attaché der norwegischen Mission in Berlin nach Deutschland zurück. 1948 wurde er wieder deutscher Staatsbürger, zwei Jahre später Mitglied des West-Berliner Parlaments. 1957 wählte man ihn zum Bürgermeister° von West-Berlin. Sieben Jahre danach wurde er Partei-Chef der SPD. Der Bundesregierung diente er zuerst als Außenminister°, und zwar von 1966 bis 1969, und danach als Kanzler.

fliehen to flee

der **Staatsbürger** citizen

die **Untergrundbewegung** underground movement

der **Bürgermeister** mayor

der **Außenminister** foreign minister

Was ist die Politik des modernen Deutschland? Seit dem Zweiten Weltkrieg haben die Deutschen immer wieder von der Wiedervereinigung° Deutschlands und Berlins gesprochen. Den meisten ist es inzwischen klar geworden, daß eine Wiedervereinigung nicht möglich ist. Der Unterschied zwischen Ost und West hat sich nur verschärft°. Vielleicht sprechen manche Deutsche immer noch von einer Wiedervereinigung, aber sie glauben nicht daran.

die **Wiedervereinigung** reunification

sich verschärfen to grow worse

Westdeutschland ist politisch, militärisch und wirtschaftlich hauptsächlich an den Westen gebunden. Ostdeutschland ist hauptsächlich an den Osten, das heißt an Rußland, gebunden. Die moderne deutsche Politik gibt° dies zu°. Willy Brandt, zum Beispiel, spricht von Deutschland als von „einer Nation, aber zwei Staaten". Sein Ziel° ist nicht mehr die politische Wiedervereinigung Deutschlands. Sein Ziel ist es vielmehr, bessere politische und wirtschaftliche Beziehungen zu der DDR, den anderen Ostblockstaaten und der Sowjetunion herbeizuführen°.

zu-geben to admit

das **Ziel** goal

herbei-führen to bring about

Ein wichtiger Schritt in dieser Richtung ist der Vertrag zwischen Bonn und Moskau, den die Bundesrepublik und die Sowjetunion am 12. August 1970 unterschrieben haben. Dieser Vertrag soll die deutschen Interessen sichern°, den Frieden° in Europa stärken und eine neue und bessere Atmosphäre in den Beziehungen zwischen Deutschland und Rußland herbeiführen.

Viele Leute kritisieren natürlich diesen Vertrag und die Politik Willy Brandts. Die kommenden Jahre werden zeigen, wer recht hat. Die alte Politik war, alles (das heißt die Wiedervereinigung) oder nichts zu wollen. Die neue Politik versucht, die Koexistenz der beiden deutschen Staaten leichter zu machen. Jedenfalls kann es keine höhere Anerkennung für die Friedensbestrebungen Willy Brandts geben, als den Friedensnobelpreis, der ihm am 10. Dezember 1971 in Oslo verliehen wurde.

sichern to safeguard, insure
der Frieden peace

DIE WIRTSCHAFT DER BUNDESREPUBLIK

Bis 1850 waren die Deutschen ein Volk von Bauern. Sie hatten nicht einen reichen Boden so wie Frankreich. Sie hatten kein mildes Klima wie Italien. Sie hatten keine mächtige Flotte wie England, um ihr Reich über die ganze Welt auszudehnen°. Aber sie hatten etwas ganz Besonderes, nämlich die Freude an der Leistung. Die Freude an der Leistung ist noch immer das Geheimnis° des deutschen Erfolgs in der Wirtschaft.

aus-dehnen to extend

das Geheimnis secret

Zwischen 1850 und 1900 wurde Deutschland zu einem Industriestaat, schneller als jede andere europäische Nation. „Made in Germany" wurde auf der Welt ein Symbol guter Qualität. Von der deutschen Technik und Industrie machte Hitler Gebrauch zum Bau einer mächtigen Militärmaschine für seinen Blitzkrieg°. Er führte den Zweiten Weltkrieg herbei. Am Ende des Zweiten Weltkriegs war Deutschland ein Feld von Ruinen. Wenige Jahre danach sprach man aber von einem „Wirtschaftswunder", das heißt, von einem enorm schnellen Aufstieg° der Wirtschaft. Wie war dieses Wirtschaftswunder möglich?

der Blitzkrieg lightning-fast war

der Aufstieg rise

Der wirtschaftliche Aufstieg begann mit Amerikas Hilfe. Der Marshallplan gab Deutschland Geld und Kredite, um neu zu beginnen. Auf den Ruinen der alten Fabriken entstanden neue Fabriken.

Die ersten Nachkriegsjahre waren aber schrecklich°. Man konnte nichts kaufen, auch wenn man Geld hatte. Das alte Geld, die Reichsmark, war nämlich nicht mehr viel wert. Der Schwarze Markt blühte. Die Leute gingen aufs Land°. Sie brachten den Bauern ihr Geld und ihre Kostbarkeiten°. Dafür bekamen sie ein paar Lebensmittel°. Ein halbes Kilo Butter kostete zum Beispiel 500 Mark. Damals sagte man: „Die

schrecklich horrible

aufs Land to the country
die Kostbarkeiten valuables
die Lebensmittel groceries

Die Atomenergie spielt nicht nur bei der elektrischen Stromproduktion eine große Rolle. Hier sieht man das Innere eines Atomreaktors in Frankfurt, der Forschungszwecken dient. Obwohl die Bundesrepublik keine Expeditionen in den Weltraum schicken kann, wie die Vereinigten Staaten, findet man auf allen wissenschaftlichen Gebieten eine rege Forschung.

Angesichts der Atomkraft spielt die Kohle heute nicht mehr ganz dieselbe Rolle wie früher. Die ganze industrielle Entwicklung des Ruhrgebiets basierte aber neben seinen großen Erzlagern auf seinen Kohlenlagern, die erst in 500 Jahren erschöpft sein werden.
Auf diesem Foto sieht man eine Batterie der Kokerei August Thyssen in Duisburg-Hamborn. Der moderne Kohlenturm im Hintergrund gehört zum Landschaftsbild des Ruhrgebiets.

Die Wirtschaft der Bundesrepublik   73

Bauern sind so reich, daß sie Teppiche in den Ställen haben."
1948 wurde durch die Währungsreform° alles besser. Die
alte Reichsmark wurde durch das neue Geld, die Deutsche
Mark (D-Mark, DM) ersetzt. Jeder Deutsche bekam 40 neue
D-Mark, um neu zu beginnen. Bankkonten° wurden auf
sechs Monate gesperrt. Danach bekamen die Leute nur 10 %
ihrer Ersparnisse° in der neuen Währung. Das war besonders
schwer für die alten Leute. Sie hatten ihr ganzes Leben lang
gespart. Nun hatten sie statt 1000 RM nur 100 DM, statt
10 000 RM nur 1000 DM. Aber die neue Währung war gut,
und bald ging es allen wieder besser. Man konnte wieder vieles kaufen. Die Deutsche Mark ist heute eine der stabilsten
Währungen auf der ganzen Welt.

    Wie die Politik ist auch die Wirtschaft der Bundesrepublik
hauptsächlich vom Westen abhängig°. Der deutsche Volkswagen, dieser komische Käfer°, kriecht° über die amerikanischen Straßen. Ein neues amerikanisches Unterseeboot° mit
Kernantrieb° wird gebaut; deutsche Stahlschneidemaschinen°
garantieren dabei die Präzision. In vielen amerikanischen Pro-
dukten findet man deutschen Stahl. Der amerikanische Berg-
arbeiter° arbeitet mit Hilfe deutscher Dieselmaschinen. Amerikanische Astronauten fliegen auf Saturn-Raketen in den
Weltraum°; die Raketen sind mit einem besonderen deutschen Kunstschaum° isoliert. Die Fotos, die die Astronauten
aus dem Weltraum zurückbringen, sind durch deutsche Linsen
aufgenommen° worden.

    Der Export ist aber nur die eine Seite. Deutschland impor-
tiert auch viel, besonders aus den Vereinigten Staaten. Deutschland kauft täglich landwirtschaftliche° Produkte im Wert von
ungefähr vier Millionen D-Mark. Der Tourist, der mit der
deutschen Luftfahrtgesellschaft „Lufthansa" fliegt, fliegt in
einer amerikanischen Maschine. Amerikanische Computer
spielen eine große Rolle in der deutschen Industrie. Deutschland hat wenige Rohstoffe. Es importiert die meisten aus Amerika. Amerika ist an über tausend Firmen in Deutschland be-
teiligt°.

    Was heißt das im täglichen Leben des Deutschen? Am
Morgen klingelt° sein GE-Wecker°. Er rasiert sich mit einer
Gillette-Klinge°. Die Zähne putzt er sich° mit Colgate-Zahn-
pasta. Er trinkt schnell Maxwell-Kaffee und fährt mit einem
Ford-Auto zur Arbeit. Im Tank hat er Esso-Benzin°. Bei der
Arbeit benützt er eine IBM-Maschine. Seinen Kindern kauft
er Mattel-Spielzeug°. Am Abend schaut er sich im Fern-
sehen „Bonanza" an, oder er arbeitet mit seinen Black &
Decker Werkzeugen°. Im Bett liest er die „Time". Die Elek-
trizität für seine Leselampe kommt von einem Atomkraft-

die **Währungsreform**
currency reform

das **Bankkonto** bank
account

die **Ersparnisse** sav-
ings

abhängig sein von to
be dependent on
der **Käfer** beetle
kriechen to crawl
das **Unterseeboot**
submarine
der **Kernantrieb**
nuclear propulsion
die **Stahlschneidema-
schine** machine for
cutting steel
der **Bergarbeiter** miner

der **Weltraum** outer
space
der **Kunstschaum**
artificial foam rubber

auf-nehmen to take

landwirtschaftlich
agricultural

beteiligt sein an to
have an interest in

klingeln to ring
der **Wecker** alarm
clock
die **Klinge** blade
sich die Zähne putzen
to brush one's teeth
das **Benzin** gasoline

das **Spielzeug** toy

das **Werkzeug** tool

werk°, das mit Hilfe der USA gebaut wurde. Von Zeit zu Zeit geht er ins Kino und sieht einen Hollywood-Film.

Seine Frau benützt Revlon-Make-up. Sie wäscht die Wäsche mit Procter & Gamble-Waschpulver°. Manchmal kommt am Nachmittag eine Avon-Beraterin° zu ihr. Sie kauft oft bei Woolworth ein°. Im Supermarkt° kauft sie Coca-Cola. Ihren Kindern bringt sie ein Disney-Buch. Sie fotografiert mit einer Polaroid-Kamera und macht ihre Kleider auf einer Singer-Nähmaschine°.

Der Export hält die Währung stabil. Der Export und der Import sind aber nur ein Teil des Gesamtbilds°. Die Bundesrepublik exportiert ungefähr 20 % ihres Bruttosozialprodukts, das heute fast dreimal so groß ist wie vor dem Zweiten Weltkrieg. Am Anfang der siebziger Jahre gingen nur 2 % nach den Vereinigten Staaten. Die Bundesrepublik importierte aus den Vereinigten Staaten ungefähr 0,3 % des amerikanischen Nationalprodukts. Seit 1968 exportiert die Bundesrepublik mehr nach den Vereinigten Staaten, als sie von dort importiert. Als Handelspartner stehen die USA jedoch an zweiter Stelle. An erster Stelle steht Frankreich.

Neben Frankreich und der Bundesrepublik sind Italien, Belgien, Luxemburg und die Niederlande die ursprünglichen Mitgliedsländer der Europäischen Wirtschafts-Gemeinschaft (EWG), des gemeinsamen Markts. Die Mitgliedsländer der EWG haben die Einfuhrzölle° praktisch abgeschafft° und dadurch einen viel größeren Markt geschaffen. Der Bundesrepublik sind England, Irland und die skandinavischen Staaten als neue Mitglieder der EWG willkommen.

WO UND WIE LEBEN DIE MENSCHEN?

Wo und wie leben die Bürger der Bundesrepublik? Ungefähr die Hälfte von ihnen lebt in Industrie- oder Handelszentren. Diese Zentren haben eine Fläche° von nur 13 % der Bundesrepublik, die ungefähr 250 000 Quadratkilometer groß ist, also kleiner als Oregon. Diese Zentren sind vor allem das Ruhrgebiet, das Rhein-Main-Gebiet um Frankfurt und das Rhein-Neckar-Gebiet um Stuttgart.

Das Ruhrgebiet ist das Herz der Wirtschaft. Zwanzig Prozent der Westdeutschen leben hier. Im Ruhrgebiet gibt es Kohlenlager° und Erzlager°. Die Kohle spielt aber heute eine kleinere Rolle als früher. In der elektrischen Stromproduktion, zum Beispiel, tritt heute die Atomkraft immer mehr an ihre Stelle. Drei große Atomkraftwerke von 300 Megawatt Leistung erzeugen° bereits Strom° in der Bundesrepublik; noch größere Atomkraftwerke sind im Bau.

das **Atomkraftwerk** nuclear power station

das **Waschpulver** laundry detergent
die **Beraterin** (lady-) consultant
ein-kaufen to shop
der **Supermarkt** supermarket

die **Nähmaschine** sewing machine

das **Gesamtbild** total picture

der **Einfuhrzoll** import duty
ab-schaffen to do away with

die **Fläche** area

das **Kohlenlager** coal deposits
das **Erzlager** iron-ore deposits

erzeugen to produce
der **Strom** electricity

Das deutsche Wirtschaftssystem heißt „soziale Marktwirtschaft". Unter diesem System bestimmt der Konsum die Produktion. Die Regierung ist für den Wettbewerb° zwischen verschiedenen Firmen.

der **Wettbewerb** competition

Die Bundesrepublik hat einen hohen Lebensstandard erreicht, aber er ist noch nicht so hoch wie der in den Vereinigten Staaten. In den USA gibt es doppelt so viele Autos pro° 100 Einwohner als in der BRD. Auch ist es in Deutschland gar nicht so leicht, sich ein Haus zu kaufen, denn auf jeden Quadratkilometer kommen 242 Menschen, doppelt so viele wie in Frankreich, zwölfmal so viele wie in den Vereinigten Staaten. Auch sind die Häuser sehr teuer, teurer als in den USA, und die Menschen verdienen weniger. Jedoch gibt es überall Bausparkassen°. Sie helfen den Deutschen, eine Anzahlung° für ein Haus zusammenzusparen. Die Regierung hilft auch, denn für diese Ersparnisse muß man keine sehr hohen Steuern° zahlen.

pro per

die **Bausparkasse** savings association for building purposes
die **Anzahlung** down payment
die **Steuern** (pl.) taxes

Wer sich kein Haus oder Reihenhaus° kaufen kann, versucht, sich eine Eigentumswohnung° zu kaufen. Sonst lebt der Bundesbürger aber sehr gut. Er kann gut essen und trinken, er kann sich einen Fernseher und viele andere Luxusartikel kaufen. Angesichts° dieses Wohlstands° spricht man heute von einer Überflußgesellschaft°. Dies alles ist seit 1945 entstanden; dazu hat die Bundesrepublik nach dem Zweiten Weltkrieg Millionen von Flüchtlingen° und Ausgewiesenen° aus den kommunistischen Gebieten aufgenommen. Deshalb spricht man von einem Wirtschaftswunder.

das **Reihenhaus** tract house
die **Eigentumswohnung** condominium

angesichts in view of
der **Wohlstand** prosperity
die **Überflußgesellschaft** surplus, affluent society
der **Flüchtling** refugee
der **Ausgewiesene** expellee

Es ist ein Symbol des Wohlstands, daß es in der Bundesrepublik keine Arbeitslosigkeit° gibt. Es gibt mehr freie Stellen als Arbeitsuchende°. Es fehlt sogar an Arbeitern. Der Tourist, der vor Weihnachten auf einem deutschen Bahnhof ankommt, glaubt oft, in Italien zu sein. Er hört nämlich genauso viel Italienisch wie Deutsch. Wer sind die vielen Italiener in Deutschland? Sie sind Gastarbeiter°. Vor Weihnachten fahren sie nach Hause zu ihren Familien.

die **Arbeitslosigkeit** unemployment
der **Arbeitsuchende** person looking for work

der **Gastarbeiter** guest worker

Weit über eine Million Gastarbeiter aus Südeuropa und Nordafrika arbeiten nämlich heute in der Bundesrepublik. Von 25 Millionen Arbeitern in Westdeutschland spricht jeder zwanzigste eine fremde Sprache. Die meisten Gastarbeiter kommen aus Italien, aus der Türkei, aus Griechenland, aus Spanien, aus Jugoslawien und aus Portugal. In Deutschland verdienen sie gut. Sie können Geld nach Hause schicken und auch noch sparen.

Die Bundesrepublik ist ein Sozialstaat°. Der Staat sorgt für° den Arbeiter fast so gut wie in Schweden. Wenn der Arbeiter krank wird oder einen Unfall° hat, zahlt die Krankenkasse°

der **Sozialstaat** welfare state
sorgen für to take care of
der **Unfall** accident
die **Krankenkasse** health insurance

die Unkosten. Wenn er alt wird, bekommt er eine Rente°. Wenn er seine Arbeit verliert, bekommt er Arbeitslosenunterstützung°.

die **Rente** pension

die **Arbeitslosenunterstützung** unemployment compensation

Natürlich sind die Steuern in der Bundesrepublik sehr hoch. Aber der Deutsche weiß, er muß sie zahlen, um ein gutes Leben zu genießen. Deshalb hat es bis jetzt fast keine Krisen in der deutschen Wirtschaft gegeben. Die Arbeiter verstehen die Probleme und verlangen keine übermäßigen° Summen, auch wenn die Leistung mehr steigt als die Löhne°. Das Resultat dieses Verständnisses ist eine Stabilität der Lebenskosten. Deshalb nennt man dieses Verständnis der Arbeiter oft die „geheime Waffe°" der Industrie. Die Erhaltung der Stabilität der Lebenskosten ist eines der Hauptziele und Hauptprobleme der Regierung.

übermäßig exorbitant
der **Lohn** wages

die **Waffe** weapon

In was für einer Atmosphäre arbeitet der Deutsche? Um 1900 arbeiteten noch 40 % aller Deutschen auf dem Lande.

Wenn man heute bekannte Produkte vieler amerikanischen Firmen kauft, so findet man sehr oft, daß japanische oder chinesische Hände diese Produkte, z. B. Radio-, Foto- oder Fernsehapparate, ganz oder zum Teil zusammengebaut, wenn auch nicht immer hergestellt haben.
Ähnlich ist es in der Bundesrepublik, wo auch viele Produkte mit Hilfe ausländischer Hände hergestellt, zusammengebaut oder verpackt werden: auf diesem Foto sieht man italienische Gastarbeiterinnen bei der Arbeit in der Schokoladenfabrik Stollwerk in Köln.

Heute arbeiten nur noch 8 % der Westdeutschen auf dem Lande. Fünf Millionen Frauen arbeiten und sorgen daneben für ihre Familie. Die Arbeiter oder „Arbeitnehmer" sind organisiert. Sie sind Mitglieder verschiedener freier Gewerkschaften. Der Deutsche Gewerkschaftsbund° (DGB) vereinigt Arbeiter von verschiedenen politischen Meinungen und von verschiedener Weltanschauung° und Religion in einer Atmosphäre der Toleranz.

die **Gewerkschaft** labor union

die **Weltanschauung** philosophy of life

NEUE TECHNOLOGIE

Eines der wichtigsten Probleme ist die „technologische Lücke°" zwischen der Bundesrepublik und den Vereinigten Staaten. Diese Lücke muß überbrückt° werden, um die deutsche und auch europäische Position in der Weltwirtschaft stärker zu machen. Wer sind die Männer, die die technologische Lücke überbrücken können? Zum Beispiel der Ingenieur Felix Wankel! Felix Wankel ist der Erfinder° des ersten Kreiskolbenmotors°. Den Kreiskolbenmotor findet man heute in einem der progressivsten Autos auf der Welt, nämlich in dem Typ „Ro 80" der Firma NSU. Siebzehn andere Firmen aus Deutschland, Italien, England, Frankreich, den USA und Japan wollen auch den Wankel-Motor bauen und benützen.

die **Lücke** gap

überbrücken to bridge

der **Erfinder** inventor

der **Kreiskolbenmotor** rotary piston engine

Ein weiterer Mann mit viel Talent ist Professor Walter Bruch, der Erfinder eines Farbfernsehsystems°, das in zwölf europäischen Ländern installiert ist.

das **Farbfernsehsystem** color television system

Auf dem Gebiet der Computertechnik ist Heinz Nixdorf ein wichtiger Mann. Heinz Nixdorf begann mit fast nichts. Er entwickelte einen kleinen Computer, der die Arbeit eines großen Computers machen kann, nur viel einfacher. Heute hat er großen Erfolg im Wettbewerb mit großen Firmen.

Seine Firma liefert Tausende von Computern nach Frankreich, Finnland, England, Australien, Schweden und Südafrika. Auch die USA haben schon 10 000 Nixdorf-Computer bestellt. Damit nimmt die Firma mit zwei Dritteln am deutschen Computerexport teil.

Der Wohlstand bringt die Verpflichtung° mit sich, sogenannten „Entwicklungsländern"°, das heißt unterentwickelten° Ländern, zu helfen. Das tut die Bundesrepublik durch finanzielle Hilfe, durch junge Deutsche, die als „Entwicklungshelfer" in diese Länder gehen, und durch die Ausbildung ausländischer Praktikanten° in der deutschen Industrie. Die Praktikanten aus Afrika, zum Beispiel, arbeiten oft ein Jahr lang mit modernen Maschinen der Autoindustrie. Daneben lernen sie viel Theorie. Nach einem Jahr fahren sie zurück nach

die **Verpflichtung** obligation
das **Entwicklungsland** underdeveloped country
unterentwickelt underdeveloped

der **Praktikant** trainee

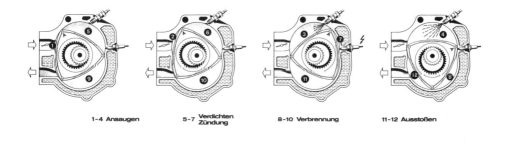

Viertakt - Arbeitsweise des Wankelmotors

1-4 Ansaugen   5-7 Verdichten Zündung   8-10 Verbrennung   11-12 Ausstoßen

Viertakt-Arbeitsweise des Wankelmotors	Four-stroke operation of the Wankel engine	Ciclo de cuatro tiempos del motor Wankel	Cycle à quatre temps du moteur Wankel
1–4 Ansaugen Intake Admission Aspiración	5–7 Verdichten Zündung Compression Intake Compression Allumage Compresión Encendido	8–10 Verbrennung Combustion Explosion Détente Combustión	11–12 Ausstoßen Exhaust Echappement Escape

Afrika und nehmen alle Maschinen mit. Dort reparieren sie mit diesen Maschinen und mit ihrem neuen technischen Wissen Autos, Traktoren und andere wichtige Maschinen.

Der deutsche wirtschaftliche Wohlstand hat aber auch eine negative Seite: den Materialismus! Auf der Suche° nach einem besseren Leben ist der Deutsche zum Materialisten geworden. Er gibt dies aber nicht gern zu.

die **Suche**   search

Viele junge Deutsche sind gegen den Materialismus. Sie sagen, die Regierung paßt° sich der Wirtschaft an. Sie macht zu viele Kompromisse. Deshalb gibt es auch in Deutschland Studentendemonstrationen. Zum Teil fühlen sich die Studenten mit der älteren Generation und ihren Zielen nicht mehr identisch, besonders, wenn die ältere Generation noch am Nazi-Unternehmen teilgenommen hatte.

sich an-passen   to adjust to

Oft fühlt die Jugend, daß die progressive Industrialisierung in einer Demokratie bedeutet, daß die Gesellschaft sich nur noch für den Konsum und den Wohlstand interessiert. Die persönliche Freiheit leidet°, wenn der Materialismus zur dominanten Kraft in der Politik wird. Sie sagen: „Die Demokratie existiert noch, aber sie entwickelt sich nicht mehr." Vielleicht haben sie damit recht, denn es ist ein Widerspruch°, daß Deutschlands und Europas neue wirtschaftliche Macht ihren politischen Horizont nicht vergrößert, sondern verkleinert hat. Man kann nur warten und sehen, was für einen Erfolg die Bundesrepublik in der Zukunft haben wird. Um Erfolg zu haben, wird es ihr gelingen müssen, die Politik mit einer computerorientierten Wirtschaft in Einklang° zu bringen.

leiden   to suffer

der **Widerspruch**   paradox

der **Einklang**   harmony

Neue Technologie   **79**

DIE DEUTSCHE DEMOKRATISCHE REPUBLIK

In der DDR leben über 17 Millionen Menschen auf einer Fläche von ungefähr 108 000 Quadratkilometern. Zwischen 1950 und 1964 hat sich die Bevölkerung° der DDR um 1,4 Millionen vermindert°, während die Bevölkerung der BRD um 8,5 Millionen stieg°. Fast vier Millionen Menschen flohen während dieser Zeit aus der DDR nach der BRD. Dadurch entstand im Westen ein Zuwachs°, der dreimal größer ist als der natürliche Bevölkerungszuwachs.

> die **Bevölkerung** population
> **sich vermindern (um)** to diminish by
> **steigen** to rise
> der **Zuwachs** increase

Warum kommen junge Ostdeutsche immer noch nach dem Westen? Eine Bibliothekarin° sagt: „Ich wollte alles lesen dürfen, was ich lesen möchte. Ich wollte mich nicht immer ducken°." Ein junger Arbeiter sagt: „Ich besuchte die Tschechoslowakei,. Dort sah ich glückliche Menschen. Sie sagten, was sie wollten. Ich dachte: ‚So wird es auch bei uns einmal sein.' Dann kam die russische Invasion. Was passierte, war anders, als was man uns in der Schule gesagt hatte." Ein Musiker sagt: „Als Musiker weiß ich, was die Menschen wollen. Sie wollen zur Unterhaltung° Musik, nicht Politik. Aber in der DDR mußte ich immer aufpassen°. Sechzig Prozent der Stücke mußten ein sozialistisches Motiv haben. Die anderen 40 Prozent konnten Stücke aus dem Ausland sein."

> die **Bibliothekarin** (lady-)librarian
> **sich ducken** to cringe
> die **Unterhaltung** entertainment
> **auf-passen** to watch out

Die DDR ist eine Volksrepublik nach sowjetischem Vorbild°. Sie entstand 1949 durch einen Beschluß° der sowjetischen Militärverwaltung. Pankow, in Ost-Berlin, wurde der Sitz der Regierung, Wilhelm Pieck der Präsident. Der wichtigste Mann der DDR war jedoch Walter Ulbricht, bis er sich im Jahre 1971 zurückzog.

> das **Vorbild** example
> der **Beschluß** resolution

Walter Ulbricht (geboren 1893) war Mitbegründer° der Kommunistischen Partei Deutschlands (KPD). Von 1938 bis 1945 lebte er im Exil in Rußland. Danach nahm er am Wiederaufbau der KPD teil, die später zur Sozialistischen Einheitspartei (SED) wurde. Nach 1953 war er Generalsekretär des Zentralkomitees der SED. Die Führung der SED sollte kollektiv sein, nach Piecks Tod im Jahre 1960 lagen aber die Macht und Autorität in Ulbrichts Händen. Natürlich vertrat Ulbricht sowjetische Interessen. Die Ziele des Kommunismus verfolgte° er mit großer Härte.

> der **Mitbegründer** co-founder
> **verfolgen** to pursue

Die Regierung der DDR, einschließlich der parlamentarischen Abgeordneten der Volkskammer°, existiert ohne demokratische Basis im westlichen Sinn des Wortes. Das Amt des Präsidenten ist durch den Staatsrat ersetzt. Dieser Staatsrat° kann ohne die Volkskammer Gesetze machen. Die Hauptorgane der SED, das Zentralkomitee, das Politbüro und das Sekretariat, kontrollieren alles.

> die **Volkskammer** people's chamber
> der **Staatsrat** council of state

Im Jahre 1952 wurden die alten deutschen Länder abge-
schafft. An ihre Stelle setzte man 14 politische Bezirke°. Ost-
Berlin ist der 15. Bezirk. Die Macht liegt in den Händen der
SED. Treue Kommunisten haben alle wichtigen Positionen.
Im Jahre 1953 waren die politischen Zustände in der DDR
schlimmer als die Zustände in manchen der anderen Ostblockstaaten. Dies führte zu einem Aufstand°, der mit Hilfe russi-
scher Panzer° unterdrückt wurde.

der **Bezirk** district

der **Aufstand** uprising

der **Panzer** tank

Das wirtschaftliche System der DDR kann am besten durch
die folgende Anekdote illustriert werden: Ein Tourist kommt
nach Westdeutschland. Er sieht eine Fabrik. Vor der Fabrik
stehen Hunderte von Autos. Er fragt:
„Wem gehört diese Fabrik?"
„Herrn Schmidt", sagt man ihm.
„Wem gehören die Autos?" fragt der Tourist.
„Den Arbeitern", antwortet man ihm.
Dann kommt der Tourist nach Ostdeutschland. Wieder
sieht er eine Fabrik. Vor der Fabrik stehen drei Autos. Der
Tourist fragt dieselben Fragen:
„Wem gehört diese Fabrik?"
„Den Arbeitern", sagt man ihm aber diesmal.
„Wem gehören die drei Autos?" fragt der Tourist.
„Den Direktoren der Fabrik!"
Man darf natürlich nicht vergessen, daß eine Anekdote
immer übertreibt. Heute gibt es in der DDR schon recht viele
Autos.

Die meisten Privatunternehmen° in der DDR sind soziali-
siert worden. Sie gehören „dem Volk". Man nennt sie „volks-
eigen°". Kaum 2 % des Gesamtprodukts der DDR kommen
aus Unternehmen, die dem Staat nicht direkt unterstellt sind.
In der Landwirtschaft ist es auch so. Die Bauern arbeiten nicht
mehr auf ihrem eigenen Land und Boden. Sie gehören zu
„Genossenschaften°". Der Staat schreibt den Arbeitern und
Bauern Leistungsquoten vor, die sie erfüllen müssen. Oft wird
nicht das Minimum dieser Quoten erfüllt, denn es fehlt die
persönliche Motivierung. In „kapitalistischen" Ländern arbeitet der Arbeiter für ein materiell besseres Leben für sich und
seine Familie. In der DDR arbeitet er für den Staat, der sein
Arbeitgeber ist. Der Arbeitgeber-Staat legt° die Löhne einheitlich fest°.

das **Privatunternehmen**
private enterprise

volkseigen collec-
tively owned

die **Genossenschaft**
co-op

fest-legen to assess

Wie in den meisten kommunistischen Ländern ist der
Lebensstandard in der DDR nicht sehr hoch, aber doch der
höchste Osteuropas. Nach dem Zweiten Weltkrieg half Amerika Westdeutschland beim Wiederaufbau. In Ostdeutschland
aber demontierten° die Russen alle Fabriken, die noch standen, und transportierten sie nach Rußland. Bei einer solchen

demontieren to dis-
assemble

Politik ging der Wiederaufbau im Osten natürlich nur sehr langsam und ist immer noch nicht ganz vollendet°. Trotzdem muß man die große Leistung der Menschen anerkennen, die ihn aus eigenen Kräften vollbringen.

Es geht dem Ostdeutschen heute viel besser als früher, aber es geht ihm noch nicht so gut wie dem Westdeutschen. Der Ostdeutsche hat genug zum Leben. Er kann essen, trinken und bescheiden° wohnen. Er hat ein Radio, vielleicht sogar einen Fernseher. Selten hat er ein Auto.

Je „luxuriöser" ein Artikel ist, wie zum Beispiel ein Auto oder selbst schon ein Fernseher, desto unerschwinglicher° ist er für den Ostdeutschen. Im allgemeinen muß der Ostdeutsche mindestens doppelt so lange für einen Artikel arbeiten wie der Westdeutsche. Für Luxusartikel muß er sogar fünf- bis sechsmal länger arbeiten. Der Lebensstandard des Ostdeutschen ist deshalb im allgemeinen ungefähr nur halb so hoch wie der Lebensstandard des Westdeutschen.

Im Westen sorgt° man sich heute viel über° die Jugend und über die Demonstrationen. In der DDR sorgt man sich auch über die Jugend, aber auf eine andere Art und Weise°: Der Staat will die Jugend erziehen und indoktrinieren. Die Jugend erhält nicht nur eine politische, sondern auch eine militärische Ausbildung. Aus ihren Reihen° kommt der Nachwuchs° für die verschiedenen militärischen Organisationen der DDR, die sich „Polizei" nennen, aber eine Armee sind. Von Meinungsfreiheit oder Demonstrationen kann natürlich nicht die Rede sein°.

Die Hoffnung liegt in der Zukunft. Da die DDR wirtschaftlich heute zu den zehn stärksten Ländern zählt, mag diese wirtschaftliche Stärke auch bessere politische Zustände und Beziehungen zu anderen Ländern mit sich bringen, wie es immer wieder in verschiedenen Teilen der Welt der Fall ist.

vollendet accomplished

bescheiden modest(ly)

unerschwinglich unattainable

sich sorgen über to worry about

die Art und Weise manner

die Reihen ranks

der Nachwuchs new blood, recruits

kann nicht die Rede sein there is no chance

DIKTAT

Regierungen sind Segel, das Volk ist Wind, der Staat ist Schiff, die Zeit ist See.
— BÖRNE

Es gehört zum deutschen Bedürfnis, beim Biere von der Regierung schlecht zu reden.
— BISMARCK

Politik im höchsten Sinne ist Leben, und Leben ist Politik. Jeder Mensch, er mag wollen oder nicht, ist Glied dieses kämpfenden Geschehens, als Subjekt oder Objekt; etwas drittes gibt es nicht.
— SPENGLER

FRAGEN

BRD und DDR nach dem Krieg

1. Was haben die amerikanische und die deutsche Großmutter mit Politik zu tun? 2. Weshalb ist das Schicksal Berlins „besonders dramatisch"? 3. Beschreiben Sie die Berliner „Luftbrücke"! 4. Was bedeutet „Schaufenster" des Westens? 5. Wann und wo entstand die Berliner Mauer? 6. Wie sind Menschen nach dem Bau der Mauer vom Osten nach dem Westen geflohen? 7. Wie lauten die berühmten Worte, die Kennedy in Berlin sprach?

Die Politik der BRD

1. Mit welchen Fragen befaßt sich die Bundesregierung? 2. Wie viele Länder gibt es in der BRD? 3. Mit welchen Fragen befassen sich die Länderregierungen? 4. Wie heißen die zwei Stadt-Staaten? Was waren sie früher? 5. In welcher Weise nimmt der Bundesbürger an der Regierung teil? 6. Was ist der Unterschied zwischen Bundestag und Bundesrat? 7. Was ist der Unterschied zwischen dem Präsidenten der BRD und dem Präsidenten der USA? 8. Wie heißen die zwei stärksten Parteien der BRD? 9. Was machte Willy Brandt in der Hitler-Zeit? 10. Wie könnte man die Außenpolitik der BRD beschreiben?

Die Wirtschaft der Bundesrepublik

1. Wo liegen oder lagen wirtschaftliche Unterschiede zwischen Deutschland und den anderen europäischen Nationen? 2. Erklären Sie das sogenannte Wirtschaftswunder! 3. Beschreiben Sie die Währungsreform in der BRD! 4. In welcher Weise ist die deutsche Wirtschaft vom Westen abhängig? 5. Geben Sie Beispiele für Importe aus Amerika in der BRD! 6. Was ist der gemeinsame Markt, die EWG?

Wo und wie leben die Menschen?

1. Nennen Sie die Hauptindustriezentren der BRD! 2. Welches Gebiet ist das Herz der Wirtschaft, und wie viele Menschen leben dort? 3. Wie könnte man den Lebensstandard der BRD und den der USA vergleichen? 4. Wie würden Sie das Wort Überflußgesellschaft definieren? 5. Was sind Gastarbeiter? 6. Könnte man von einem Unterschied zwischen den Arbeitern der BRD und denen der USA sprechen? Erklären Sie!

Neue Technologie

1. Erklären Sie, was eine „technologische Lücke" ist oder sein könnte! 2. Was hat die BRD auf dem Gebiet der Computertechnik geleistet? 3. Charakterisieren Sie

Entwicklungshilfe und beschreiben Sie die Rolle, die die BRD in der Entwicklungs-hilfe spielt! 4. Welche Form der Macht ist größer im Falle der BRD — die wirt-schaftliche oder die politische?

Die Deutsche Demokratische Republik

1. Warum hatte sich die Bevölkerung der DDR vermindert? 2. Wo liegt der Sitz der Regierung? 3. Charakterisieren Sie kurz Walter Ulbricht! 4. Was ist die Funktion des Staatsrates? 5. Was geschah im Jahre 1953? 6. Wie könnte man den Lebensstandard in der DDR mit dem der anderen Ostblockländer und dem der BRD vergleichen? 7. Was wird Ihrer Meinung nach die Zukunft bringen?

Der 1949 gegründete Deutche Gewerkschaftsbund besteht aus sechzehn einzelnen Gewerkschaften. Jede hat ihr eigenes Siegel.

KAPITEL 5

SOZIOLOGISCHE STRUKTUREN

Cornelius Schnauber

ALLGEMEINES

In der BRD leben zwischen 61 und 62 Millionen Menschen. Es gibt ungefähr drei Millionen weibliche Einwohner mehr als männliche.

Obwohl der Zweite Weltkrieg auch vielen deutschen Menschen das Leben gekostet hat, leben heute in der Bundesrepublik ungefähr 18 Millionen Menschen mehr als auf dem gleichen Gebiet 1938. Die Gründe hierfür sind verschiedene. Viele Menschen, die vor 1945 östlich der Flüsse Oder und Neiße lebten, leben jetzt in der Bundesrepublik. Denn ehemalige° deutsche Länder gehören heute zu Polen oder zur Sowjetunion. Dazu° sind auch viele Menschen aus der DDR in die Bundesrepublik gekommen. Außerdem gibt es fast überall auf unserer Erde einen Bevölkerungszuwachs°; denn durch den medizinischen Fortschritt werden mehr Kinder vor tödlichen Krankheiten geschützt°, und die alten Menschen können länger leben.

ehemalig former

dazu in addition

der Bevölkerungszuwachs population increase

schützen to protect

85

Statistiken wie über eine Bevölkerungszahl und über den Bevölkerungszuwachs sind meistens sehr langweilig, aber sie können sehr oft Argumente widerlegen°, die Politiker manchmal nur aus demagogischen Absichten° verwenden. Denken wir nur an Adolf Hitler. Hitler hatte dem deutschen Volk immer wieder gesagt, es sei ein Volk ohne Raum. Das deutsche Volk müsse deshalb, um eines Tages nicht zu verhungern, neue Gebiete erobern°. Und mit dieser These, an die dann auch sehr viele gebildete Menschen glaubten, bereitete Hitler psychologisch seine späteren Eroberungen vor.

Wenn aber heute in der Bundesrepublik Deutschland 18 Millionen Menschen mehr — und in größerem Wohlstand — leben als auf dem gleichen Gebiet 1938 unter Adolf Hitler, so hat diese Statistik Hitlers Kriegsthese eindeutig° widerlegt.

Die Menschen in der Bundesrepublik Deutschland leben heute im Durchschnitt° in einem größeren Wohlstand als alle deutschen Generationen zuvor. Dennoch gibt es viele Probleme, die noch ungelöst° sind. Es sind Probleme im sozialen Bereich°, im Bildungsbereich und im Zusammenleben der Menschen. Viele Probleme davon wird man wohl nie lösen° können, weder heute noch morgen, noch in einem anderen Gesellschaftssystem. Immer, wenn Menschen zusammenleben, wird es Probleme geben, die unlösbar sind. Doch das darf uns nicht dazu verleiten°, Verbesserungen° gar nicht erst zu versuchen.

In der Bundesrepublik gibt es sechs große Berufsgruppen. Diese sind: ungelernte° Arbeiter, gelernte Arbeiter, Handwerker, Angestellte°, Beamte und freie Berufe. Alle diese Berufsgruppen haben verschiedene Einzelberufe. Allerdings spricht man bei den ungelernten Arbeitern nur selten von Berufen. Für alle Berufsgruppen gibt es eine Statistik über das Durchschnittseinkommen. Es ist aber sehr schwer, eine Statistik über die freien Berufe zu bekommen. Die Unterschiede in den freien Berufen sind zu groß. Es gibt Künstler°, die sehr viel verdienen, und es gibt Künstler, die sehr wenig verdienen. Wer in einem freien Beruf arbeitet, wie es sehr viele Künstler tun, ist für sein Einkommen selbst verantwortlich°.

In den folgenden Abschnitten° wollen wir einmal zeigen, wie der Wohlstand in der Bundesrepublik von Jahr zu Jahr gewachsen ist. Als Beispiel nehmen wir die Jahre 1966 und 1969. Wir könnten auch andere Jahre nehmen.

Ein ungelernter Arbeiter mußte im Jahre 1966 im Durchschnitt 41,3 Stunden pro Woche arbeiten. Er bekam aber für 44,6 Stunden pro Woche bezahlt, weil man auch die Feiertage wie Arbeitstage bezahlt. 1969 mußte ein ungelernter Arbeiter

---

widerlegen to disprove
die Absicht end, aim

erobern to conquer

der Wohlstand prosperity

eindeutig clearly

im Durchschnitt on the average

ungelöst unsolved
der Bereich sphere
lösen to solve

dazu verleiten to induce
die Verbesserung improvement

ungelernt unskilled
der Angestellte white collar worker

der Künstler artist

verantwortlich responsible
der Abschnitt paragraph

---

im Durchschnitt nur noch 39,4 Stunden arbeiten und bekam aber für 44,9 Stunden pro Woche bezahlt. Außerdem verdiente der ungelernte Arbeiter im Jahre 1966 im Durchschnitt 184 DM pro Woche, und im Jahre 1969 verdiente er schon 218 DM pro Woche. Vergleichen wir also das Jahr 1969 mit dem Jahr 1966, so sehen wir, daß ein Arbeiter 1969 weniger arbeiten mußte und dafür mehr verdiente. Seit 1969 geht° es in dieser Richtung weiter°.

geht ... weiter this trend is continuing

Auch in den anderen Berufen verdienen die Menschen von Jahr zu Jahr mehr und müssen dafür weniger arbeiten. In den meisten Berufen verdienen die Frauen noch immer etwas weniger als die Männer. Die Gleichberechtigung° zwischen Mann und Frau ist in der Bundesrepublik noch nicht perfekt. Das ist ein Widerspruch zum° Grundgesetz. Denn das Grundgesetz° der Bundesrepublik Deutschland fordert in seinem Artikel 3, daß Mann und Frau gleichberechtigt seien.

die **Gleichberechtigung** equality of rights

ein **Widerspruch zu** contrary to

Wir wollen noch an zwei Beispielen zeigen, wie die Menschen von Jahr zu Jahr mehr verdienen und wie die Gleichberechtigung in der Bundesrepublik noch nicht perfekt ist. Wir nehmen wieder die Jahre 1966 und 1969. Doch diesmal zeigen wir zwei Angestelltengruppen.

Angestellte werden im allgemeinen in 5 Verdienstgruppen° eingeteilt, und sie erhalten keinen Wochenlohn, sie erhalten ein Monatsgehalt°. Die Verdienstgruppen richten sich nach° Ausbildung und Qualifikation. Die höchste Verdienstgruppe, die Gruppe I, ist statistisch sehr schwer zu erfassen°, da die Gehälter sehr verschieden sind. In dieser Gruppe sind die leitenden Angestellten, die Meister und die Wissenschaftler. Wir nehmen deshalb die Gruppen II und V.

der **Verdienst** earning(s)

das **Gehalt** salary
sich richten nach to be governed by

statistisch erfassen to give statistics

1. *Beispiel:* Ein männlicher Angestellter der Gruppe V verdiente 1966 als Monatsgehalt 701 DM, und 1969 verdiente er 843 DM. Eine weibliche Angestellte der Gruppe V verdiente 1966 532 DM, und 1969 verdiente sie 635 DM.

2. *Beispiel:* Ein männlicher Angestellter der Gruppe II verdiente 1966 als Monatsgehalt 1483 DM, und 1969 verdiente er 1748 DM. Eine weibliche Angestellte der Gruppe II verdiente 1966 1163 DM, und 1969 verdiente sie 1373 DM.

Wir sehen, daß die Gleichberechtigung von Mann und Frau in der Bundesrepublik nicht erfüllt° wird. Es gibt nur wenige Berufe, in denen Mann und Frau für die gleiche Arbeitszeit auch das gleiche Geld bekommen.

erfüllen to achieve

Alte Menschen bekommen in der Bundesrepublik entweder Sozialfürsorge oder Rente oder eine Pension. Für die meisten gibt es keine großen finanziellen Probleme. Selten leben alte Menschen zusammen mit ihren Kindern. Die Kinder wollen ihre „eigenen Wege gehen". Deshalb haben die meisten alten Leute eine eigene Wohnung oder leben in einem Altersheim. Oft fühlen sich die alten Menschen allein. Viele haben aber ein „Hobby" oder lesen viel.

Wir könnten noch viele Beispiele und Vergleiche zeigen. Aber dann müßten wir auch Statistiken zu folgenden Fragen zeigen:

1. Wieviel Steuern müssen die einzelnen Bürger zahlen?
2. Wie sehr sind die Lebensunterhaltungskosten gestiegen?
3. Wie ist die Altersversorgung° in der Bundesrepublik?
4. Sind die Bürger gegen Krankheit und Invalidität versichert°?

die **Altersversorgung** old age pension

versichern to insure

Niemand hat Lust°, so viele Statistiken zu lesen. Deshalb wollen wir allgemeiner antworten.

Lust haben to feel like

ALTWERDEN UND KRANKSEIN

Die Steuern in der Bundesrepublik sind ziemlich hoch. Es gibt aber dafür eine gute Altersversorgung. Der Staat regelt° für die

regeln to administer, regulate

alten Leute die Sozialabgaben°. Sie bekommen davon eine Rente°, die, wie die Löhne, von Jahr zu Jahr etwas steigt. Die beste Altersversorgung bekommen die Beamten. Manche Beamte bekommen sogar ihr volles Gehalt bis zu ihrem Tod. Im Durchschnitt ist aber das Gehalt der Beamten nicht so hoch wie die Gehälter in der freien Wirtschaft. Ein Professor an einer Universität verdient weniger als ein Professor in der freien Wirtschaft. Aber der Professor an der Universität hat eine bessere Alters- und Krankenversorgung, längeren Urlaub, und ihm darf nicht gekündigt° werden.

Die beste Krankenversorgung haben die Beamten. Aber auch die anderen Berufe haben ihre Krankenversorgung. Jeder Bürger, der bei einer Firma oder Institution arbeitet, muß in einer Krankenversicherung° sein. Nur wer in freien Berufen arbeitet°, kann das selbst bestimmen.

Nicht alle Krankenversicherungen sind gleich gut. Der Beruf und die Firma bestimmen, welche Krankenversicherung zuständig° ist. Und dadurch gibt es oft Unzufriedenheit. Denn es gibt Unterschiede zwischen besseren und nicht so guten. Es ist ähnlich wie mit der Altersversorgung. Es gibt bessere und nicht so gute Altersversorgungen. Der Beruf ist auch hier entscheidend. Trotzdem sind die Krankenversicherungen und die Altersversorgungen in der Bundesrepublik besser als in den Vereinigten Staaten. In Deutschland ist man, zum Beispiel, auch gegen Zahnkrankheiten versichert.

DER WOHLSTAND IN DER BRD

Viele Menschen klagen, daß die Preise von Jahr zu Jahr steigen. Nicht alles, was sie kaufen können, ist teurer geworden. Vieles ist sogar billiger geworden. Trotzdem gibt es im allgemeinen eine Inflation. Da aber die Löhne im Durchschnitt mehr gestiegen sind als die Preise, haben die Menschen immer mehr „Luxusgegenstände°". Wie in den Vereinigten Staaten kaufen die meisten Menschen in der Bundesrepublik auf Raten°.

Man sagt, der Wohlstand in der Bundesrepublik sei der größte nach den Vereinigten Staaten. Außerdem gibt es in der Bundesrepublik nur wenige Arbeitslose, viele freie Stellen und weniger Arme als in den USA. Wer aber gut wohnen will, eine Neubauwohnung oder ein eigenes Haus haben will, muß viel Geld bezahlen. Der Grund hierfür ist, daß es noch immer zu wenig Wohnungen gibt. Der Krieg hat viele Häuser zerstört, und dazu gab es die Flüchtlinge aus dem Osten. Wer deshalb Wohnungen vermieten° oder verkaufen kann, kann dafür noch immer „Wucherpreise°" verlangen.

die **Sozialabgabe** social security contribution
die **Rente** pension

kündigen to give notice, fire

die **Krankenversicherung** health insurance
in freien Berufen arbeiten to be self-employed

zuständig appropriate

die **Luxusgegenstände** (pl.) luxury items

auf Raten on installments

vermieten to rent
Wucher- exorbitant

Oft wird gesagt, daß der Wohlstand in der Bundesrepublik durch die deutsche Disziplin am Arbeitsplatz, in der Familie und in den Universitäten kommt. Das ist richtig; es ist aber nur zum Teil richtig.

Der Wohlstand in der Bundesrepublik war die Folge° von verschiedenen Faktoren. Ein Faktor war, daß die Westmächte, vor allem die Vereinigten Staaten, am Anfang der Bundesrepublik wirtschaftlich geholfen haben. Der zweite Faktor für den Wohlstand in der Bundesrepublik war das neue Wirtschaftssystem, die soziale Marktwirtschaft. Dieses Wirtschaftssystem beruht auf der Privatwirtschaft, auf freiem Wettbewerb° und auf der Preisregelung durch Angebot° und Nachfrage. Der Staat schützt den freien Wettbewerb und hat das Recht, gegen Monopolbildungen und Kartelle einzugreifen°, weil diese den freien Wettbewerb zerstören. Außerdem regelt der Staat die Sozialpolitik, um große soziale Ungerechtigkeiten° zu verhindern.

Der dritte Faktor für den Wohlstand in der Bundesrepublik sind die „deutsche Disziplin" und der „deutsche Fleiß". Dieser Faktor ist aber nicht der bedeutendste Faktor. Weshalb nicht? Die Antwort gibt uns der andere Teil Deutschlands, die DDR. In der DDR mußten und müssen die Menschen noch immer mehr arbeiten als in der Bundesrepublik, und sie müssen auch viel disziplinierter sein. Die Arbeiter in der DDR dürfen nicht streiken und auch nicht protestieren. Dennoch ist der Wohlstand in der DDR bedeutend geringer als in der Bundesrepublik.

Die deutsche Disziplin und der deutsche Fleiß sind also nicht der Hauptgrund für den großen Wohlstand in der Bundesrepublik. Außerdem sind die deutsche Disziplin und der deutsche Fleiß schon eine Legende geworden. Disziplin und Fleiß sind in Deutschland nicht so groß, wie es viele Menschen im Ausland und auch in Deutschland glauben. Es gibt viele Länder, wo die Menschen disziplinierter leben als in der Bundesrepublik und wo die Menschen fleißiger sind als in Deutschland.

Es ist richtig, wenn man sagt, daß es in der Bundesrepublik nicht so viele große Streiks gibt wie in England und in den USA. Trotzdem gab es in den letzten Jahren in vielen Betrieben wilde° Streiks. Das sind Streiks, die von den Gewerkschaften weder organisiert noch unterstützt° wurden. Außerdem klagen die Arbeiter in der Bundesrepublik über ihren Lohn und über ihre Arbeit ebenso wie anderswo in der Welt.

Es ist auch richtig, wenn man sagt, daß die deutsche Familie im Durchschnitt mehr „Zucht°" und „Ordnung" zeigt als in den USA. Trotzdem gibt es heute schon sehr viele Familien,

die **Folge** consequence

der **Wettbewerb** competition
das **Angebot** supply
die **Nachfrage** demand
ein-greifen to intervene

die **Ungerechtigkeit** injustice

wild wildcat

unterstützen to support

die **Zucht** discipline

Ostberlin ist ein wichtiges Kulturzentrum der DDR. Es gibt dort nicht nur interessante neue Gebäude, sondern auch berühmte alte Gebäude. Die meisten von ihnen wurden im Zweiten Weltkrieg zerstört und sind jetzt wieder aufgebaut. Weltberühmt sind z. B. die wiederaufgebaute Staatsoper, das Pergamonmuseum oder das Brandenburger Tor. Von den neuen Gebäuden ist vor allem der hohe Fernsehturm überall zu sehen. Die bekanntesten Theater in Ostberlin sind die Staatsoper, die Komische Oper, das Deutsche Theater und das Theater am Schiffbauerdamm.

in denen die Kinder ebenso frei erzogen werden wie in den USA. Die moderne Pädagogik und Kinderpsychologie, die für die Kinder mehr Freiheit zur Selbstentfaltung fordert, wird auch in Deutschland von vielen Eltern akzeptiert. Auf jeden Fall ist die deutsche Familie weniger diszipliniert und geordnet, als es viele Menschen im Ausland noch immer denken. Es stimmt auch nicht, wenn man sagt, daß die deutsche Frau

Der Wohlstand in der BRD   **91** nur für den Mann, für die Küche und für die Kinder lebt. Sehr viele deutsche Frauen haben einen Beruf, haben studiert und sind auch dann noch berufstätig°, wenn sie schon Kinder haben. Dadurch sind sehr viele deutsche Frauen ebenso selbständig° im Denken und Handeln wie in den USA. Trotzdem mögen viele Frauen, auch wenn sie einen Beruf gelernt haben, im Haushalt bleiben.

berufstätig employed

selbständig independent

In den deutschen Familien gibt es die gleichen Probleme wie in den meisten anderen Ländern dieser Erde. Es gibt Mißverständnisse, Streit, Haß, Egoismus und viele Scheidungen°. Oft wird gesagt, diese Probleme seien ein Ergebnis° unserer Wohlstandsgesellschaft. Doch das stimmt nicht. Diese Probleme hat es schon immer gegeben, und diese Probleme gibt es auch dort, wo es keine Wohlstandsgesellschaft gibt. Trotzdem werden viele Familienprobleme in einer Wohlstandsgesellschaft vergrößert°. Jeder möchte mehr und sogar alles besitzen, was angeboten wird. Deshalb arbeiten viele Frauen, auch wenn sie noch Kinder haben, die ihre Mutter brauchen. Deshalb will jeder immer mehr verdienen und kämpft um eine bessere Position. Die Folgen sind: Nervosität, Erschöpfung°, Gleichgültigkeit°. Und deshalb werden sich die Menschen in der Familie gegenseitig immer fremder.

die Scheidung divorce

das Ergebnis result

vergrößern to magnify

die Erschöpfung exhaustion
die Gleichgültigkeit indifference

Es gibt auch viele Menschen, die die Vorteile° einer Wohlstandsgesellschaft nutzen°. Diese Menschen denken nicht nur an mehr Geld und an eine bessere Position, diese Menschen benutzen ihren Wohlstand, um sich° noch mehr der Familie, den gesellschaftlichen Beziehungen und den kulturellen Ereignissen° zu widmen°. Denn eine Wohlstandsgesellschaft, wie in der Bundesrepublik, gibt fast jedem Menschen ein ausreichendes° Einkommen, um sein Leben ohne Armut zu leben. Denn Armut vergrößert ebenfalls und vielleicht noch mehr die Probleme in den Familien. Aber wir sehen diese Probleme nicht so schnell, weil die meisten Menschen in armen Ländern nicht die Möglichkeit haben, diese Probleme zu zeigen. Die Menschen in armen Ländern oder in armen Gesellschaften haben meist kein Geld oder keinen Beruf, um ihre Familie zu verlassen; oder die Kinder können nicht zur Schule gehen und nicht studieren, um dann gegen die Probleme in ihren Familien zu protestieren. In der Bundesrepublik und in den USA protestieren viele junge Menschen gegen die Probleme der Familien und gegen die Probleme der Wohlstandsgesellschaft, weil sie dafür die Zeit und auch das Geld haben.

der Vorteil advantage
nutzen to make use of
sich widmen to devote oneself to

das Ereignis event

ausreichend adequate

Es gibt eine bekannte Redewendung°, die Deutschen seien das Volk der Dichter und Denker. Das ist eine Übertreibung°. Ohne Zweifel hat Deutschland sehr bedeutende Dichter und

die Redewendung phrase
die Übertreibung exaggeration

einige der bedeutendsten Philosophen und Komponisten hervorgebracht°. Bedeutend für das Ausland sind vor allem die Philosophen und Komponisten. Aber das deutsche Volk selbst denkt und dichtet nicht mehr als die Franzosen, Engländer oder Russen dichten und denken. Trotzdem kann man sagen, daß es in Deutschland mehr Schauspieltheater, Operntheater, Operettenhäuser, Kabaretts und Konzertsäle gibt als in den meisten anderen Ländern der Erde. Die deutschen Menschen sind aber deshalb nicht besser, intelligenter oder menschlicher als die Menschen in anderen Ländern.

hervor-bringen to produce

REICHE UND SUPERREICHE

Wie in den USA gibt es auch in der Bundesrepublik viele Reiche und Superreiche. Es sind vor allem die Unternehmer° und die Aktionäre°. Die meisten von den kleinen und großen Unternehmern sind in der Öffentlichkeit nicht bekannt. Viele der Unternehmer arbeiten sehr hart; denn sie sind selbst Manager oder Betriebsleiter°. Einige von ihnen kennt man aber auch als Playboys und als Menschen, die nur ihren Luxus genießen. Wie in den USA werden auch in der Bundesrepublik viele Reiche immer reicher. Sie haben auch viel Macht im Staat. Aber ihre Macht ist nicht so groß, wie es viele Menschen glauben. In einer pluralistischen Gesellschaft gibt es viele Gruppen und Verbände°, die die Regierung und das Parlament beeinflussen. Der größte Verband gegen die Unternehmer sind die Gewerkschaften. Sie haben ebenfalls° viel Macht. Die meiste Macht hat aber die Bevölkerung; denn sie wählt das Parlament, und das Parlament wählt die Regierung. Jede Partei möchte deshalb die Mehrheit° der Bevölkerung für sich gewinnen.

der **Unternehmer** entrepreneur
der **Aktionär** big stockholder

der **Betriebsleiter** business executive

der **Verband** association

ebenfalls also

die **Mehrheit** majority

Viele Zeitungen kritisieren den Luxus der Reichen, vor allem der Superreichen. Einige von diesen Zeitungen zeigen auch die Parallelen zu dem Luxus und dem neuen Reichtum vieler Funktionäre in den sozialistischen Ländern; denn auch dort gibt es wieder eine Klasse der Reichen und der Privilegierten.

Viele Reiche aus der Bundesrepublik haben ihre Luxushäuser z. B. an den Küsten° Spaniens, Südfrankreichs oder Italiens. Dort treffen sie dann auch sehr viele deutsche Touristen. Denn auch die meisten Arbeiter und Angestellten aus der Bundesrepublik machen ihren Urlaub im Ausland. Aber diese wohnen dann in Hotels oder in Fremdenzimmern°.

die **Küste** coast

das **Fremdenzimmer** guest room

Reiche und Superreiche　　　　　　　　　93

WIE LEBT EIN JUNGE IN DER BRD?

Fragen wir jetzt: Wie lebt ein junger Arbeiter von 18 Jahren heute in der Bundesrepublik Deutschland? Als Beispiel nehmen wir den Automechaniker Werner Neubauer aus einem Stadtteil von Hamburg.

Werner wohnt noch bei seinen Eltern. Viele junge Menschen wohnen in Deutschland noch bei ihren Eltern, weil — wie wir schon wissen — es zu schwer und auch zu teuer ist, eine eigene Wohnung zu mieten oder zu kaufen. An eine eigene Wohnung denken die meisten erst, wenn sie verheiratet sind. Dann verdienen oft beide Ehepartner, oder es wurde vorher schon genügend Geld gespart. Wer nämlich in einer Neubauwohnung wohnen will, muß nicht nur ziemlich viel Miete bezahlen, sehr oft verlangt man auch noch den sogenannten Baukostenzuschuß°. Das sind mehrere tausend Mark, die der Eigentümer° der Wohnung sofort haben will. Es ist Geld für die Baukosten der Wohnung, und dieses Geld wird nach und nach „zurückgezahlt". Diese Rückzahlung geschieht, indem der Mieter jeden Monat etwas weniger Miete zahlt, als der Eigentümer zuerst verlangen wollte. Natürlich ist das ein „fauler° Trick", weil der Wohnungseigentümer dann die „Grundmiete°" von Anfang an etwas höher ansetzt. Allerdings gibt es bei allzu großem „Mietwucher" schon heute die Möglichkeit, gegen den Vermieter zu klagen. Viele Menschen wissen das nur nicht.

Wie sein Vater, steht Werner morgens um 6 Uhr 30 auf. Die Mutter steht schon 20 Minuten früher auf, weil sie das Frühstück vorbereiten muß. In Werners Familie lebt die Mutter nur für den Haushalt. Deshalb macht sie das Frühstück, wäscht auf, säubert das Haus und macht auch das Abendbrot. Vater und Sohn helfen ihr dabei nur selten. Nur wenn etwas zu reparieren ist, ein Küchengerät°, der Wasserhahn° oder die Küchenuhr, ist Vater oder Sohn sofort „bei der Hand". Denn von technischen Dingen versteht die Mutter nichts. Das jedenfalls meinte schon ihr Vater, und das meinen jetzt auch ihr Mann und ihr Sohn. Und deshalb versteht die Mutter jetzt auch wirklich nichts von technischen Dingen. Geht am Tage irgend etwas kaputt, wartet die Mutter, bis es am Abend die Männer wieder reparieren. Sie könnte auch einen Handwerker anrufen. Aber die Handwerker° sind in der Bundesrepublik sehr teuer. Außerdem muß man oft einige Tage auf sie warten. Es ist deshalb besser, selbst zu reparieren, was man selbst reparieren kann.

Nachdem Werner morgens um 6 Uhr 30 aufgestanden ist, dreht° er zuerst das Radio an°. Er hört gern leichte Musik:

der **Baukostenzuschuß**
building costs fee
der **Eigentümer** owner

faul dirty, double-dealing
die **Grundmiete** basic rent

das **Küchengerät** kitchen utensils
der **Wasserhahn** water faucet

der **Handwerker** mechanic

an-drehen to turn on

Schlager, Beat oder was es noch an leichter Musik gibt. Dazwischen sagt ein Ansager° die Nachrichten und den Wetterbericht° an. Nur wenige Sender bringen auch Reklame°.

Am Frühstückstisch sprechen Werner, sein Vater und seine Mutter nicht sehr viel. Vor allem ist Werner noch müde, weil er abends meistens später als seine Eltern ins Bett geht. Trotzdem schimpfen° alle gern auf° die steigenden Preise, auf das schlechte Wetter und auf die Politik. Jeder in der Familie hat seinen Politiker, den er ganz besonders mag, und einen, den er überhaupt nicht mag. Und so ist es auch mit den Vorgesetzten° in ihren Betrieben. Werner hat einen Meister, den er ganz besonders mag, und einen, den er überhaupt nicht mag. Immer aber, wenn Werner, sein Vater oder seine Mutter über Vorgesetzte, über Kollegen° oder auch über Nachbarn sprechen, dann ist die Diskussion sehr lebhaft. Werner und sein Vater sprechen aber sonst am liebsten über Sport.

Werners Arbeitsplatz ist ungefähr so weit entfernt wie der Arbeitsplatz seines Vaters. Er liegt aber in der entgegengesetzten° Richtung. Beide müssen zu derselben Bahnstation laufen und dann ungefähr 20 Minuten in die entgegengesetzten Richtungen fahren. Sie benutzen die S-Bahn. Das ist die Schnellbahn. Sie fährt meistens auf Bahnanlagen°, die neben oder über den Straßen der Stadt liegen. In Hamburg gibt es auch noch die U-Bahn. Das ist die Untergrundbahn; sie fährt meistens unter der Erde. Dann gibt es auch noch Straßenbahnen und Autobusse. Nicht alle deutschen Städte haben S-Bahnen und U-Bahnen. Aber in allen deutschen Städten kann man durch irgendwelche Nahverkehrsmittel° ziemlich schnell zu seinem Arbeitsplatz kommen. Ein Privatauto ist dazu nicht notwendig°. Trotzdem haben immer mehr Familien ein Auto, und trotzdem fahren immer mehr Menschen mit dem eigenen Auto zur Arbeit. Dadurch gibt es in den deutschen Städten sehr viele Verkehrsprobleme. Werners Vater hat auch ein Auto, und Werner wird sich in den nächsten Tagen auch eins kaufen. Werner wird dann im Gegensatz zu seinem Vater mit dem Auto zur Arbeit fahren. Der Vater bleibt aber der S-Bahn treu. Er meint, das sei bequemer und auch billiger. Außerdem hat man Zeit, während der Fahrt die Zeitung zu lesen.

Die Deutschen lesen gern eine Zeitung. Auch Werner kauft sich jeden Morgen eine Zeitung und liest sie während der Fahrt. Wie die meisten Menschen, die mit ihm zur Arbeit fahren, kauft er sich eine Tageszeitung. Und wie die meisten Menschen, kauft er sich eine Tageszeitung, die alle Nachrichten kurz, vereinfacht° und mit sehr vielen Bildern bringt. Das Wichtigste sind irgendwelche Sensationen. Auch ernste politische Probleme werden dabei oft wie Sensationsmeldun-

der **Ansager** announcer
der **Bericht** report
die **Reklame** commercial

schimpfen auf to grumble about

der **Vorgesetzte** boss

der **Kollege** colleague, fellow worker

entgegengesetzt opposite

die **Bahnanlage** tracks

die **Nahverkehrsmittel** local means of transportation
notwendig necessary

vereinfacht concentrated and simplified

Wie lebt ein Junge in der BRD?   95

gen° wiedergegeben°. Werner hat Zeit, die ganze Zeitung durchzulesen. Am meisten interessiert ihn natürlich der Sportteil. Aber auch die anderen Meldungen liest er durch. Er liest diese Meldungen so, wie sie die Zeitung ausgewählt° und wiedergegeben hat. Viele sagen deshalb, Werner wird durch die Zeitung manipuliert°. Das ist aber nicht ganz richtig, denn Werner kann auch andere Zeitungen kaufen, er kann die Nachrichten im Fernsehen und im Radio hören, und er kann mit Freunden diskutieren. Außerdem hat er seine eigenen Erfahrungen. Und darauf ist Werner stolz. Er hat sich° sogar vorgenommen°, alles was er in den Zeitungen liest, besonders skeptisch zu lesen. Doch die Nachrichten (aber nicht immer die Kommentare°) in den meisten Zeitungen der Bundesrepublik sind überwiegend° sachlich° und objektiv. Die Zeitungen stehen in Konkurrenz° miteinander und auch in Konkurrenz zum Radio und Fernsehen. Und solange Radio, Fernsehen

die **Meldung** news
wieder-geben to write up

aus-wählen to select

manipulieren to manipulate

sich vor-nehmen to make up one's mind

die **Kommentare** (pl.) commentary
überwiegend predominantly
sachlich to the point
die **Konkurrenz** competition

Der 1. Mai hat in Deutschland eine lange Tradition. Er ist der Tag, an dem die Arbeiter für ihre Rechte demonstrieren. Auf unserem Bild sehen wir Otto Brenner, den Vorsitzenden der Metallarbeitergewerkschaft. Sie ist die größte Einzelgewerkschaft der westlichen Welt. In Westberlin fordert Otto Brenner höhere Löhne, bessere Arbeitsbedingungen und mehr Mitbestimmung. Anders ist es in Ostberlin. Dort sollen die Maiparaden die Einheit von Arbeiter, Staat, Regierung und Militär zeigen. Sie werden dort von der Regierung selbst organisiert.

Die organisierten Vertreter der Arbeiter in der Bundesrepublik sind die Gewerkschaften. Ihre „Gegner" sind die Arbeitgeberverbände, die Organisationen der Arbeitgeber. Die Gewerkschaften haben in der Bundesrepublik sehr viel Macht. Sie sind unabhängig von der Regierung. Trotzdem sind sehr viele Gewerkschaftsführer Mitglieder der SPD, einige Gewerkschaftsführer sind Mitglieder der CDU. Die Gewerkschaften fordern im Namen der Arbeiter höhere Löhne, mehr Freizeit und bessere Arbeitsbedingungen. Heute fordern sie auch mehr Mitbestimmung. Sie wollen nicht nur wie bisher in der Personalpolitik, sondern auch in der gesamten Investitionspolitik entscheidend mitbestimmen. Es wird noch sehr viele Auseinandersetzungen wegen der Mitbestimmung geben.

und Zeitungen miteinander konkurrieren und unabhängig vom Staat sind, ist es schwer, wichtige Ereignisse zu übergehen° oder zu verfälschen°.

Auf der Fahrt zu seinem Arbeitsplatz sieht Werner auch manchmal aus dem Fenster. Sein Arbeitsplatz liegt in einem Vorort° von Hamburg. Deshalb fährt die Bahn auch an einigen Bauernfeldern vorbei. Werner sieht sogar Kühe. Obwohl

die meisten Menschen in den Städten arbeiten, gibt es noch viele Bauern in der Bundesrepublik. Das meiste Getreide°, die meiste Milch und das meiste Fleisch für die Bundesrepublik

kommt noch immer von den eigenen Bauern. Es gibt dabei aber Probleme, weil die Bundesrepublik zur Europäischen

Wie lebt ein Junge in der BRD?

Wirtschaftsgemeinschaft gehört und in der EWG auch andere Länder mit viel Landwirtschaft° sind. Die Bundesrepublik muß mit diesen Ländern in Fragen der Landwirtschaft zusammenarbeiten. Und das bedeutet, daß die deutschen Bauern nicht mehr frei über den Absatz° und über die Preise bestimmen können. Deshalb schimpfen viele Bauern auf die EWG und wollen nicht die anderen großen Vorteile für die deutsche Wirtschaft sehen. Aber die EWG ist ein konkreter Anfang zur Vereinigung Europas. Leider ist der Wunsch nach der Einigung Europas heute nicht mehr so groß wie in der Zeit unter Bundeskanzler Adenauer.

die **Landwirtschaft** agriculture

der **Absatz** sale

Auf dem Arbeitsplatz begrüßt Werner seine Kollegen. Er ist erst vor einigen Monaten Geselle geworden. Vorher war er in demselben Betrieb drei Jahre lang Lehrling° gewesen. In diesen drei Jahren hatte er sehr wenig Geld verdient und mußte oft schon die Arbeit eines richtigen Automechanikers tun. Aber in Deutschland sagt man: Lehrjahre sind keine Herrenjahre°. Natürlich mußte Werner den Beruf Automechaniker erst lernen. Deshalb war er drei Jahre Lehrling, und deshalb besuchte er nach der Grundschulzeit für drei Jahre einmal in der Woche die Berufsschule. Trotzdem ist das Gehalt eines Lehrlings in Deutschland zu gering°. Jetzt, als Geselle, nachdem er die Prüfung als Automechaniker bestanden hat, verdient Werner ziemlich gut. Sein Ziel ist natürlich, Meister° zu werden. Als Meister kann er dann selbst eine Werkstatt° aufmachen, Gesellen anstellen° und Lehrlinge ausbilden°. Doch bis dahin ist noch viel Zeit, und bis dahin muß Werner noch viel lernen. Er muß neben seiner praktischen Arbeit auch besondere Meisterkurse besuchen.

der **Lehrling** apprentice

die **Herrenjahre** grand and lordly years

gering small

der **Meister** master
die **Werkstatt** shop
an-stellen to employ
aus-bilden to train

Werners Arbeit ist nicht sehr anstrengend°. Niemand auf dem Arbeitsplatz „arbeitet sich zu Tode". Es gibt zwar noch die Hierarchie Meister, Geselle, Lehrling, aber niemand darf wirklich befehlen°. Niemand darf seine Untergebenen° kommandieren, nicht einmal den Lehrling. So ist es heute in allen Betrieben. Natürlich gibt es einzelne Meister oder Vorgesetzte, die sehr unfreundlich sind. Aber die Tatsache, daß in der Bundesrepublik die Gewerkschaften sehr stark sind und daß die meisten Betriebe Arbeitskräfte suchen, gibt allen Angestellten und Arbeitern mehr Rechte und mehr Freiheiten. Oft führt dieser Zustand° aber dazu, daß die Arbeit zu langsam und nicht gut genug getan wird. Dadurch steigen die Preise, und dadurch sinkt die Qualität. Trotzdem ist es gut, daß die Arbeiter und Angestellten in der Bundesrepublik so viele Rechte und Freiheiten haben. Es gibt natürlich auch noch manches zu verbessern. Der Arbeitsschutz° könnte in manchen Betrieben besser werden. Die Arbeiter und Angestellten sind in vielen

anstrengend strenuous

befehlen to give orders
der **Untergebene** subordinate

der **Zustand** situation

der **Arbeitsschutz** protection of workers' rights

Fällen noch immer nicht richtig am Gewinn° der Betriebe beteiligt. Sie haben gute und wachsende Gehälter, aber eine eigene Gewinnbeteiligung würde die Arbeitsmoral erhöhen°. Es gibt in der Bundesrepublik auch weniger Streuungen° von Aktien° als in den USA. Ohne Zweifel braucht die Bundesrepublik noch viele Reformen.

der **Gewinn** profit

erhöhen to raise

die **Streuung** distribution
die **Aktien** (pl.) stocks

Am Abend sitzt Werner entweder vor dem Fernseher, oder er trifft sich mit Freunden, oder er geht tanzen, oder er besucht ein Kino. In das Theater oder in die Oper geht er nur selten. Er war im ganzen erst zweimal in der Oper und erst fünfmal im Schauspieltheater. In einem großen Konzert war er noch nie. Und in die Oper ist er nur deshalb gegangen, weil er einmal eine Freundin hatte, die gern in die Oper ging. Heute hat Werner keine bestimmte Freundin, er trifft sich statt dessen mit vielen Mädchen. Eines dieser Mädchen möchte mit ihm immer gern spazierengehen. Es gibt in Deutschland sehr viele schöne Spazierwege, und viele Familien gehen noch immer jeden Sonntag spazieren. Aber Werner mag das nicht. Er wird dieses Mädchen, das gern spazierengeht, sicherlich bald nicht mehr treffen. Er wird sie „sitzenlassen°", wie er erst vor kurzem ein Mädchen „sitzenließ", weil sie sehr gern Museen, alte Kirchen und historische Gebäude besuchte. Werner sitzt am Abend lieber in Restaurants, von denen es in Deutschland sehr viele und auch sehr gemütliche gibt. Dort spielt er mit Freunden gern Skat; das ist das populärste deutsche Kartenspiel.

sitzen-lassen to leave,
"dump"

Manchmal diskutiert er auch über die vielen Studentenunruhen° der letzten Jahre. Aber ein gutes Verhältnis° zu Studenten hatte° er nie. Studenten sind für ihn weltfremd°, und sie sind für ihn Träumer. Natürlich freut er sich, wenn jemand etwas verbessern will, so daß er noch mehr Freizeit hat und daß er noch mehr Geld verdient. Er freut sich auch, wenn die Regierung, Verwaltung und sein eigener Vorgesetzter kritisiert werden. Wenn Studenten aber für eine „perfekte Gesellschaft" oder für einen „neuen Menschen" alle bisherigen° Wirtschafts- und Gesellschaftsstrukturen in der Bundesrepublik zerstören wollen, dann interessiert ihn das nicht. Er ist sogar dagegen. Ihn interessiert auch nicht, wenn Studenten gegen die veraltete°, autoritäre „Professorenherrlichkeit°" kämpfen. Manchmal denkt er sogar, der Staat hat den Studenten schon zu viel Freiheit gelassen und ihnen schon zu viele Reformen gebilligt°. Aber sehr viel denkt er darüber nicht nach.

die **Unruhen** (pl.)
unrest
**ein gutes Verhältnis
haben** to be on friendly terms with
weltfremd ignorant
of the world

bisherig existing

veraltet antiquated
die **Professorenherr-
lichkeit** professorial
glory

billigen to grant

Werner schätzt° die Freiheit in der Bundesrepublik. Er denkt aber vor allem an die Freiheit, die ihm noch mehr Wohlstand, noch mehr Freizeit und noch mehr persönliche Ver-

schätzen to value

In der Bundesrepublik gibt es sehr viele Frauen und Mütter, die arbeiten gehen. Diese Tatsache hat auch das Leben in der Familie verändert. Viele Kinder gehen am Tage in den Kindergarten. Am Abend hilft dann der Vater im Haushalt. Er füttert z. B. die Kinder. Trotzdem bleiben die meisten Frauen, wenn sie kleine Kinder haben, zu Hause. Sie wollen erst dann wieder arbeiten gehen, wenn die Kinder größer sind.

gnügen° ermöglicht. Freiheit für die politischen Ziele vieler Studenten oder für ideologische Bewegungen, die ihn in ein ideologisches und politisches Engagement° zwingen wollen, lehnt° er deshalb ab°. Wie viele andere Menschen in der Bundesrepublik hat er auch Angst vor der Radikalität vieler Studenten. Sonst würde er bestimmt einige Forderungen der Studenten unterstützen. Aber weil sie von Studenten kommen, lehnt er sie ohne Überlegung° ab. Außerdem denkt er, daß Studenten weniger arbeiten müssen als er, und das gefällt ihm auch nicht.

das **Vergnügen** pleasure

das **Engagement** commitment
ablehnen to reject

die **Überlegung** thinking, reflection

DIE VERWANDTEN IN DER DDR

Viele Deutsche in der Bundesrepublik haben Verwandte in der DDR. Auch Werner hat eine Tante, einen Onkel und zwei Cousins in der DDR. Werner und seine Cousins schreiben sich nie. Sie haben sich nie gesehen. Aber Werners Mutter und ihre Schwester, die Mutter der beiden Cousins aus der DDR, schreiben sich noch. Werners Mutter schickt auch manchmal Pakete nach „drüben", weil es vieles in der Bundesrepublik zu kaufen gibt, das es in der DDR entweder nicht zu kaufen gibt oder das noch zu teuer ist. Es muß aber niemand mehr in der DDR hungern. Der allgemeine Wohlstand ist relativ hoch. Er ist höher als in allen anderen Ostblockländern. Am schlechtesten in der DDR leben die alten Leute. Die Renten für die alten Leute sind im allgemeinen sehr klein. Dafür dürfen die alten Menschen ihre Verwandten in der Bundesrepublik besuchen; die jüngeren Leute, die noch arbeiten können, dürfen das nicht. Die alten Leute sind für den Staat nicht mehr wichtig. Der Staat ist sogar froh, wenn die alten Leute in der Bundesrepublik bleiben. Dann braucht er ihnen keine Rente mehr zu bezahlen. Aber nur wenige alte Leute, die ihre Verwandten oder Freunde in der Bundesrepublik besuchen, bleiben in der Bundesrepublik. Sie hängen an° ihrer Heimat, an ihren Freunden, und für sie ist es schwer, sich an eine neue Umwelt° zu gewöhnen. Für die jüngeren Menschen ist das leichter. Deshalb läßt der Staat sie auch nicht die Bundesrepublik besuchen. Trotzdem versuchen viele, die Grenzsperren° von der DDR zur Bundesrepublik oder die Berliner Mauer zu durchqueren°. Die meisten werden dabei verwundet, gefangengenommen° oder getötet.

Werners Tante und Onkel betrachten die DDR und die Form des Sozialismus, wie er in der DDR praktiziert wird, noch sehr kritisch. Aber sie haben, wie die meisten Menschen in der DDR, die Hoffnung auf eine Änderung oder die Hoffnung auf eine Wiedervereinigung mit der Bundesrepublik aufgegeben. Sie haben sich mit ihrer Situation abgefunden°. Und jetzt sehen sie auch, daß es vieles in der DDR gibt, das nicht schlecht ist, und daß es vieles in der Bundesrepublik gibt, das nicht gut ist. Auch ihre beiden Söhne denken heute positiver über die DDR als noch vor einigen Jahren. Damals wollten sie gern studieren, aber sie durften nicht, weil sie in der Schule zu oft die Politik der DDR kritisiert hatten. Sie wissen aber, daß sonst die Arbeiterkinder in der DDR sehr gefördert° werden. Viele ihrer Schulfreunde waren aber in ihren politischen Äußerungen vorsichtiger° oder positiver gegenüber der Regierung der DDR gewesen. Denn Kritik darf ein junger Mensch an der Politik der DDR nicht üben.

Werners Cousins mußten, wie auch die meisten jungen Menschen in der Bundesrepublik, zum Militärdienst. In der DDR und in der Bundesrepublik gibt es den Militärdienst. Der Militärdienst in der DDR ist aber härter als der in der Bundesrepublik. Außerdem werden in der DDR die Kinder, Schüler und Studenten schon vormilitärisch ausgebildet°. Oft

hängen an to be attached to

die Umwelt environment

die Sperre roadblock

durch-queren to cross

gefangen-nehmen to take prisoner

sich ab-finden mit to accept

fördern to encourage, help
vorsichtig cautious

vormilitärisch aus-bilden to receive premilitary training

Die Verwandten in der DDR   **101**

lernen sie schon als Kinder schießen und Granaten werfen. In der Bundesrepublik würde eine solche vormilitärische Ausbildung sehr viel Protest hervorrufen°. Außerdem dürfen die Menschen in der Bundesrepublik gegen den Militärdienst protestieren, und oft werden sie als Wehrdienstverweigerer° anerkannt°. In der DDR wird jeder, der gegen den Militärdienst protestiert, schwer bestraft°. Trotzdem sind viele Menschen in der DDR heute davon überzeugt°, daß der Sozialismus oder Kommunismus die Zukunft für alle Völker ist. Das wird ihnen auch täglich gelehrt.

hervor-rufen to call forth

der **Wehrdienstverweigerer** conscientious objector
anerkennen to acknowledge
bestrafen to punish
überzeugt convinced

Werners Tante und Onkel sind beide berufstätig. Frau und Mann sind in der DDR dem Gesetz nach und meistens auch in der Praxis vollkommen gleichberechtigt°. Es gibt in der DDR viele Frauen, die in sogenannten Männerberufen arbeiten. Sehr viele Frauen sind Ärzte und Ingenieure. Es gibt aber auch viele Frauen, die an großen Maschinen arbeiten, die schwere Traktoren fahren oder die als Bauarbeiter arbeiten. In der Regierung der DDR gibt es dagegen fast nur Männer.

gleichberechtigt sein to have equal rights

Wie in der Bundesrepublik steigen auch in der DDR die Preise. Die Gehälter steigen aber viel weniger. Außerdem gibt es in der DDR weniger Feiertage° als in der Bundesrepublik. Oft müssen die Arbeiter auch normal bezahlte Überstunden° leisten. Außerdem muß jeder Arbeiter mindestens° 20 bis 30 zusätzliche° Stunden im Jahr ohne Bezahlung arbeiten. Diese Überstunden dienen direkt dem Aufbau der DDR. Wer diese Überstunden nicht leistet, muß Strafe° bezahlen und bekommt auch sonst große Schwierigkeiten.

der **Feiertag** holiday
die **Überstunden** (pl.) overtime
mindestens at least
zusätzlich additional

die **Strafe** fine

Da in der DDR im Durchschnitt mehr Frauen berufstätig sind als in der Bundesrepublik, werden viele Kinder in den staatlichen Kindergärten erzogen. Dort bekommen sie schon sehr früh eine politische Bildung. Diese politische Bildung° steht selbstverständlich° im Dienste der Regierung der DDR.

die **Bildung** education, training
selbstverständlich of course
gemeinsam together

Obwohl Werners Tante und Onkel gemeinsam°nur ungefähr so viel verdienen wie Werners Vater allein, haben sie genug zu essen. Die Grundnahrungsmittel° wie Brot, Kartoffeln, Butter, Fleisch und Wurst sind in der DDR billiger als in der Bundesrepublik. Die Auswahl° von Fleisch ist aber nicht sehr groß. Manchmal müssen Fleisch, Fisch, Butter und andere Nahrungsmittel rationiert werden, oder es gibt nur etwas Dosenfleisch° oder Dosenfisch. Trotzdem bleiben die Preise für die Grundnahrungsmittel relativ billig. Billiger als in der Bundesrepublik sind im Durchschnitt auch die Mieten und die Dienstleistungen° wie Friseur, öffentliche° Verkehrsmittel oder auch Kinokarten. Wie in der Bundesrepublik gab es aber auch in der DDR viele Jahre das Problem der Wohnungsnot°. Obwohl viele Einwohner der DDR in die Bundesrepublik

die **Grundnahrungsmittel** (pl.) basic foodstuffs
die **Auswahl** selection

Dosen- canned

die **Dienstleistungen** (pl.) services
öffentlich public
die **Wohnungsnot** housing shortage

flüchteten, gab es noch immer nicht genug Wohnungen. Der Grund dafür war, daß die im Krieg zerstörten Städte viel langsamer wieder aufgebaut wurden als in der Bundesrepublik. Noch heute sieht man in einigen Städten der DDR Trümmer° oder große freie Plätze, wo früher Häuser standen. Viele Menschen mußten deshalb, wenn sie eine Neubauwohnung haben wollten, erst eine bestimmte Anzahl von unbezahlten Arbeitsstunden für den staatlichen Wohnungsbau leisten°. Sie mußten Trümmer wegräumen° oder Ziegel säubern°. In der Bundesrepublik bezahlten die Menschen, die eine neue Wohnung mieten wollten, mit Geld, in der DDR bezahlten sie mit Arbeitsstunden.

die **Trümmer** (pl.) ruins

leisten to contribute

weg-räumen to clean away
Ziegel säubern to clean bricks

Der Staat reguliert die Preise und auch das Angebot für die Käufer. Er regelt die ganze Wirtschaft; es gibt keine Konkurrenz. Deshalb sind auch die Auswahl und das Angebot der Waren nicht so groß wie in der Bundesrepublik. Nur wer Geld aus der Bundesrepublik oder Dollars aus den Vereinigten Staaten hat, kann in speziellen Geschäften eine große Aus-

Ostberlin ist neben Leipzig und Rostock die wichtigste Repräsentationsstadt der DDR. Dort werden auch sehr viele neue und schöne Wohnungen gebaut. Sie sind nicht sehr teuer, aber schwer zu bekommen. Zuerst bekommen diese Wohnungen die Funktionäre der Partei und des Staates. In allen Städten der DDR werden neue Wohnungen gebaut. Es gibt aber auch noch sehr viele alte Wohnungen und sehr viele freie Plätze, die noch an die Trümmer vom Zweiten Weltkrieg erinnern. Sehr viele Menschen warten noch auf eine größere oder bessere Wohnung.

Die Verwandten in der DDR   **103**

wahl an Waren wie im Westen kaufen. Diese Geschäfte sind aber nur für Touristen oder für hohe Funktionäre, weil es für die übrige Bevölkerung der DDR unmöglich ist, Westgeld zu besitzen. Die meisten in der DDR finden das ungerecht°.

Nicht ungerecht für die Menschen in der DDR ist die Tatsache, daß die medizinische Betreuung° kostenlos° ist. Der Staat bezahlt für den Arzt, für das Krankenhaus und für die Medizin. Die Behandlung der Ärzte° ist aber oft nicht so gründlich° wie in den USA, und auch die Medikamente° sind meistens nicht so gut wie in der Bundesrepublik. Die Ärzte bekommen vom Staat ein festes Gehalt und arbeiten deshalb wie ein Angestellter in einem Betrieb. Es gibt nur noch wenige Ärzte mit einer Privatpraxis. Deshalb zeigen viele Ärzte wenig persönliches Interesse an ihren Patienten.

Werners Tante und Onkel wundern sich immer wieder, wie oft die Eltern von Werner während ihrer Ferien ins Ausland reisen. Auslandsreisen sind für die Einwohner der DDR eine Seltenheit°. Außerdem gibt es nur ganz bestimmte Länder, in die sie reisen dürfen. Sie dürfen z. B. nicht in die Bundesrepublik, nach Italien, nach Frankreich oder in die Vereinigten Staaten reisen. Nur Personen mit besonderem, vom Staat genehmigten° Auftrag° dürfen diese und die meisten anderen Länder der Erde besuchen. Werners Eltern waren dagegen schon in Italien, in der Schweiz, in Norwegen, in Griechenland und in Jugoslawien. Darüber wundern sich Werners Tante und Onkel sehr.

Sie meinen aber auch, daß die Verwandten in der Bundesrepublik relativ wenig an Musik und Theater interessiert sind. Sie denken, daß in der DDR viel mehr Menschen als in der Bundesrepublik an Opern, Schauspielen und Konzerten interessiert sind. Werners Tante und Onkel sprechen sogar an ihren Arbeitsplätzen über die letzten Opernaufführungen oder über die neuesten Schauspielpremieren. Deshalb sind sie auch enttäuscht°, daß ihre eigenen Söhne nicht so viel Interesse an Oper und Theater haben. Werners Cousins mögen, wie Werner, das Tanzen, Partys oder Schlagermusik. Trotzdem schätzen sie, wie ihre Eltern, daß die Regierung der DDR das kulturelle Leben sehr fördert und daß der Staat auch die Arbeiter für dieses kulturelle Leben gewinnen möchte. Sie schätzen° aber nicht, daß der Staat und die Regierung der DDR das kulturelle Leben ideologisch und politisch bestimmen. Die SED, die Sozialistische Einheitspartei Deutschlands, ist in Wirklichkeit der Staat der DDR. Freie Wahlen zwischen der SED und irgendwelchen Oppositionsparteien gibt es nicht. Trotzdem gibt es heute schon mehr Menschen als noch vor 10 Jahren, die die DDR als ihre Heimat und als ihren Staat betrachten.

ungerecht unjust

die **Betreuung** care
kostenlos free

die **Behandlung der Ärzte** medical attention
gründlich thorough
die **Medikamente** (pl.) drugs

die **Seltenheit** rarity

genehmigt approved
der **Auftrag** commission

enttäuschen to disappoint

schätzen to appreciate

Außerdem fordert die neue Führung der SED immer wieder noch mehr Abgrenzung° der DDR gegenüber der Bundesrepublik. Es soll keine Kompromisse geben zwischen den beiden deutschen Gesellschaftssystemen. Das Wort Abgrenzung ist fast zu einem neuen Schlagwort° für die DDR geworden. Trotzdem gibt es immer mehr politische und wirtschaftliche Verhandlungen° zwischen der Regierung der DDR und der Regierung der Bundesrepublik. Solche Verhandlungen gehören zum Programm der Ostpolitik. Beide Regierungen lehnen° aber das andere Gesellschaftssystem ab°. Trotzdem weiß heute niemand, wie die beiden deutschen Gesellschaftssysteme in 10 oder 20 Jahren aussehen werden. Von der Bundesregierung sind schon jetzt viele Reformen geplant. Die Menschen in der Bundesrepublik wollen vor allem eine bessere Vermögensverteilung°, und die Menschen in der DDR wollen vor allem mehr politische Freiheit und mehr Wohlstand. Eine Wiedervereinigung beider deutscher Staaten und eine Vereinigung beider Gesellschaftssysteme wird es aber auch in den nächsten Jahren nicht geben.

die **Abgrenzung** demarcation, separation

das **Schlagwort** slogan

die **Verhandlung** discussion

ab-lehnen to reject

die **Vermögensverteilung** distribution of wealth

DIKTAT

Die einzige Geschichte, die von praktischem Wert ist, besteht darin, was man beschreibende Soziologie nennen könnte. Und der höchste Beruf, den der Geschichtsschreiber wählen kann, besteht darin, das Leben der Völker so darzustellen, daß er Material für eine vergleichende Soziologie liefert.

— SPENCER

FRAGEN

Allgemeines

1. Wie viele Menschen leben in der BRD? 2. Wie viele Menschen lebten vor dem Zweiten Weltkrieg auf dem Gebiet? 3. Was bedeutet „Volk ohne Raum"? 4. Wie heißen die verschiedenen Berufsgruppen? 5. Warum ist es schwer, Statistiken über die freien Berufe zu bekommen? 6. Verdienen die Menschen immer mehr oder immer weniger? Geben Sie einige Beispiele! 7. Wie steht es mit der Gleichberechtigung von Mann und Frau? 8. Glauben Sie, daß Statistiken wichtig oder unwichtig, interessant oder langweilig sind?

Altwerden und Kranksein

1. Ist die Rente, die alte Leute bekommen, von Jahr zu Jahr dieselbe? 2. Wer hat die beste Krankenversorgung?

Der Wohlstand in der BRD

1. Was sind, zum Beispiel, Luxusgegenstände? 2. Wohlstand ist etwas Relatives. Wie groß ist der Wohlstand der BRD? 3. Wie könnte man den Wohlstand in der BRD erklären? 4. Was haben „deutsche Disziplin" und „deutscher Fleiß" Ihrer Meinung nach mit dem Wohlstand zu tun? 5. Gibt es viele Streiks in der BRD? Was sind wilde Streiks? 6. Warum arbeiten viele Frauen, die Kinder haben? 7. Glauben Sie, daß Deutsche besser oder schlechter, intelligenter oder dümmer als andere Völker sind?

Reiche und Superreiche

1. Wer sind zum großen Teil die Reichen und Superreichen? 2. Sind sie sehr mächtige Leute? Erklären Sie! 3. Gibt es Privilegierte nur im kapitalistischen Westen?

Wie lebt ein Junge in der BRD?

1. Weshalb wohnen viele junge Leute bei ihren Eltern? 2. Was muß man bei einer Neubauwohnung neben Miete bezahlen? 3. Was macht die Mutter in der Küche, und was macht der Vater manchmal dort? 4. Was für Musik hört Werner gern? 5. Worüber spricht man beim Frühstück? 6. Wie kommen Vater und Sohn zum Arbeitsplatz? 7. Warum fährt der Vater nicht mit seinem Auto? 8. Wie oft liest Werner die Zeitung? 9. Glaubt er, daß er „manipuliert" wird? Warum nicht? 10. Warum schimpfen manche Bauern auf die EWG? 11. Haben die Arbeiter viel oder wenig zu sagen? Erklären Sie! 12. Was macht Werner abends zum Beispiel? 13. Warum war er einmal in der Oper? 14. Was denkt Werner über protestierende Studenten?

Die Verwandten in der DDR

1. Weshalb schickt Werners Mutter manchmal Pakete nach „drüben"? 2. Welche Menschen dürfen Verwandte in der BRD besuchen? 3. Sind die Tante und der Onkel in der DDR zufrieden, nicht ganz zufrieden? Oder? 4. Darf man in der DDR gegen den Militärdienst protestieren? 5. Wie steht es mit der Gleichberechtigung von Mann und Frau in der DDR? 6. Weshalb müssen Arbeiter soundso viele „zusätzliche" Stunden arbeiten? 7. Leben der Onkel und die Tante ebenso gut wie ihre Verwandten im Westen? 8. Was ist in der DDR besonders billig? 9. Ist das Krank-Sein teuer? Sind die Ärzte gut? 10. Wohin reisen die Bürger der DDR, wenn sie reisen? 11. Was bedeutet das Wort „Abgrenzung" für Sie? 12. Glauben Sie an eine zukünftige Wiedervereinigung der zwei deutschen Staaten?

DEUTSCHES
WÖRTERBUCH
VON
JACOB GRIMM UND WILHELM GRIMM.

ERSTER BAND.
A — BIERMOLKE.

LEIPZIG
VERLAG VON S. HIRZEL.
1854.

KAPITEL 6

DIE DEUTSCHE SPRACHE – EINST[1] UND HEUTE
Donald D. Hook

DIE VORGESCHICHTE DES DEUTSCHEN

Die Geschichte einer Sprache kann kulturhistorisch aufschluß-reich° sein. Von der Sprache macht der Mensch beim Denken, Sprechen, Lesen und Schreiben jeden Tag Gebrauch. Es lohnt sich°, Einblick° in ihre Entwicklung zu gewinnen; es ist wichtig, die Sprache als Schlüssel° zum Verständnis der Kultur zu sehen.

Wenn wir die Wörter für „drei" in den folgenden sieben Sprachen betrachten°, fallen uns sofort Ähnlichkeiten auf: englisch *three*, holländisch *drie*, griechisch *treis*, lateinisch *trēs*, persisch *thri*, litauisch *tri*, keltisch *trí*. Bis auf die Wörter „drie" und „drei" beginnt jedes Beispiel mit „th" oder „t". Das „r" steht bei allen Beispielen; einige der Vokale° sind die-selben. Es wird klar, daß es kein Zufall° ist, sobald man wei-tere Beispiele dieser Art findet. Die Wörter sind historisch ver-wandt°; man nennt sie urverwandte Wörter oder, auf eng-lisch, *cognates*.

[1]einst once (upon a time)

aufschlußreich in-formative

sich lohnen to be worthwhile
der Einblick insight
der Schlüssel key

betrachten to ex-amine

der Vokal vowel
der Zufall accident

verwandt related
ur- ... original(ly)

107

Die Sprachwissenschaftler° haben gewisse große Sprachgruppen in Sprachfamilien klassifiziert. Die wichtigste Sprachfamilie der Welt, zu der auch Deutsch und Englisch gehören, ist die indogermanische. Die Familie heißt indogermanisch oder indoeuropäisch, weil einige ihrer Sprachen in Indien, andere in Europa gesprochen werden. Man könnte Indoeuropäisch den „Großvater" der englischen und deutschen Sprache und auch der meisten anderen modernen Sprachen Europas nennen. Es gibt nur vier nichtindoeuropäische Sprachen in Europa: Estnisch°, Ungarisch°, Finnisch und Baskisch°. Sehen Sie sich die folgende Tabelle an! Vielleicht kann sie einiges klarmachen.

der **Sprachwissenschaftler** linguist

Estnisch Estonian
Ungarisch Hungarian
Baskisch Basque

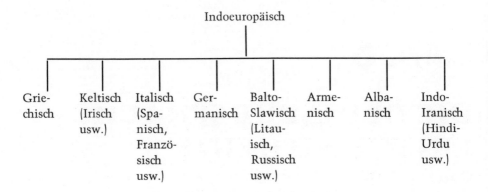

Indoeuropäisch

| Griechisch | Keltisch (Irisch usw.) | Italisch (Spanisch, Französisch usw.) | Germanisch | BaltoSlawisch (Litauisch, Russisch usw.) | Armenisch | Albanisch | IndoIranisch (HindiUrdu usw.) |

Wenn man die germanische Gruppe etwas genauer untersucht°, bemerkt man, daß sie drei Zweige° hat, nämlich einen nord-, ost- und westgermanischen. Die nordgermanische Gruppe besteht aus Dänisch, Norwegisch, Schwedisch und Isländisch°, die ostgermanische aus Gotisch°, das schon längst° eine tote Sprache ist. Englisch, Holländisch, Plattdeutsch und Hochdeutsch gehören zum westgermanischen Zweig.

untersuchen to investigate
der **Zweig** branch

Isländisch Icelandic
Gotisch Gothic
längst for a long time

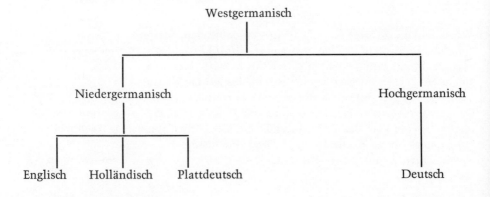

Westgermanisch

Niedergermanisch   Hochgermanisch

Englisch   Holländisch   Plattdeutsch   Deutsch

Die gotische Sprache ist für die Germanistik von der größten Bedeutung. Man kennt sie aus den Fragmenten der Bibelübersetzung des Bischofs Wulfila (311–382? n. Chr.). Aus griechischen und einigen runischen und lateinischen Buchstaben setzte er das gotische Alphabet zusammen.

Der Codex argenteus, eine kostbare Pergamenthandschrift vom Beginn des 6. Jahrhunderts, enthält die vier Evangelien. Dieser „Silberne Kodex" ist die Hauptquelle der gotischen Schriftsprache. Er gehört der Universitätsbibliothek zu Uppsala in Schweden.

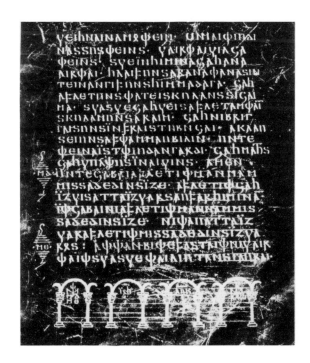

Deutsch weist° drei Entwicklungsstufen° auf°: die althochdeutsche, mittelhochdeutsche und neuhochdeutsche. Althochdeutsch ist die Sprache der ältesten deutschen Urkunden°. Die althochdeutsche Periode ist die Zeit vom achten Jahrhundert bis um das Jahr 1100. Es folgt die mittelhochdeutsche, vom Jahre 1100 bis etwa 1350. Um diese Zeit beginnt das Neuhochdeutsche.

Sie werden sich wohl irgendwann° gefragt haben, ob die deutsche Sprache mit ihren vielen grammatischen Endungen immer so kompliziert° gewesen ist. In uralten Zeiten hatte sie sogar noch mehr Endungen als heute.

Charakteristisch für das Althochdeutsche sind die vollen Vokale im Auslaut°: zum Beispiel *bluoma* = Blume, *frewî* = Freude. Der Wandel° vom Alt- zum Mittelhochdeutschen zeigt sich in der Abschwächung° der Endungen. Das Neuhochdeutsche weist eine weitere Tendenz dieser Art auf. Man spricht von drei verschiedenen Stufen, denn die Sprache hatte zu gewissen Zeiten in ihrer Geschichte Eigentümlichkeiten°, die eine Periode von einer anderen unterscheiden°. Man könnte fast von drei verschiedenen *Sprachen* sprechen. So verschieden sind die drei Stufen!

ALTHOCHDEUTSCH

In althochdeutscher Zeit waren die offiziellen Dokumente wie auch fast alle literarischen Werke lateinisch. Es gibt keine reiche althochdeutsche Literatur. Aus der frühesten Zeit kennen wir nur einige einzelne Wörter und einige Fragmente. Später erscheinen Gedichte° und Gespräche°. Das Zentrum° des literarischen Lebens, insofern° man von literarischem Leben sprechen kann, war im Süden des Landes.

Das bedeutendste und bekannteste Werk der althochdeutschen Zeit ist *Das Hildebrandslied*. Die Heldendichtung° handelt von Hildebrand, einem Waffenmeister°, der seinem Herrn Dietrich von Bern in die Verbannung° gefolgt ist. Nach vielen Jahren versucht Hildebrand, in die Heimat zurückzukommen. An den Toren des Reiches begegnet° er seinem eigenen Sohn Hadubrand. Der Sohn erkennt° den Alten nicht als seinen Vater. Der Kampf° beginnt, aber hier bricht° das Lied plötzlich ab°. Es ist anzunehmen°, daß Hildebrand seinen Sohn erschlägt°. Als Beispiel der althochdeutschen Sprache diene der Anfang des Epos°, den wir gesondert° setzen.

MITTELHOCHDEUTSCH

Während der mittelhochdeutschen Zeit war Latein weiter eine führende literarische Sprache. Es gab aber auch eine reiche

---

die **Stufe** stage
auf-weisen to show, exhibit
die **Urkunde** record

irgendwann sometime

kompliziert complicated

der **Auslaut** final sound
der **Wandel** change
die **Abschwächung** weakening

die **Eigentümlichkeit** peculiarity, characteristic
unterscheiden to distinguish

das **Gedicht** poem
das **Gespräch** discourse
das **Zentrum** center
insofern insofar as

die **Heldendichtung** heroic poetry, epic
der **Waffenmeister** arms bearer
die **Verbannung** banishment, exile
begegnen to encounter
erkennen to recognize
der **Kampf** fight
ab-brechen to break off
annehmen to assume
erschlagen to slay
das **Epos** epic
gesondert separately

Althochdeutsch

Ik gihôrta dat seggen,
dat sih urhêttun aenon muotin,
Hiltibrant enti Hadubrant untar heriun tuêm
sunufatarungo: iro saro rihtun,
garutun se iro gûdhamun, gurtun sih iro suert ana,
helidos, ubar hringâ, dô sie tô dero hiltiu ritun.

Übersetzung:

Ich hörte das sagen,
daß sich Streiter[1] allein begegneten,
Hildebrand und Hadubrand, zwischen zwei Heeren[2],
Vater und Sohn; sie richteten[3] ihre Rüstung[4],
bereiteten ihre Kampfhemden, gürteten[5] sich ihre Schwerter[6] an,
die Helden[7], über die Panzerringe[8], als sie zum Kampf ritten.

[1]warriors [2]armies [3]adjusted [4]armor [5]girded on [6]swords [7]heroes [8]rings of mail

---

Mittelhochdeutsch

Uns ist in alten maeren	*wunders vil geseit*
von heleden lobebaeren	*von grôzer arebeit*
von vröuden, hôchgezîten,	*von weinen und von klagen,*
von küener recken strîten	*muget ir nu wunder hoeren sagen.*

Übersetzung von H. A. Junghans:

Viel Wunderbares melden[1] uns Mären[2] alter Zeit
Von hochgelobten[3] Helden, von Mühsal[4] und von Leid[5]:
Von frohen Festlichkeiten[6], von Weinen und von Klagen[7],
Von kühner[8] Recken[9] Streiten[10] mögt ihr nun Wunder[11] hören sagen.

[1]tell [2]tidings [3]much-praised [4]distress [5]sorrow [6]festivities [7]lamenting [8]bold [9]knights'
[10]disputes [11]marvels

Literatur in deutscher Sprache — vor allem in der Verskunst°. **die Verskunst** poetry
Deutsch gebrauchte man bis zu einem gewissen Grade in der
Prosa, besonders wenn man über religiöse Dinge schrieb. Das
Zentrum des literarischen Lebens war noch im Süden, aber
gegen Ende der Periode begannen auch andere Teile des Rei-
ches eine Rolle zu spielen.

Die höfisch-ritterliche° Dichtung zwischen den Jahren 1150 **höfisch-ritterlich**
und 1250 war die bedeutendste Dichtung der mittelhochdeut- courtly, of knighthood

her walther võ der vogelweide · ·rlij·

Walther von der Vogelweide (ca. 1170–1230) Wegen des Todes seines Freundes, des Herzogs Friedrich von Österreich, begann Walther 1198 von Hof zu Hof zu wandern. In seiner Lyrik sang er oft von Blumen und Vögeln und einfachen Dorfmädchen, obwohl er auch die eleganten Hofdamen bewunderte.
Ein fester Glaube an Gott und eine große Liebe zum Heimatland zeigen sich in Walthers Dichtung. Sehen Sie sich das Bild an! Da sitzt er, ganz allein und in Gedanken versunken. Er sieht traurig aus. Ohne Zweifel denkt er an die Probleme der Zeit, denn er wurde zum bedeutenden politischen Dichter.

schen Periode. Man denke an Hartmann von Aues „Armen Heinrich", Wolfram von Eschenbachs „Parzifal", Gottfried von Straßburgs „Tristan und Isolde", die Spruchdichtung° und den Minnesang° von Walther von der Vogelweide.

    Die Periode hat uns auch ein Epos gegeben — *Das Nibelungenlied*, dessen Grundlage° die Nibelungensage ist. Im ersten Teil des Liedes erzählt der unbekannte Dichter von Siegfrieds Abenteuer mit Brunhild, von der Hochzeit° Gunthers und

die **Spruchdichtung** epigrammatic poetry
der **Minnesang** old German love poetry

die **Grundlage** basis

die **Hochzeit** marriage, wedding

Brunhildes, von der Hochzeit Siegfrieds und Kriemhildes und der Ermordung° Siegfrieds. Im zweiten Teil heiratet Kriemhild Etzel (Attila), den König der Hunnen. Sie rächt sich° für Siegfried, indem sie am Ende des Epos die Burgunden° töten° läßt. Die berühmte Anfangsstrophe, die wir gesondert setzen, mag als Beispiel der mittelhochdeutschen Sprache dienen.

die **Ermordung** murder
sich rächen to avenge oneself
die **Burgunden** the Burgundians
töten to kill

DIE LAUTENTWICKLUNG°

der **Laut** sound

Erklären wir kurz die Entwicklung vom Althochdeutschen bis zum Neuhochdeutschen. Durch die sogenannte Erste Lautverschiebung° wandelte sich° das germanische Konsonantensystem. Man nennt die Erste Lautverschiebung im Englischen „Grimm's Law" nach Jacob Grimm (1785—1863), dem Entdecker°. Durch die Verschiebung — den genauen Zeitpunkt° wissen wir nicht — wurden die indoeuropäischen Konsonanten bh dh gh, b d g, p t k zu germanisch b d g, p t k, f th h. Dieses „Lautgesetz" erklärt die Lautentwicklung bei urverwandten Wörtern, zum Beispiel lateinisch *pater* — Vater, *father;* lateinisch *centum* — hundert, *hundred*.

die **Lautverschiebung** sound shift
sich wandeln to change
der **Entdecker** discoverer
der **Zeitpunkt** point in time

Bei der zweiten oder Hochdeutschen Lautverschiebung wandelten sich im sechsten bis zum achten Jahrhundert die Konsonanten p t k zu pf z kh im Anlaut° und zu f s ch im Inlaut° und Auslaut, zum Beispiel *pipe* — Pfeife, *plant* — Pflanze, *pepper* — Pfeffer, *tame* — zahm, *ten* — zehn, *twenty* — zwanzig, *open* — offen, *hope* — hoffen. Aus th wurde d, zum Beispiel *bath* — Bad, *thirst* — Durst, *thank* — danken.

der **Anlaut** initial sound
der **Inlaut** medial sound

Seit dem dreizehnten Jahrhundert wandelten sich die Vokale î û iu zu ei au eu, zum Beispiel aus *mîn* wurde mein, aus *hûs* Haus, aus *hiutu* heute. Die Konsonantengruppen sk sm sn wurden im Anlaut zu sch schm schn, zum Beispiel *school* — Schule, *smith* — Schmied, *snow* — Schnee.

Ein großer Teil des deutschen Sprachgebietes machte° die zweite Lautverschiebung nicht mit°. Es bildete sich eine Grenzlinie, die sich° etwa von Aachen über Düsseldorf und Kassel, dann über Wittenberg und Frankfurt an der Oder bis zur polnischen° Sprachgrenze hinzieht°. Sie scheidet° die deutsche Sprachwelt in ein südliches, oberdeutsches oder hochdeutsches und in ein nördliches, niederdeutsches Sprachgebiet. Man nennt diese Linie nach einem Dorf am Rhein in der Nähe Düsseldorfs die Benrather Linie. Neben den beiden Hauptgruppen° gab und gibt es noch heute sogenannte mitteldeutsche Dialekte. Das Hochdeutsche war schon immer die führende Literatursprache, obgleich es auch eine nicht unbedeutende Dialektliteratur gibt.

mit-machen to take part in

polnisch Polish
sich hin-ziehen to extend
scheiden to divide, separate

Haupt- main . . .

DAS INDOEUROPÄISCHE

Die deutsche Sprache hat eine Geschichte, die viele Jahrhunderte in die Vergangenheit zurückreicht°; mit vielen anderen verwandten Sprachen hat sie einen gemeinsamen° Vorfahren°. Dieser indoeuropäische sprachliche Vorfahr existierte schon Tausende von Jahren vor Christus. Die indoeuropäische Sprachfamilie ist nur eine der Sprachfamilien auf der Welt, aber aus vielen Gründen ist sie die bedeutendste.

Von Island° im Westen bis nach Indien im Osten gehören die Völker Europas und Asiens zu der indoeuropäischen Sprachgruppe. Erst in den letzten vier- bis fünfhundert Jahren trugen Schiffe die Sprecher indoeuropäischer Sprachen von Europa nach anderen Weltteilen: Nordamerika, Südamerika und Australien. Fast überall gibt es jetzt Menschen, die eine Sprache sprechen, die mit der vor 5000 Jahren ausgestorbenen° indoeuropäischen Sprache verwandt ist. Eine dieser Sprachen ist Ihre Muttersprache; eine andere ist die Sprache, die Sie jetzt lernen. Und Sie haben noch von weiteren gehört: von Italienisch, Portugiesisch, Spanisch, Rumänisch, Polnisch, Tschechisch und anderen mehr. Mehr als 300 000 000 Menschen in Indien sprechen verwandte Sprachen. Insgesamt° sprechen etwa 2 000 000 000 Menschen auf der ganzen Welt eine Sprache, deren sprachlicher Vorfahr einst von einem kleinen Volksstamm° in Europa gesprochen wurde.

DIE SCHRIFTSPRACHE

Die literarische Sprache, die die Menschen in deutschen Ländern gebrauchen und die Sie lernen, ist Schriftdeutsch, das heißt die Sprache, wie sie geschrieben wird. Schriftdeutsch ist in einem gewissen Sinne eine künstliche° Sprache, da sie sozusagen den Dialekten übergeordnet° ist. Es ist die Sprache gebildeter Menschen.

Man denkt an Martin Luther, wenn man von Schriftdeutsch spricht. Man bezeichnet° ihn als den Begründer° der neuhochdeutschen Schriftsprache, denn vor Luther wußte niemand zu sagen, wie „gutes" Deutsch geschrieben werden sollte. Seine Bibelübersetzung° diente deutschsprechenden Menschen als Vorbild°.

Der Stil° und das Vokabular der Luther-Bibel sind einfach. Die Übersetzung war eine Mischung° von Schriftsprache und Volkssprache und wurde das sprachliche Band°, das deutschsprechende Menschen kulturell einigte. Nicht nur die Menschen der protestantischen Gebiete, sondern auch der katholischen machten von der Sprache Luthers Gebrauch.

zurück-reichen	to go back
gemeinsam	common
der Vorfahr	ancestor
das Island	Iceland
aus-sterben	to die out, become extinct
insgesamt	all together
der Volksstamm	tribe
künstlich	artificial
etwas übergeordnet sein	to be superimposed on something
bezeichnen	to designate
der Begründer	founder
die Bibelübersetzung	Bible translation
das Vorbild	model
der Stil	style
die Mischung	blend
das Band	bond

Bei der Übersetzung ging Luther auf die hebräischen und griechischen Quellen° zurück. Während er an seinem deutschen Manuskript arbeitete, lag neben ihm auch die Vulgata, die lateinische Bibelübersetzung aus dem Ende des vierten Jahrhunderts. Aber er versuchte, die Bibel nicht nur zu übersetzen, sondern sie einzudeutschen°. Es ist ihm gelungen. Die erste Hälfte des 23. Psalms diene als Beispiel.

die **Quelle** source

ein-deutschen to give a German flavor

Der Herr¹ ist mein Hirte², mir wird
nichts mangeln³. Er weidet⁴ mich
auff einer grünen Awen⁵, und füret⁶
mich zum frischen Wasser.
Er erquicket⁷ meine Seele, er
füret mich auff rechter Straße,
umb seines Namens willen⁸.

[1]Lord   [2]shepherd   [3]lack   [4]leads to pasture   [5]meadow   [6]leads   [7]restores   [8]for His name's sake

---

DIE UMGANGSSPRACHE°

Was kann man aber von der *gesprochenen* Sprache sagen? Die allgemeine Umgangssprache ist gesprochenes Hochdeutsch, aber die Aussprache° ist vom Dialekt des Sprechers gefärbt°. In welcher Weise versuchte man, das Problem zu lösen°?

Die Geschichte der hochdeutschen Aussprache, auch Bühnenaussprache° genannt, geht auf die Zeit der reisenden Schauspieler zurück. Da die Schauspieler° sehr oft aus verschiedenen Gegenden des Landes stammten° und von Ort zu Ort reisten, versuchten sie so zu sprechen, daß jeder sie verstehen konnte. Die Bühnenaussprache wurde jahrelang mündlich° weitergegeben, bis ein Germanistikprofessor, Theodor Siebs, sie schriftlich niederlegte°. Im Jahre 1898 schrieb Theodor Siebs mit seinen Kollegen das Buch „Deutsche Bühnenaussprache". Diese Aussprache dient noch heute als Vorbild.

Im Gegensatz° zu manchen anderen Ländern hat es nie in Deutschland eine Stadt gegeben, deren Aussprache für das ganze Land als Vorbild diente. Zur Zeit gibt es auch keine Sprachakademie im Sinne der Akademie Frankreichs; man muß sich an die Bühnensprache halten°. Luther hat das deutsche Sprachgebiet kulturell geeinigt; Theodor Siebs hat einen weiteren großen Anstoß° gegeben. Das heutige Deutsch ist das Produkt aller Gebiete des deutschen Sprachraums.

die **Umgangssprache** colloquial or spoken language

die **Aussprache** pronunciation
färben to color
lösen to solve
die **Bühne** stage

der **Schauspieler** actor

stammen to originate

mündlich orally

schriftlich nieder-legen to put down in writing

der **Gegensatz** contrast

sich halten an to have recourse to

der **Anstoß** impetus

In der Buchdruckerkunst hatten die Deutschen im 15. und 16. Jahrhundert die Führung, aber im Schreiben blieben sie sonderbarerweise hinter England, Spanien und Frankreich zurück. Johann Gutenberg (1397?–1468), geboren Johannes Gensfleisch, hatte die beweglichen Drucklettern erfunden und gegen 1455 seine berühmte Bibel hergestellt. Dieses Buch war das erste Beispiel der Massenerzeugung. Ohne Gutenbergs Leistungen wäre es Luther nicht gelungen, seine Übersetzung des Alten und Neuen Testaments durch ganz Deutschland zu verbreiten.

DAS ERLERNEN° EINER FREMDSPRACHE

Genau genommen° ist es weniger wichtig, *welche* zweite Sprache man lernt, als daß man eine lernt. Es kann sein, daß gerade die Sprache, die man heute lernt, in späteren Jahren dem jeweiligen° Zwecke nicht mehr entspricht°. Deshalb ist die Wahl der zweiten Sprache nicht so wichtig, es sei denn°, daß man schon einen spezifischen Zweck im Auge hat. Auf jeden Fall bekommt man durch das Erlernen der ersten Fremdsprache Einsicht in andere Sprachen — und auch in seine eigene.

    Es gibt andere, praktische Gründe für das Studium einer fremden Sprache. Wenn man in einem fremden Land reist, ist es nützlich und angenehm, mit dem Hotelpersonal, den

das **Erlernen** acquisition, study
genau genommen strictly speaking

jeweilig of the moment
einem Zweck entsprechen to serve a purpose
es sei denn unless

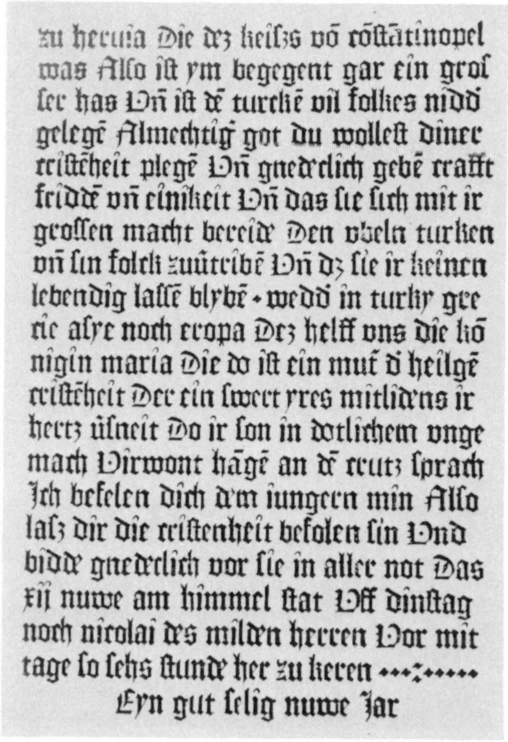

Am Anfang ähnelten die Drucklettern der schartigen Schreib-
kunst der Mönche des 15. Jahrhunderts. Man nennt diesen
Schreibstil Fraktur. Als die Huma-
nisten der italienischen Renais-
sance die Schönheiten der klassischen Antiquität wieder entdeck-
ten, ahmten sie die gerundeten
und lesbareren Buchstaben der Rö-
mer nach. Dieser Stil heißt Antiqua.

Heute werden nur wenige Bücher
in Fraktur gedruckt. „Die alte
Schrift" verwendet man heute
meistens als Schmuckschrift.

[Fraktur-Textabbildung:]

> zu hervia Die dz heißs vō roßätinopel
> was Alfo ist ym begegent gar ein grof
> fer has Dñ ist dr turehe vil folhes nīdd
> gelegē Almechtig got du wolleft diner
> reißeheit plege Dñ gnedrelieh gebe trafft
> friddr vñ einiheit Dñ das fie fieh mit ir
> groffen macht bereit Den vbeln turhen
> vñ fin foleh zuutribe Dñ dz fie ir heinen
> lebendig laffe blybē • wedd in turhy gee
> rie afye noeh eropa Dez helff ons die hö
> nigin maria Die do ist ein muf d heilge
> reißeheit Der ein fweet pres mitliōrns ir
> heetz ūfneit Do ir fon in dotliehem vnge
> maeh Dirwont häge an dr reutz fpraeh
> Jeh befelen dieh drm iungeen min Alfo
> laß dir die reißenheit befolen fin Dñ
> biddr gnedrelieh vor fie in aller not Das
> fij nuwe am himmel ftat Dff dinftag
> noeh nieolai drs milden heeren Dor mit
> tage fo fehs ftundr her zu heeren ••••••••
> Eyn gut felig nuwe Jar

Zollbeamten°, Taxifahrern, Geschäftsleuten und anderen
Menschen reden° zu können. Wenn man im Ausland Arbeit
sucht, ist es nötig, die Sprache des Landes zu sprechen.

Natürlich kann man eine Sprache nur zum Vergnügen°
lernen. Warum sollten sich gebildete Menschen nicht rein
kulturellen Tätigkeiten widmen°? Der bedeutendste Grund
von allen dürfte aber der sein, freundliche, menschliche° Be-
ziehungen° zu den Menschen verschiedener Nationen zu
haben. Die Sprache bringt die Menschen zusammen. Deutsche
und Amerikaner sind schon jahrelang Freunde. Die Freundschaft wäre durch gegenseitiges° Verständnis und sprachliche
Kenntnisse° zu vertiefen°.

Glossar:
der **Zoll** custom, duty
reden to talk
das **Vergnügen** pleasure
widmen to devote
menschlich human
die **Beziehung** relation
gegenseitig mutual
die **Kenntnisse** (pl.) knowledge
vertiefen to deepen

WARUM GERADE DEUTSCH LERNEN?

Welche besonderen kulturellen Vorteile hat die deutsche
Sprache für Amerikaner? Deutsch ist eine weitverbreitete°
Sprache. Es wird von etwa 120 Millionen Menschen in
Deutschland, Österreich und Liechtenstein gesprochen, eben-
so in der Schweiz, mit Ausnahme° von Gegenden, wo Fran-

Glossar:
weitverbreitet widespread
die **Ausnahme** exception

Münchens Dialekt	Hochdeutsch
Je gscheider, desto dümmer, hots doch scho oiwei g'hoaßn. Wenn i zum Beischpiel der Hitler gwen wär, mi hättn die nia dawischt. I hätt' mir nämlich mindestens drei Dutzend Doppelgänger nachmacha lassn im Laboratorium. Und in jedem Eck auf der Woid hätt' i a Goid eigmauert g'habt und fünfzig verschiedene Päss' hätt' i aa b'sessn und dreihundert kloane U-Boot in jedem Wasserl. Und do dat i jetzt ganz schön brav an der Küste von Cuba sitzn und auf'm Gramola an Badenweiler Marsch schpuin und schee schtad rote kommunistische Fischerl fanga.	Je gescheiter, desto dümmer, hat man doch schon gesagt. Wenn ich zum Beispiel Hitler gewesen wäre, mich hätten die nie erwischt. Ich hätte mir nämlich mindestens drei Dutzend Doppelgänger machen lassen im Laboratorium. Und in jeder Ecke auf der Welt hätte ich Geld eingemauert und fünfzig verschiedene Pässe hätte ich auch besessen und dreihundert kleine U-Boote in jedem Gewässer. Und da würde ich jetzt ganz schön brav an der Küste von Cuba sitzen und auf dem Grammophon einen Badenweiler Marsch spielen und schön ruhig rote kommunistische Fische fangen.

Einmal die Woche bringt die „Abendzeitung" Münchens Dialektgeschichten. Oben steht ein Beispiel mit der Übersetzung auf der rechten Seite. Im deutschen Sprachraum Europas hört man noch viele Dialekte, aber nur dann und wann hat man Gelegenheit, sie zu lesen. Die deutschen Dialekte sind so verschieden, daß der Berliner den Münchner kaum verstehen kann. Man kann sich denken, was für Reiseprobleme entstehen würden, wenn es kein Hochdeutsch gebe.

Hochdeutsch ist für manche fast wie eine fremde Sprache, aber jedermann muß es in der Schule lernen. Zu Hause kann er natürlich mit der Familie Dialekt sprechen. Und wenn er manchmal in der Zeitung eine Geschichte oder einen Artikel in seinem Dialekt findet, ist es ihm eine Freude.

zösisch, Italienisch und Rätoromanisch gesprochen wird, und in den Grenzgebieten von Frankreich, Belgien, Luxemburg und Italien. Vor dem Zweiten Weltkrieg gab es auch deutsche Sprachinseln in den westlichen Teilen Ungarns°, Litauens°, Polens° und der Tschechoslowakei°.

Ungarn Hungary
Litauen Lithuania
Polen Poland
die **Tschechoslowakei** Czechoslovakia

Deutsch steht an sechster Stelle unter den Weltsprachen, obgleich es weit hinter Chinesisch, Englisch und Hindustani steht. Abgesehen von° Englisch könnte man Deutsch als die nützlichste Sprache in Europa bezeichnen. Der Mensch, der Deutsch und Englisch spricht, kann bequem durch den ganzen Kontinent, ja durch einen großen Teil der Welt reisen und sich mit Leuten unterhalten.

abgesehen von apart from

Deutsch und Englisch sind eng verwandte Sprachen; die Struktur und der Wortschatz weisen diese Verwandtschaft auf, obwohl Englisch in etwa acht Jahrhunderten grammatisch einfacher geworden ist. Wenn man die hochdeutsche Lautverschiebung kennt, kann man aber viele urverwandte Wörter erkennen.

Die deutschen und englischen Laute ähneln sich. Obgleich es einige auffallende° Unterschiede gibt, hat man keine gro-

auffallend striking

ßen Aussprache- oder Intonationsprobleme im Deutschen. Das
ist ein Vorteil, da englische und amerikanische Studenten
keinen entschieden° fremden Akzent haben.

   Die deutsche Literatur ist eine bedeutende Literatur. Die
Werke von Goethe, Lessing, Schiller, den Brüdern Grimm,
Heine, Mann, Hesse, Rilke, Kafka, Brecht — um nur einige
Dichter zu erwähnen° — sind in vielen Ländern bekannt.

   Beim Studium der Kultur ist jedoch eine gewisse Vorsicht°
nötig. Das Studium literarischer Meisterwerke kann dem
Leser Einblick in die Kultur einer Gesellschaft geben — aber
nur bis zu einem gewissen Grade. Viele Werke sind durch
die Gestaltung° zeitloser° menschlicher Probleme literarisch
wertvoll°, haben aber wenig mit der Kultur der Epoche zu
tun. Zeitungsartikel und andere journalistische Reportagen
können als kulturgeschichtliche Dokumente sogar wertvoller
sein. Die Sprache ist nicht so schön wie die Sprache der Literatur, aber die Sprache hat viele Funktionen und Formen.

DIE DEUTSCHE SPRACHE VON HEUTE

Die deutsche Sprache hat die Struktur des ältesten Germani-
schen zum großen Teil bewahrt°. Deutsch hat noch heute
drei grammatische Geschlechter°, ein Vierkasussystem° und
ein zweifaches Deklinationssystem° der Substantive° und
Adjektive. Die Wortstellung° erinnert einen an Latein. Unter
den westgermanischen Sprachen haben sich Englisch und Holländisch am meisten gewandelt. Die Morphologie des Hollän-
dischen ist im Laufe der Jahre einfacher geworden; das Englische hat viele Endungen verloren.

   Eine solche Behauptung° will nichts über den Wert einer
Sprache gegenüber einer anderen sagen. Es bedeutet auch
nicht, daß Englisch ungenau oder daß Deutsch irgendwie prä-
ziser ist. Es bedeutet nur, daß Deutsch im Vergleich zu Englisch mehr Flexionsformen hat. Aber wenn wir Deutsch mit
Litauisch oder Russisch vergleichen, sehen wir, daß die balto-
slawischen Sprachen morphologisch noch komplizierter sind.

ENTLEHNUNGEN°

Deutsch hat im Laufe seiner Geschichte zahllose Wörter aus
verschiedenen Sprachen entlehnt, aber der stärkste Einfluß°
kommt seit dem Zweiten Weltkrieg vom Englischen. Die
Situation ist bei anderen europäischen Sprachen dieselbe.
Wahrscheinlich wegen des Umgangs° zwischen Deutschen
und Amerikanern während der Besatzungsjahre° ist der Einfluß des Englischen auf das deutsche Vokabular wohl noch

---

entschieden markedly

erwähnen to mention
die Vorsicht caution

die Gestaltung giving form (to)
zeitlos timeless
wertvoll valuable

bewahren to preserve
das Geschlecht gender
das Vierkasussystem four-case system
die Deklination declension
das Substantiv noun
die Wortstellung word order

die Behauptung assertion

die Entlehnung borrowing

der Einfluß influence

der Umgang association
die Besatzungsjahre years of occupation

---

größer gewesen als im Falle anderer Sprachen. Moderne amerikanische Musik spielt heute auch eine Rolle. Einige Beispiele vom Fernsehen und aus wohlbekannten Zeitschriften sind: Bestseller, Jazz, Cool Jazz, Blues, Rock, Rock-Combo, Beat, Pop-Musik, Bowling, Camping, Computer, Eskalation, Hippies, Yippies, Hobby, Job, kompakt, Luxus-Bungalow, Make-up, Non-Stop, O.K., Party, quizzen, schockieren, Show, Sexbombe, Streß, Teenager, Tip, Training, Trend. Einige dieser Wörter haben die Deutschen zwar schon vor Jahrzehnten° aus dem Englischen entlehnt.

das **Jahrzehnt** decade

In Ihrem „Webster" stehen aber auch viele Entlehnungen aus dem Deutschen. Einige Beispiele sind: wiener, frankfurter, -burger, delikatessen, pumpernickel, liverwurst, lager, bock, schnapps, rathskeller, gesundheit, zwieback, kaffeeklatsch, lied, waltz, wanderlust, kindergarten, -fest, dachshund, meerschaum, realpolitik, ersatz, hex, diesel, Bunsen (burner), schuss, zeitgeist, weltanschauung, weltschmerz.

ENTSPRECHUNGEN°

die **Entsprechung** equivalent, correspondence

Es gibt wenige wahre Synonyme in einer Sprache. Es gibt auch wenige sogenannte Entsprechungen oder Äquivalente in zwei verschiedenen Sprachen. Wir erkennen kleine Unterschiede zwischen „fast, rapid, swift, quick" usw., und Deutsch unterscheidet semantisch zwischen „schnell, rasch, geschwind, eilig". Keine zwei englischen und deutschen Wörter weisen denselben Bedeutungsumfang° auf: eines hat gewöhnlich° einen weiteren oder engeren als das andere.

der **Bedeutungsumfang** area of meaning
gewöhnlich usually

Die Wörter für „you" sind ein besonders interessantes Beispiel. Wie Sie wissen, gibt es im Englischen nur eine Form für die zweite Person Singular und Plural. Deutsch unterscheidet dagegen drei Formen: du (Singular), ihr (Plural), Sie (Singular und Plural). Der Unterschied zwischen „du" und „ihr" ist klar, aber der Unterschied zwischen „du/ihr" und „Sie" ist komplizierter. Man gebraucht „du/ihr" in der Anrede° a) aller Mitglieder° der Familie, b) aller Kinder bis zu etwa vierzehn Jahren, c) enger Freunde, d) aller Tiere, e) aller Gegenstände° (hauptsächlich° in der Dichtung), f) im Gebet°. „Sie" gebraucht man in der Anrede aller Erwachsenen°, die nicht enge Freunde sind. Der Übergang° von der „Sie"- zur „du"-Form wird oft in Etappen° ausgeführt°. Zuerst sagt man „Herr Schmidt" und „Fräulein Braun", dann „Herr Hans" und „Fräulein Ilse", obwohl dies ziemlich altmodisch° ist. Man sagt dann „Hans" und „Ilse" mit „Sie" und schließlich „Hans" und „Ilse" mit „du". Beim Verwenden° der „du"-Form sollte man Vorsicht üben.

in der Anrede when addressing
das **Mitglied** member

der **Gegenstand** object
hauptsächlich mainly
das **Gebet** prayer
der **Erwachsene** adult
der **Übergang** transition
in Etappen in stages
aus-führen to carry out
altmodisch old-fashioned
verwenden to use

Bei kleineren Kindern ist manches in den Schulen Deutschlands so wie in den Vereinigten Staaten von Amerika und auch in anderen Ländern der Welt. Die Hand in der Luft bedeutet natürlich: ich möchte etwas sagen oder ich möchte etwas fragen.
Früher war in den Schulen Deutschlands militärisch strenge Disziplin. Heute ist es lange nicht mehr so streng wie vor Jahren. Zuweilen geht man vielleicht zu weit in der entgegengesetzten Richtung.

„Frühstück" ist ein Wort, das man scheinbar° leicht ins Englische als „breakfast" übersetzen° kann; es drückt° aber den großen Unterschied zwischen den zwei Mahlzeiten° nicht aus°. Man muß wissen, daß ein typisches deutsches Frühstück aus Kaffee oder Tee, Butter, Brot oder Brötchen und Marmelade besteht.

scheinbar apparently
übersetzen to translate
die **Mahlzeit** meal
aus-drücken to express

Wenn man eine fremde Sprache lernt, gehe° man von dem Gesichtspunkt° aus°, daß alles in der fremden Sprache anders ist: die Laute, die Intonation, der Rhythmus, die Betonung°, die Syntax und Bedeutung der Wörter.

aus-gehen to proceed
der **Gesichtspunkt** point of view
die **Betonung** stress

Jede Sprache ist sozusagen der Filter, durch den menschliches Erleben° und die Kultur überliefert° werden. Das Studium einer Sprache ist die ideale Grundlage des Studiums einer Kultur. Es ist nicht Übersetzen, weder der Wörter noch der Gedanken. Es ist ein Versuch°, sich den Sitten° und Denkformen des anderen Volkes so weit wie möglich anzupassen°.

das **Erleben** experience
überliefern to transmit

der **Versuch** attempt
die **Sitte** custom

sich an-passen to adapt oneself

Bei dem Erlernen einer fremden Sprache sollte der Umgang mit Menschen, die die Sprache sprechen, mit einbegriffen sein°. Man sollte die Reaktionen der Menschen in verschiedenen Situationen — am besten in ihrer eigenen Umwelt° — beobachten°. Und man müßte sich nicht nur merken, was sie sagen, und wann sie es sagen, sondern auch wie sie es sagen, und was sie dabei tun.

Deutsche sagen zum Beispiel selten: „Wie geht es Ihnen?" — es sei denn, sie wollen wirklich wissen, ob der Gefragte gesund ist. — Statt dessen werden sie wahrscheinlich einfach „Guten Tag" sagen oder gar nichts. Eine Verbeugung° oder ein Lächeln° dürfte hinreichend° und gar nicht unhöflich° sein.

Deutsche wie Amerikaner geben sich die Hand beim Vorstellen, aber die Art, wie die Deutschen sich die Hände schütteln° — mit einer einzelnen schnellen Auf- und Abwärtsbewegung° — scheint Amerikanern keine herzliche° Begrüßung° zu sein. Man versteht es erst, wenn man sich klarmacht, daß das Schütteln der Hände die Funktion der Sprache übernimmt°.

Beim Erlernen der Sprache achte man auf die Laute, also die Phonologie, die Formen und die Syntax, also die Grammatik, und den Wortschatz. Die Phonologie ist äußerst° wichtig; sie dürfte wichtiger sein als die Grammatik. Auch mit einem kleinen Wortschatz kann man Wunder wirken, wenn die Aussprache gut ist.

Um ohne fremden Akzent zu sprechen, muß man nachahmen°, ja nachäffen° können. Für einen Erwachsenen ist es gewöhnlich schwierig, denn ihm erscheint solch ein Verhalten° oft falsch, ja affig°. Man muß vielleicht ein bißchen schizophren° sein!

Eine kulturelle Einheit° gibt es in Deutschland nicht mehr. Die Situation BRD–DDR ist ein Beispiel für politische, kulturelle und auch sprachliche Auseinanderentwicklung°.

Meere, Berge und Flüsse bilden manchmal natürliche Grenzen zwischen Dialekten. Man nennt diese Grenzen Isoglossen°. Die Dialekte entwickeln sich dann unabhängig° voneinander. Nach vielen, vielen Jahren ergeben sich° neue Sprachen. Doch auch künstliche Grenzen, wie zum Beispiel politische, können zur Auseinanderentwicklung von Sprachen führen.

DAS DEUTSCH IN DER DDR

Von unserem Gesichtspunkt aus ist die wichtigste dieser politischen Grenzen diejenige°, die zwischen Ostdeutschland und

---

mit einbegriffen sein to be included
die **Umwelt** milieu
beobachten to observe

die **Verbeugung** bow

das **Lächeln** smile
hinreichend sufficient
unhöflich impolite

schütteln to shake
die **Auf- und Abwärtsbewegung** pumping motion
herzlich cordial
die **Begrüßung** greeting
übernehmen to take over, assume

äußerst extremely

nach-ahmen to imitate
nach-äffen to ape
das **Verhalten** behavior
affig apish, silly
schizophren schizoid

die **Einheit** unity

die **Auseinanderentwicklung** diverse development

die **Isoglosse** isogloss
unabhängig independently
sich ergeben to result

diejenige that

Westdeutschland liegt. Die Grenze erstreckt sich vom Norden in der Nähe von Lübeck bis zur Elbe. Dann läuft sie östlich° etwa fünfzig Kilometer an der Elbe entlang, bis sie sich wieder südwärts hinzieht. Die Linie führt° dann an der ostdeutschen Stadt Eisenach vorbei°, wendet sich° ostwärts und endet an der tschechoslowakischen Grenze bei Hof. West- und Ostdeutsche leben voneinander isoliert. Sie dürfen die Grenze kaum überschreiten°; sie können kaum miteinander telefonieren. Die Grenze besteht schon mehr als zwei Jahrzehnte. Sollte sie auf lange Zeit hin die Deutschen voneinander trennen, so könnte sie zu einer Isoglosse werden. Ist es denkbar°, daß „Ostdeutsch" und „Westdeutsch" in ferner Zukunft gesonderte° Sprachen werden?

Bis jetzt sind die Verschiedenheiten zwischen der Sprache Ostdeutschlands und der Westdeutschlands minimal; sie betreffen° die Form und den Inhalt der Wörter. Es handelt° sich zum Beispiel darum°, ob man *stehn* oder *stehen, Altarsakrament* oder *Altarssakrament* schreiben soll; es handelt sich auch darum, was man unter *Volk, demokratisch* oder *Jugendfreund* (in der DDR ist ein Jugendfreund ein Mitglied der FDJ°) versteht. In Ostdeutschland ist der Inhalt gewöhnlich politisch gefärbt. Im Alltagsvokabular° merkt man es meist aber kaum. Sprachliche Veränderungen sind gewöhnlich die Folge° natürlicher linguistischer Entwicklung. Manche Veränderungen im Deutschen der DDR sind aber die Folge aktiver Einwirkung° von seiten° der Regierung.

Die Zahl der Lehnwörter im Deutschen der DDR ist gering. Selbst die Zahl der russischen Wörter ist klein. Einige der wenigen Beispiele sind: Kolchos(e)°, Kolchosbauer, Komsomol°, Sputnik, Kosmonaut. Die letzten zwei sind eigentlich Internationalismen. Kurz nach dem Zweiten Weltkrieg wurden Anglizismen° ausgemerzt°, aber jetzt kommen einige durch das Deutsch der Bundesrepublik wieder in die DDR. Dort hört man Radio aus dem Westen, und man stellt° westdeutsches Fernsehen an°. Je mehr Ostdeutschland mit Westdeutschland in Berührung kommt°, desto größer wird die Zahl der Lehnwörter° aus dem Englischen, das heißt eigentlich aus dem Amerikanischen.

DIE ZUKÜNFTIGE° ENTWICKLUNG DES DEUTSCHEN

Wie steht es mit der Zukunft der deutschen Sprache? Deutsch wird in Schulen und auf Universitäten auf der ganzen Welt gelehrt. Es wird nicht die Welt-Einheitssprache°, wie Englisch es ist — aber das kann auch keine andere Sprache werden. Als

---

östlich easterly

vorbei-führen to lead past
sich wenden to turn

überschreiten to cross

denkbar conceivable

gesondert distinct, separate

betreffen to affect
sich handeln um to be a question of

FDJ = Freie Deutsche Jugend Communist youth organization
Alltags- everyday

die Folge consequence

die Einwirkung influence
von seiten on the part (of)

Kolchos(e) collective
Komsomol Communist youth organization

der Anglizismus Anglicism
aus-merzen to eliminate

an-stellen to turn on
in Berührung kommen to come into contact
das Lehnwort loanword

zukünftig future

die Welt-Einheitssprache international language

Weltsprache spielt es aber mit Englisch und Französisch auf kulturellen und auf wissenschaftlichen Gebieten eine einzigartige Rolle. Als Sprache der Wissenschaft° ist Deutsch auf vielen Gebieten ein unentbehrliches° Hilfsmittel°.

Welche Entwicklungslinien der Sprache könnte man andeuten°? Zeigen sich Tendenzen? Ohne Zweifel° werden durch immer stärkeren Kontakt von Amerikanern und Deutschen weitere englische Wörter ins Deutsche aufgesogen° werden. Das Satellitenfernsehen wird den Prozeß beschleunigen°, solange Amerika die Führung bei Fernsehprogrammen hat.

Die Zahl der Zusammensetzungen° hat während des zwanzigsten Jahrhunderts zugenommen°. Die Tendenz wird sich wahrscheinlich weiter zeigen.

Man wird immer mehr Kurzwörter aus den Anfangsbuchstaben° oder -silben längerer Zusammensetzungen prägen°, wie zum Beispiel AStA, Allgemeiner Studenten-Ausschuß°, Hageda, Handelsgesellschaft° deutscher Apotheker und Mahag, Münchner° Automobilhandelsgesellschaft. Die politischen Parteien nennt man meist CDU, Christlich-Demokratische Union, und SPD, Sozialdemokratische Partei Deutschlands. (Vgl.° englisch UNESCO, United Nations Educational, Scientific, and Cultural Organization und auch radar, radio detecting and ranging.) Die allgemeine Beliebtheit° des Kurzwortes und das Streben° nach sprachlicher Kürze ist in der immer komplizierteren Welt von heute leicht zu verstehen.

Rundfunk, Fernsehen und Presse beschleunigen die Standardisierung der Aussprache; regionale Besonderheiten° werden immer mehr verschwinden°, obwohl die Umgangssprache weiter dialektische Wörter aufnehmen° wird.

Es ist schwer, wenn nicht unmöglich, vorauszusagen°, welche strukturellen Veränderungen in der Sprache zu erwarten° sind. Wir sehen aber schon einige Tendenzen: eine allgemeine Auflockerung° in der Wortstellung, besonders in der Stellung des Partizip Perfekts°, ein Zunehmen im Gebrauch der Präposition „von" statt des Genitivs und ein Zunehmen der „s"-Plurale. Aber es ist unsicher, bis zu welchem Grad diese Tendenzen eine dauernde Einwirkung auf die deutsche Sprache haben werden. Leichter vorauszusagen sind die fortwährenden° Leistungen deutschsprechender Menschen auf vielen Gebieten menschlichen Strebens.

die **Wissenschaft** scholarship, learning
unentbehrlich indispensable
das **Hilfsmittel** tool
an-deuten to point out, hint at
der **Zweifel** doubt
auf-saugen to absorb
beschleunigen to accelerate

die **Zusammensetzung** (word) compound
zu-nehmen to increase

der **Anfangsbuchstabe** initial
prägen to coin
der **Ausschuß** committee
Münchner (adj.) Munich
die **Handelsgesellschaft** trade association
vgl. (**vergleiche**) compare

die **Beliebtheit** popularity
das **Streben** striving

die **Besonderheit** peculiarity
verschwinden to disappear
auf-nehmen to absorb
voraus-sagen to predict
erwarten to expect

die **Auflockerung** loosening, relaxation
das **Partizip Perfekt** past participle

fortwährend continuous

DIKTAT

Die deutsche Sprache ist, unter den jetzigen europäischen, die einzige, welche durch den künstlerischen und organischen Bau ihres grammatischen Teils und die daran hängende Möglichkeit einer freieren Konstruktion der Perioden den beiden antiken klassischen Sprachen beinahe gleichsteht.

— SCHOPENHAUER

Die deutsche Sprache ist die allervollkommenste, hat viel Gemeinschaft mit der griechischen Sprache.

— LUTHER

FRAGEN

Die Vorgeschichte des Deutschen

1. Was wird klar, wenn man das Wort für „drei" in mehreren Sprachen vergleicht? 2. Wie heißt die wichtigste Sprachfamilie? 3. Welche europäischen Sprachen gehören nicht zu dieser Familie? 4. Nennen Sie einige germanische Sprachen Europas! 5. Was sind die drei Entwicklungsstufen der deutschen Sprache?

Althochdeutsch

1. In welcher Sprache schrieb man offizielle Dokumente damals? 2. Wie heißt das bedeutendste Werk althochdeutscher Zeit? 3. Wer sind die zwei Hauptcharaktere?

Mittelhochdeutsch

1. In welcher literarischen Form gab es damals eine reiche Literatur? 2. Wann war die Zeit der höfisch-ritterlichen Dichtung? 3. Wie heißen die Hauptcharaktere im *Nibelungenlied*?

Die Lautentwicklung

1. Geben Sie zwei Beispiele für die Erste Lautverschiebung! 2. Geben Sie einige Beispiele für die Hochdeutsche Lautverschiebung.

Das Indoeuropäische

1. Wie viele Menschen sprechen indoeuropäische Sprachen?

Die Schriftsprache

1. An wen denkt man, wenn man von Schriftdeutsch spricht? 2. Was für eine Mischung war Luthers Übersetzung der Bibel? 3. Auf welche Quellen ging Luther zurück?

Die Umgangssprache

1. Was ist das Vorbild für die Aussprache des Deutschen? 2. Ist das heutige Deutsch das Produkt eines Gebietes des deutschen Sprachraums? Erklären Sie!

Das Erlernen einer Fremdsprache

1. Geben Sie einige praktische Gründe für das Erlernen einer Fremdsprache an! 2. Was ist wohl der bedeutendste Grund?

Warum gerade Deutsch lernen?

1. Ungefähr wie viele Menschen sprechen Deutsch als Muttersprache? 2. In welchen Ländern und Gebieten der Welt wird Deutsch gesprochen? 3. Woher weiß man, daß Englisch und Deutsch verwandte Sprachen sind? 4. Was haben Reportage und Zeitungsartikel im allgemeinen mit Kulturgeschichte zu tun?

Die deutsche Sprache von heute

1. Könnte man sagen, daß Deutsch grammatisch komplizierter ist als Englisch? Erklären Sie!

Entlehnungen

1. Wie könnte man den Einfluß des Englischen auf das Deutsche erklären? 2. Geben Sie zehn Beispiele für deutsche Entlehnungen aus dem Englischen! 3. Geben Sie zehn Beispiele für englische Entlehnungen aus dem Deutschen!

Entsprechungen

1. Erklären Sie kurz die Wörter für „you" im Deutschen? 2. Was ist der Unterschied zwischen „Frühstück" und „breakfast"? 3. Weshalb ist das Studium der Sprache „die ideale Grundlage des Studiums einer Kultur"? Was meinen Sie? 4. Was ist der Unterschied — in den Sitten der Völker — zwischen „Wie geht es Ihnen" und „How are you"? 5. Wie unterscheidet sich das Schütteln der Hände in Amerika und in Deutschland? 6. Weshalb ist die Phonologie beim Erlernen einer Fremdsprache wichtig?

Das Deutsch in der DDR

1. Wie groß sind heute die Unterschiede zwischen „Westdeutsch" und „Ostdeutsch"? 2. Was ist zum Beispiel ein Jugendfreund in der DDR? 3. Gibt es viele Lehnwörter im Deutschen der DDR? Geben Sie einige Beispiele!

Die zukünftige Entwicklung des Deutschen

1. Was ist eine Zusammensetzung? Geben Sie einige Beispiele! 2. Welche Veränderungen könnten stattfinden?

KAPITEL 7

ERZIEHUNG IM HEUTIGEN DEUTSCHLAND
Gerhard F. Strasser

VON BOSTON NACH MÜNCHEN

Amerikaner sind an eine große Unabhängigkeit° ihrer verschiedenen Erziehungssysteme von jeder staatlichen° Aufsicht° gewöhnt. Dies ist besonders bei ihren Volksschulen° und „High Schools" der Fall. In Deutschland ist es anders.

In der Bundesrepublik bietet sich nämlich das Gegenbeispiel°: Jedes der elf deutschen Bundesländer vereinigt die Verwaltung der verschiedenen Schularten und sogar der Universitäten in einer zentralen Stelle. Diese trägt oft den Namen „Unterrichtsministerium°".

Walter Stuart, einem Studenten der Erziehungswissenschaften an einer Bostoner Universität, war dieser Unterschied zum ersten Mal aufgefallen, als er am College Deutsch studierte. In Kursen und Seminaren hatte er sich dann auf der Universität weiter damit beschäftigt. Es war ihm schließlich gelungen, seine Professoren für dieses Thema zu gewinnen°. Sie hatten seinen Vorschlag° angenommen, seine Magisterarbeit° über die „Unterschiede in den Erziehungssystemen des Staa-

die **Unabhängigkeit** independence
staatlich state
die **Aufsicht** supervision
die **Volksschule** elementary school

Gegen- opposite

der **Unterricht** education
das **Ministerium** ministry

gewinnen to win (over)
einen Vorschlag annehmen to accept a proposal
die **Magisterarbeit** master's thesis

127

tes Massachusetts und der beiden Teile Deutschlands" zu schreiben. So entschloß sich° Walter, im Sommer eine Reise nach München zu machen, um dort für seine Arbeit Material zu sammeln. Er hatte diese Stadt wegen ihrer bekannten Professoren gewählt. Auch war sein älterer Bruder Bill dort als Arzt in der amerikanischen Armee stationiert.

Ende August kam Walter mit dem Flugzeug in München-Riem an. Bill holte° ihn natürlich ab°; er freute sich, ihn nach mehr als einem Jahr wiederzusehen. Er brachte ihn in ein Studentenheim° der Universität, wo Walter während seines Aufenthalts° in München wohnen konnte. Obwohl viele deutsche Studenten auch während der langen Semesterferien an den Universitäten und Technischen Hochschulen° arbeiten, kann man doch in dieser Zeit in den Heimen ein Zimmer finden.

Nachdem sich Walter von der Reise ausgeruht° hatte, ging er an einem der nächsten Tage zum „Bayerischen Staatsministerium für Unterricht und Kultus°". Dr. Meiden, Walters Professor in Boston, hatte ihm einen Empfehlungsbrief° an seinen Freund Dr. Zimmerer gegeben, der die Schulabteilung im Ministerium leitete°. Dr. Meiden bat ihn, seinem Studenten die Möglichkeit zu geben, die wichtigsten Schularten besuchen zu dürfen. Dr. Zimmerer konnte ihm diesen Wunsch erfüllen und telefonierte kurz mit den Direktoren einiger Schulen. „Wenn Sie den Aufbau° dieser Schulen gut studiert haben", sagte Dr. Zimmerer zu Walter, „dann haben Sie die wichtigsten Schularten kennengelernt, an denen unsere Kinder ihre Ausbildung bekommen — wenn wir vom Kindergarten absehen° wollen", fügte er hinzu°.

sich entschließen to decide

ab-holen to meet

das **Studentenheim** students' residence, dorm
der **Aufenthalt** stay

die **Hochschule** university, institute

sich aus-ruhen to rest

der **Kultus** culture
die **Empfehlung** recommendation

leiten to be in charge of

der **Aufbau** structure

ab-sehen to disregard
hinzu-fügen to add

DIE VOLKSSCHULE

Am folgenden Morgen schon stellte er sich beim Direktor der Volksschule an der Müllerstraße vor. Herr Seiber zeigte Walter zuerst das große Schulgebäude, das noch aus der Zeit vor dem Ersten Weltkrieg stammte°, aber in bestem Zustand war. Besonders froh war er über die neue Turnhalle°, in der eine Klasse gerade fleißig Sport trieb. „Mädchen haben wir keine an dieser Schule", sagte Herr Seiber, als er mit Walter in sein Büro zurückgekommen war. „In den Städten gibt es diese Trennung° in Knaben- und Mädchenvolksschulen ziemlich oft; auf dem Land kann man das natürlich nicht ganz durchführen°. Viel wichtiger ist, daß man auch in Bayern das neunte Schuljahr eingeführt° hat." Er erklärte Walter, daß die alte Volksschule seit einiger Zeit geteilt° ist. In den ersten vier

stammen to date from
die **Turnhalle** gymnasium

die **Trennung** separation
durch-führen to carry out
ein-führen to introduce
teilen to divide

Jahren, das heißt in der neuen „Grundschule°", lernen die Schüler das Lesen, Schreiben und Rechnen°. In dieser Zeit bereitet der Lehrer die Kinder auch auf den Übertritt° zum Gymnasium° vor. Er versucht, in ihnen die Fähigkeit° zu abstraktem Denken zu entwickeln°, das die Grundlage° des Unterrichts an den Gymnasien bildet.

„Natürlich gehen nicht alle Schüler nach der vierten, fünften oder spätestens sechsten Klasse der Volksschule aufs Gymnasium, wie Sie sich vorstellen können", sagte Herr Seiber zu Walter. „Nur ein Teil wechselt° die Schule, während der größere weiter die Volksschule besucht, die nach der vierten Klasse ‚Hauptschule°‘ heißt."

„Aber warum sehen Sie sich nicht eine siebte oder achte Klasse an?" meinte° der Direktor. Er führte Walter zur 7a am Ende eines langen Gangs°. Auf dem Weg hörten sie Musik aus einem der Schulzimmer der dritten Klasse. Walter blieb° einen Augenblick stehen°. „Ach, die lernen gerade die Musikinstrumente durch das Orffsche Schulwerk° kennen", lachte der freundliche Herr. „Aber das kennen Sie sicher auch in den USA", fügte er hinzu.

In der Klasse 7a stellte Herr Seiber Walter zuerst dem Lehrer vor, der ein einfaches physikalisches Experiment vorbereitete. Walter setzte sich in die letzte Bank. Es fiel ihm auf, wie geschickt° Herr Baumann das Experiment durchführte und daraus eine Reihe von Schlüssen zog°. In der folgenden Mathematikstunde wertete° er es dann weiter aus°.

„Wir versuchen, den Schülern, die nicht aufs Gymnasium gehen können, fundamentale naturwissenschaftliche° Kenntnisse° zu geben", erklärte Herr Baumann Walter in der Pause. „Daneben lernen immer mehr Hauptschüler eine Fremdsprache, meistens Englisch." Walter war erstaunt°. „Können alle Ihre Lehrer so viele verschiedene Fächer unterrichten°?" fragte er etwas skeptisch°. „Ja, das ist eine gute Frage", meinte Herr Baumann. „Gerade die älteren Kollegen haben hier gewisse Schwierigkeiten. Oft müssen dann wir jungen Lehrer einzelne Fächer für sie geben. Es wird aber nicht mehr lange dauern, bis auch auf der Hauptschule Fachlehrer° Sprachen, naturwissenschaftliche Fächer oder auch Sport unterrichten werden. Der ‚Allround-Lehrer‘ wird dann nur mehr° auf der Grundschule zu finden sein."

Walter dankte Herrn Baumann für dessen interessante Erklärungen°; er fand, daß er am ersten Tag eine Menge° gelernt hatte. Einige klare Unterschiede zwischen amerikanischen und deutschen Volksschulen hatte er schon sehen können: In Westdeutschland gibt es noch kaum Tagesschulen°. Das heißt, daß die Kinder schon gegen acht Uhr morgens in

---

die **Grundschule** first four years of elementary school
das **Rechnen** arithmetic
der **Übertritt** change, entry (to)
das **Gymnasium** nine-year secondary school
die **Fähigkeit** capability
entwickeln to develop
die **Grundlage** basis

wechseln to change

die **Hauptschule** advanced elementary school
meinen to say

der **Gang** corridor

stehen-bleiben to stop, stand still
das **Orffsche Schulwerk** Orff's musical instruction for children (Carl Orff, contemporary German composer)

geschickt skillful

einen Schluß ziehen to draw a conclusion
etwas aus-werten to make full use of a thing
naturwissenschaftlich scientific
die **Kenntnisse** (pl.) knowledge
erstaunt astonished

unterrichten to teach

skeptisch sceptical

der **Fachlehrer** teacher specialized in certain subjects
nur mehr only

die **Erklärung** explanation
eine Menge a great deal

die **Tagesschule** school that lasts all day

Die Volksschule

Nachdem man schon seit Jahren Tonbandgeräte und Projektoren in vielen modernen Schulen in Ost und West verwendet, scheint nun der Tag der Lernmaschinen und Computer in der Schule nicht mehr fern zu sein. Obwohl noch kein Gymnasium einen Computer bekommen hat, können sich zum Beispiel Schüler an vielen bayerischen Schulen schon darauf vorbereiten: Sie können das neue Fach „Informatik" im Rahmen des Mathematik-Unterrichts wählen und lernen die Grundbegriffe der Kybernetik sowie die mathematisch-physikalischen Grundbegriffe der Computerwissenschaften. Vielleicht ist dies ein erster Schritt zur friedlichen Koexistenz von Lehrer und Computer im Klassenzimmer . . .

die Schule kommen und fast nie länger als bis ein Uhr mittags Unterricht haben. Da sie am Nachmittag frei haben°, können sie nach Schulschluß° sofort nach Hause gehen und dort zu Mittag essen.

Als er sich im Studentenheim einige Notizen machte°, fragte er sich° plötzlich, wie die Volksschulen außerhalb der großen Städte, vor allem auf dem Land, aussehen würden. Er entschloß sich, am nächsten Tag Direktor Seiber diese Frage zu stellen.

Dieser schien darauf gewartet zu haben. „Natürlich können Sie sich vorstellen, daß die Verhältnisse auf dem Land nicht so ideal sind wie bei uns hier in der Stadt", sagte Herr Seiber zu Walter, als sie im Büro des Direktors saßen. „Lange Zeit hieß

frei haben to be off

der Schulschluß end of school

sich Notizen machen to take notes
sich fragen to wonder

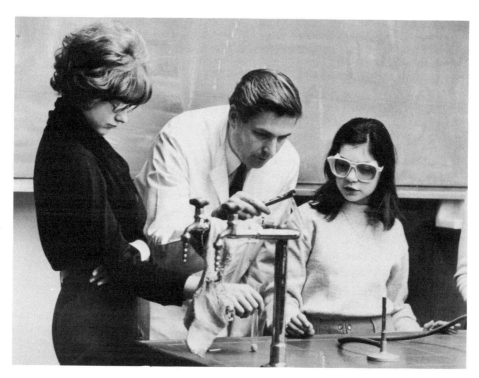

Chemieunterricht in der 7. Klasse einer Gesamtschule in Berlin-Neukölln Während die meisten Bundesländer noch an der Teilung von Grund- und Hauptschule, Realschule und Gymnasium festhalten, haben Hessen und Berlin die Gesamtschule eingeführt. An diesem Schultyp erhalten alle Schüler von Klasse 1 bis 13 Unterricht. Nur in den Kernfächern bekommen die Schüler eines Jahrgangs denselben Unterricht, in den „Leistungskursen" (Fächern wie Deutsch, Englisch, Mathematik, Physik, Chemie) gibt es differenzierte Gruppen. Das heißt, daß ein Schüler in diesen Fächern nach seinen Fähigkeiten Unterricht erhält; ist das Ziel eines Leistungskurses zu hoch für ihn, kann er in einen niedrigeren gehen. Ganz allgemein will die Gesamtschule gleiche Chancen für alle Schüler und eine größere soziale Integration erreichen.

es: ‚Jedem Dorf seine eigene Schule'. Es geschah nicht selten, daß ein Lehrer die zwanzig oder dreißig Kinder des Orts in einem Raum unterrichten mußte. Vor etwa zehn Jahren hat man sich dann im Ministerium für die Zentralschule entschieden. Allmählich° gleicht° sich° die Volksschulerziehung auf dem Land der in den Städten an°. Dank° modern eingerichteter Schulen, zu denen die Kinder von mehreren° Orten in Schulbussen kommen, ist der Bildungsunterschied schon viel kleiner geworden."

allmählich gradually
sich an-gleichen to adapt to
dank thanks to
mehrere several

Im Laufe seines Gesprächs° mit Direktor Seiber und besonders in weiteren Klassenbesuchen lernte Walter noch eine Menge wichtiger Einzelheiten° über die Hauptschule kennen. Sie wird immer mehr eine Verbindung zwischen Schule und

das **Gespräch** conversation

die **Einzelheit** detail

Die Volksschule   **131**

Arbeitswelt. Die meisten Schüler werden nach der Hauptschule Lehrlinge in einem Betrieb. Ihre Lehrzeit° dauert fast immer drei Jahre. Während dieser Zeit müssen die Lehrlinge an einem Tag der Woche die Berufsschule besuchen, in der sie eine besondere Ausbildung in ihrer Berufsrichtung bekommen.

die **Lehrzeit** apprenticeship

DAS GYMNASIUM

Nach einem herrlichen° Wochenende mit seinem Bruder in den bayerischen Alpen entschloß sich Walter, das Goethe-Gymnasium zu besuchen. Mit einem Omnibus fuhr er also an einem sonnigen Septembermorgen zu dieser fast neuen Schule. Ihre weitläufigen° Gebäude, die gut zu° der modernen Architektur dieses neuen Stadtteils paßten°, fielen Walter auf. Ein Schüler führte ihn zum Büro des Direktors.

herrlich splendid

weitläufig spacious
passen zu to harmonize with

„Guten Tag, Herr Stuart", sagte dieser und bat ihn, sich zu setzen. Direktor Bauer, ein gut aussehender älterer Herr, hatte vor ein paar Tagen einen Anruf° von Dr. Zimmerer bekommen. Er hatte schon auf Walters Besuch gewartet. „Fangen wir mit ein wenig Theorie an", meinte er und bot Walter eine Zigarette an. „Wie Sie wissen, hat das Gymnasium in der Bundesrepublik meist neun Klassen. Ein Lehrer an einer solchen Schule muß daher Kinder im Alter von zehn oder elf Jahren genauso unterrichten können wie zwanzigjährige° junge Damen und Herren. Das Gymnasium umfaßt also in neun Jahren den letzten Teil Ihrer amerikanischen Volksschule, die ganze ‚High School' und noch die beiden ersten Jahre des College. Zu diesem Zeitpunkt etwa verläßt° dann der Schüler das Gymnasium nach der Abschlußprüfung°, dem ‚Abitur'."

der **Anruf** (phone) call

-jährig -year-old

verlassen to leave
der **Abschluß** final

In diesem Augenblick klopfte es an der Tür, und ein ziemlich junger Lehrer trat herein. Der Direktor wechselte ein paar Worte mit ihm, stellte dann Walter dem Lehrer vor und sagte: „Vielleicht sollten Sie gleich mit Herrn Maier in seine Englisch-Anfängerklasse gehen. An unserer Schule beginnen wir mit Englisch als erster Fremdsprache", fügte er hinzu.

So ging Walter in die 5c, eine große Klasse mit über vierzig Schülern, Jungen und Mädchen. „Sie sind alle zwischen zehn und zwölf Jahre alt. Meist sind die Kinder aus Münchner Volksschulen gekommen", hatte ihm Herr Maier noch kurz gesagt. Im Unterricht erklärte der Lehrer, von den Schülern wie immer in Bayern ‚Herr Professor' genannt, die Pluralbildung englischer Substantive. In den folgenden Übungen° konnte man recht deutliche° Unterschiede zwischen den Schülern bemerken.

die **Übung** exercise
deutlich clear

„Am Gymnasium versuchen wir, in den ersten drei Monaten in einer Probezeit° festzustellen, wie sich die Kinder an diese neue Schulart anpassen° können. Dadurch gewinnen° wir immer mehr Schüler, da die Angst vor dem Übertritt von der Volksschule nicht mehr so groß ist. Nach dieser Probezeit können wir uns dann ein viel besseres Bild machen als früher, als es nur eine eintägige Aufnahmeprüfung° gab."

„Ist dieser Schultyp nicht immer noch eine Art Ausleseschule°?" fragte Walter Herrn Maier. „Nein, das kann man nicht mehr sagen. Immerhin° erreichen heute schon fast fünfzehn Prozent von Schülern, deren Väter Arbeiter sind und nur Volksschulbildung haben, das Abitur. Einige Bundesländer geben diesen Eltern sogar finanzielle Hilfe, damit sie ihre Kinder auf Gymnasien schicken können. Und alle Schulbücher bekommen die Kinder sowieso kostenlos", erklärte Herr Maier.

„Der Staat baut ständig° neue Gymnasien, um so viele Kinder wie möglich an diesen Schulen unterrichten zu können", fuhr° er nach einer kurzen Pause fort°. „Daneben gibt es viele städtische° und auf dem Land auch einige private Gymnasien. Nur an diesen privaten Schulen müssen die Eltern manchmal Schulgeld° bezahlen."

An diesem Tag erfuhr° Walter, daß es innerhalb des Gymnasiums drei Grundtypen° gibt: An einem pflegt man besonders alte Sprachen, also Latein und Griechisch, am zweiten moderne Fremdsprachen, am dritten Mathematik und Naturwissenschaften. Sollte ein Schüler nach einiger Zeit eine starke Begabung° für Fächer zeigen, die man an einem anderen Typ besonders betont°, so kann er meistens überwechseln°. Oft sind nämlich zwei oder sogar alle drei Schultypen in einem Gebäude. An allen Gymnasien spielen natürlich Fächer wie Deutsch, Geschichte, Geographie, Biologie, aber auch Sport, Kunsterziehung, Musik oder Religion eine große Rolle.

Als Walter von Religion als Schulfach hörte, erinnerte er sich wieder, daß es in der Bundesrepublik keine Trennung von Staat und Kirche gibt. Wenn Kinder daher staatliche Schulen besuchen, bekommen sie von evangelischen° oder katholischen Geistlichen° ein- oder zweimal in der Woche Religionsunterricht. „Natürlich nur, wenn die Eltern es wünschen", hatte ein anderer Lehrer bei einem Gespräch im Lehrerzimmer hinzugefügt.

Am Nachmittag versuchte Walter, alle diese Eindrücke° zu verarbeiten°. Dabei war er vor allem von der Menge der Fächer überrascht°, die die Schüler zwischen acht und ein Uhr morgens lernen müssen. Und wie würde dann das Abitur aussehen?

Herr Maier und ein paar seiner Kollegen erklärten ihm am

---

die **Probezeit** trial period
sich an-passen an to adapt to
gewinnen = bekommen

die **Aufnahmeprüfung** entrance examination

die **Ausleseschule** select school
immerhin after all

ständig constantly

fort-fahren to continue
städtisch municipal

das **Schulgeld** tuition

erfahren to learn, find out
der **Grundtyp** basic type

die **Begabung** aptitude

betonen to emphasize
über-wechseln to change to

evangelisch Lutheran, Protestant
der **Geistliche** clergyman

der **Eindruck** impression
verarbeiten to digest
überrascht surprised

Das Gymnasium

nächsten Tag einige dieser Punkte. „Obwohl wir an drei Samstagen des Monats noch Unterricht haben, ist die Stoffmenge tatsächlich° eines der Hauptprobleme des Gymnasiums", sagte Herr Maier. „Man kann in der heutigen Zeit einfach nicht mehr alles wissen. So hat man in den höheren Klassen schon den Stoff und die Zahl der Fächer beschränkt°. Da die meisten Abiturienten° eine Hochschule besuchen wollen, regen° wir sie gegen Ende der Schulzeit immer mehr zu selbständiger° Arbeit an°, wie sie auf der Universität nötig ist. Aus diesem Grund laufen zur Zeit° an mehreren Gymnasien Versuche° mit der ‚Kolleg-Stufe°', oder ‚Studien-Stufe', die das Ministerium bald allgemein einführen will. Diese Kolleg-Stufe würde in den beiden letzten Klassen den Unterricht ganz dem der Universität angleichen. Die Schüler könnten dann ihren eigenen Stundenplan° aufstellen, könnten verschiedene Fächer und manchmal sogar verschiedene Lehrer wählen, würden lernen, größere Themen° unabhängig vom Unterricht in ‚Semesterarbeiten' zu bearbeiten° — wie sie es eben dann auf der Universität tun müssen."

„Gibt es am Gymnasium wie bei uns an den ‚High Schools' allgemein die Möglichkeit, Fächer zu wählen?" wollte Walter wissen. „Soweit° ich über die amerikanischen Verhältnisse informiert bin", meinte einer der Lehrer, „ist man in dieser Beziehung° in den USA viel freier. Unsere Schüler müssen bis zu den höheren Klassen die Fächer studieren, die das Ministerium vorgeschrieben hat. Erst in den beiden letzten Jahren können sie sich schon jetzt etwas spezialisieren. Deutsch müssen sie bis zum Ende nehmen; es ist an allen Gymnasien Teil des Abiturs."

tatsächlich   in fact

beschränken   to limit
der Abiturient   graduate of a "Gymnasium"
an-regen   to inspire, motivate
selbständig   independent
zur Zeit   at present, for the time being
der Versuch   test, trial
die Kolleg-Stufe   college-level instruction

der Stundenplan   timetable

(Thema) bearbeiten   to deal with (a subject)

soweit   as far as

die Beziehung   respect

DAS ABITUR

Das brachte Walter auf seine Frage nach der Abschlußprüfung°. „Auch im Abitur hat man die Zahl der Fächer beschränkt", erklärte Herr Maier. „Neben Deutsch und Mathematik sind die Sprachen ein Hauptteil der schriftlichen Prüfung. Vielleicht interessieren Sie einige der Deutschthemen dieses Jahres?" meinte er und suchte einen Augenblick in seiner Mappe. „In fünf Stunden mußten die Abiturienten einen Aufsatz° schreiben zu Themen wie: ‚Erläutern° Sie anhand° eines Beispieles aus der Literatur das Phänomen des Tragischen°.' ‚Zeigen Sie, zu° welch verschiedenen Ergebnissen zwei Dichter gelangen° können, wenn sie den gleichen Stoff verwenden°.' ‚Die Demonstration ist zu einer anerkannten° Form politischer Meinungsäußerung° geworden. Wie stehen°

die Abschlußprüfung   school certificate examination

der Aufsatz   composition
erläutern   to illustrate
anhand   by means of
tragisch   tragic
gelangen zu   to reach
verwenden   to use
anerkannt   accepted
die Äußerung   expression
zu etwas stehen   to have an opinion of a thing

Reifeprüfung
an den Gymnasien

17. Mai 1971

Deutscher Aufsatz
(5 Stunden Arbeitszeit)

Gruppe A

(Aus den folgenden 9 Themen sind vom Prüfungsausschuß 3 auszuwählen, von denen der Prüfling nach seiner Wahl eines bearbeitet. Es wird größter Wert darauf gelegt, daß unter den 3 ausgewählten Themen eines mit literarischem Inhalt ist.)

1. Analysieren Sie Inhalt und Form einer Novelle der deutschsprachigen Literatur nach freier Wahl, zeigen Sie dabei typische Gattungsmerkmale auf!

2. Kennzeichnen Sie Tendenz und Stilmittel der Gesellschaftskritik in einer erzählenden oder dramatischen Dichtung des 20. Jahrhunderts!

3. Die Spannung zwischen den Generationen ist ein überzeitliches Thema der Dichtung.

   Zeigen Sie am Beispiel von zwei literarischen Werken verschiedener Epochen, wie die Gegensätzlichkeit der Lebensanschauungen und Lebensabsichten zum Vater-Sohn-Konflikt führt!

4. Zwei Grundzüge des modernen Theaters sind aktenmäßige Dokumentation und politisches Engagement.

   Erläutern Sie diese Grundzüge an einem oder mehreren Ihnen bekannten Schauspielen!

5. Die Aufgabe der Kunst ist weitaus größer, als nur der Annehmlichkeit und Verschönerung des Lebens zu dienen.

6. Schlagwörter können eine Verführung durch die Sprache darstellen. Belegen Sie diesen Tatbestand aus dem Wortschatz von Demagogen und aus dem Sprachgebrauch werbepsychologischer Massenbeeinflussung!

7. Die Emanzipation der Frau kann nur auf der Grundlage echter Partnerschaft zwischen Mann und Frau Wirklichkeit werden.

8. Der Umweltschutz gehört heute zu den wichtigsten Aufgaben der Gesellschaft. Geben Sie die Gründe dafür an, und setzen Sie sich mit den Möglichkeiten eines wirkungsvollen Schutzes auseinander!

9. Der Drogenmißbrauch nimmt besonders unter den Jugendlichen beunruhigende Ausmaße an.

   Welche Umstände sind Ihrer Meinung nach daran schuld, und welche Maßnahmen soll man dagegen treffen?

Eine gute Reifeprüfung, mit ihrem lateinischen Namen auch das Abitur, in Österreich die Matura genannt, gibt den Schülern der Gymnasien sowie den Studenten des Zweiten Bildungswegs die Möglichkeit, an einer Universität zu studieren. Die große Mobilität der Universitätsstudenten von heute im ganzen europäischen Raum hat das Problem der internationalen Anerkennung dieser Prüfung mit sich gebracht. Seit Jahren arbeitet der Europarat in Straßburg an einer Angleichung des Lehrstoffes der Gymnasien der verschiedenen Länder, um eine Art „europäische Reifeprüfung" zu erreichen. Doch auch heute schon können deutsche Abiturienten in Frankreich, Österreich, der Schweiz und einer Reihe anderer Länder ohne Schwierigkeiten studieren.

Das Abitur

Sie als junger Mensch dazu°?' ‚Engagement und Toleranz sind die tragenden Pfeiler° jeder Demokratie.' Alle Themen sind vom Ministerium gewählt. Die Abiturienten müssen sie zur gleichen Stunde an allen Gymnasien Bayerns bearbeiten", fügte er hinzu.

Walter war von ihrer Schwierigkeit überrascht. „Ja, das Abitur ist immer noch eine schwierige Prüfung", meinte einer der älteren Lehrer. „Wegen des großen Allgemeinwissens°, das ein Schüler nach dem Besuch des Gymnasiums hat, kann er sich daher sofort auf der Universität spezialisieren. Er studiert dort nur mehr zwei Fächer, die meist eng miteinander verwandt° sind — so etwa Mathematik und Physik, Theologie und Philosophie oder moderne Sprachen."

„Sicher haben Sie schon vom Abschreiben° gehört, das bei den deutschen Schülern leider eine Art Sport ist", fuhr Herr Maier fort. „Und nicht nur die schlechten Schüler versuchen es immer wieder. Was ich dabei schon alles gesehen habe — zwanzig oder dreißig schwierige Wörter mit Bleistift auf die Fingernägel° geschrieben, doppelte° Löschblätter°, in denen ein Stück Papier mit chemischen Formeln ist . . .!" „Es ist eine alte Geschichte, daß Mädchen gerade beim Abitur ganz kleine Wörterbücher° in ihrem BH° verstecken° und dann unbekannte Wörter in ihnen suchen, wenn sie auf die Toilette gehen", sagte ein anderer Lehrer und lachte. „So muß beim Abitur — und auch bei anderen Prüfungen — immer eine Lehrerin im Vorraum° der Toilette sein; bei den Herren ist das nicht anders!" Das Thema Abschreiben gefiel den Lehrern. „Wollen Sie wissen, was vor ein paar Jahren hier in Bayern passiert ist?" fragte ein Mathematikprofessor Walter. „Ein Abiturient kam mit dem linken Arm im Gipsverband° zur Prüfung. Unter dem Gips hatte er ein kleines Funkgerät° versteckt, über das er die Aufgaben an einen Freund sendete°, der in einem Wagen vor der Schule wartete. Der löste° sie schnell — er war Mathematikstudent — und sendete die Lösungen zurück. Natürlich hat man es doch bald gemerkt", meinte der Lehrer. „Nachdem in allen Zeitungen Artikel darüber erschienen waren, hat ein großes elektrotechnisches Werk sofort dem Abiturienten eine gute Stelle angeboten — aber nur mit bestandenem° Abitur", fügte er lachend hinzu.

„Nicht alle Schüler, die das Abitur erreicht haben, gehen auf eine Universität oder Hochschule", meinte Walter schließlich. „Das ist richtig", erklärte Herr Maier. „Zwischen zehn und zwanzig Prozent ergreifen° einen Beruf. Die meisten Jungen werden Beamte oder Kaufleute, während die Mädchen gern den Beruf der Dolmetscherin°, Korrespondentin oder tech-

---

der **tragende Pfeiler** supporting pillar

das **Wissen** knowledge

verwandt related

das **Abschreiben** copying

der **Fingernagel** fingernail
doppelt double
das **Löschblatt** blotting paper
das **Wörterbuch** dictionary
der **BH** (= **Büstenhalter**) bra(ssiere)
verstecken to hide

der **Vorraum** hall (way)

der **Gips(verband)** plaster cast
das **Funkgerät** wireless set, transmitter
senden to transmit, broadcast
lösen to solve

bestanden successfully passed

ergreifen to take up

die **Dolmetscherin** (female) interpreter

nischen Assistentin wählen." „Oft müssen die jungen Herren
aber erst zum Militär", sagte ein Kollege und lachte.

DER ZWEITE BILDUNGSWEG°

der **Bildungsweg** "way to education"

Am Nachmittag, auf der langen Busfahrt zurück zum Studentenheim, ließ Walter sich alles noch einmal durch den Kopf
gehen°. Es wurde ihm klar, wie wichtig für die Eltern die Ent-
scheidung° ist, ob sie ihr Kind auf ein Gymnasium schicken
oder in der Volksschule lassen sollen.

sich etwas durch den Kopf gehen lassen to think something over
die **Entscheidung** decision

Über diese Frage unterhielt er sich ein paar Tage später mit
einem anderen Lehrer des Goethe-Gymnasiums. „Sie haben
recht", meinte dieser. „Lange Zeit war das eines der größten
Probleme unserer Schulausbildung. Es hat zwar auch früher
schon Real°- oder Mittelschulen° gegeben, in die Hauptschüler
nach der sechsten oder siebten Klasse überwechseln konnten.
In vier Jahren kann dort der Schüler eine Ausbildung bekommen, die zwischen der der Hauptschule und der des Gymnasiums liegt. In Norddeutschland ist das ein wenig anders: Dort
gehen die Volksschüler schon nach der vierten Klasse in die
Realschule, die dann sechs Jahre dauert. In der Realschule gibt
es zum Beispiel meist nur eine Fremdsprache. Neben den all-
gemeinbildenden° Fächern unterrichtet man Stoffe und Fächer,
die eine direkte Beziehung zum Berufsleben haben. Die meisten Schüler ergreifen nämlich am Ende der Realschule, also
im Alter von sechzehn bis siebzehn Jahren, einen Beruf."

die **Real-, Mittelschule** (**Mittel-** middle) four-year secondary school

allgemeinbildend providing general education

„Ich habe jetzt leider eine Stunde", sagte Herr Lauffer in
diesem Augenblick und sah auf die Uhr. „Wenn Sie wollen,
können wir uns danach gern weiter über dieses Thema unterhalten", meinte er.

So setzten° sie das Gespräch beim Mittagessen in einem
kleinen Restaurant fort°. „Nach dem Krieg hat man angefangen, die Zahl der Realschulen stark zu vergrößern°. Daneben
gab das Ministerium den Schülern die Möglichkeit, nach einer
guten Abschlußprüfung ohne Schwierigkeiten auf das Gymnasium überzuwechseln. Damit kann ein Schüler, der erst mit
dreizehn oder vierzehn Jahren seine Begabung zeigt, über die
Realschule das Abitur erreichen."

fort-setzen to continue

vergrößern to increase

Walter hörte gut zu. „Seit einiger Zeit gibt es für junge
Leute, die eine Berufsausbildung haben und sich noch weiter-
bilden° wollen, die verschiedenen Möglichkeiten des ‚Zweiten
Bildungswegs'." Davon hatte Walter noch nichts gehört. „Können Sie mir das genauer erklären?" bat er Herrn Lauffer, der
sich gerade ein zweites Bier bestellte°.

sich weiter-bilden to further one's education

bestellen to order

„Diese jungen Leute können auf Abendrealschulen oder Abendgymnasien das gleiche Ziel erreichen wie auf den entsprechenden° normalen Schulen. Diese Abendschulen befinden sich nur in größeren Städten. Um zum Abitur am Abendgymnasium zu kommen, müssen die jungen Leute nach drei Jahren Abendstudiums für ein Jahr ganz mit ihrer Berufstätigkeit aufhören. Dann besuchen sie die Schule den ganzen Tag. Dafür ergibt sich° für sie mit dem Abitur ein weites Feld neuer Möglichkeiten."

„Gehört das München-Kolleg auch zum Zweiten Bildungsweg?" fragte Walter, dem dieser Name aufgefallen war. „Ja, auf einigen Kollegs, die natürlich nicht nur mit ihrem Namen den englischen Institutionen gleichen, können junge Leute das

entsprechend corresponding

sich ergeben to arise, emerge

Die Ausbildung der Lehrlinge geschieht natürlich nicht immer in speziellen Lehrlingswerkstätten wie hier im Volkswagenwerk. Aber auch kleine Betriebe legen Wert auf eine gute Berufsausbildung ihrer Lehrlinge, die in etwa drei Jahren nach einer besonderen Abschlußprüfung Gesellen werden können. Neben der Berufsschule, die die Lehrlinge an einem Tag in der Woche besuchen müssen, gibt es für junge Leute mit besonderer Begabung die Berufsaufbauschulen. An ihnen bekommen sie neben dem Berufsschulunterricht zusätzlich in Abend- oder Samstagsklassen Unterricht in allgemeinbildenden Fächern wie auch solchen, die eine direkte Beziehung zu ihrem Beruf haben. Ihre Abschlußprüfung entspricht etwa der der Realschule und gibt Lehrlingen viele Möglichkeiten, sich im Zweiten Bildungsweg weiterzubilden.

Abitur erreichen. Sie müssen neunzehn Jahre alt sein und eine Berufsausbildung haben. In etwa drei Jahren lernen sie an Vor- und Nachmittagen den Stoff des Gymnasiums. Sie können sich vorstellen, was die leisten müssen", meinte Herr Lauffer.

Walter sah immer deutlicher, daß der Staat sehr an der Weiterbildung der berufstätigen Jugend interessiert ist. Danach gefragt, meinte Herr Lauffer: „Auf diesem Gebiet, das darf man wohl sagen, ist Deutschland führend°. Neben den Berufsschulen, von denen Sie sicher schon gehört haben, gibt es eine Reihe von Fachschulen° für Handwerk° und Industrie. Nach dem Ende ihrer Lehrzeit können junge Leute dort eine Spezialausbildung auf ihrem Berufsgebiet bekommen — von Geigen-

führend in the lead

die **Fachschule** technical school
das **Handwerk** trade, craft

Moderne Glasätzarbeit in einer Fachschule Gesellen der verschiedensten Handwerke, aber auch Schüler mit dem Abschluß der Realschule, der Berufsaufbauschule oder der 10. Klasse eines Gymnasiums können eine Reihe von Fachschulen besuchen. Diese Schulen sind von einem Bundesland zum anderen verschieden, da manche Handwerke und Industrien nur in bestimmten Gegenden Deutschlands zu finden sind. So hat Bayern eine Fachschule für Geigenbau in Mittenwald und eine für Ziegelherstellung in Landshut, das Ruhrgebiet dagegen industrielle Fachschulen anderer Natur. Die meisten dieser Schulen führen zur Meisterprüfung.

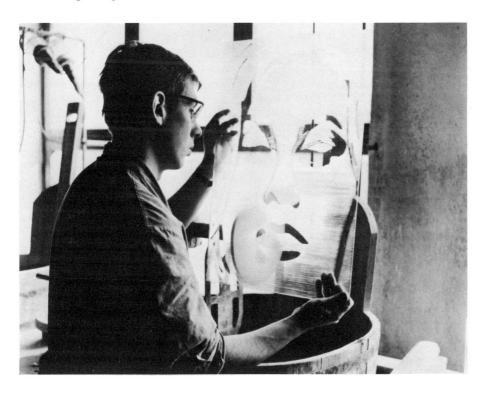

Der Zweite Bildungsweg

bau° und Fotografie bis zu Maschinenbau und Glasherstellung°."

Walter machte sich eine Menge Notizen und merkte gar nicht, daß es schon fast drei Uhr geworden war. Als sie schließlich die letzten Mittagsgäste° waren, sagte Herr Lauffer: „Ich Möglichkeiten zur Weiterbildung erläutert. Dabei hätte ich fast die Volkshochschulen° vergessen, die der Erwachsenenbildung° dienen°. Sie sind städtisch und haben vor allem nach dem Krieg den Bildungshunger° einer ganzen Generation gestillt°. Zur Zeit hat sich die Schülerzahl an den Volkshochschulen verkleinert wegen der Konkurrenz des Dritten Fernsehprogramms. Dies ist das von den einzelnen Bundesländern produzierte Programm, das vor allem der Bildung gewidmet° ist. Mit seinen vielen Fernsehkursen, die oft auch für Volksschulen und Gymnasien bestimmt° sind, kann es mehr Leute erreichen. Vielleicht ist eine Koordination zwischen beiden Institutionen möglich", meinte er.

Es war nun wirklich Zeit, dieses lange Gespräch zu Ende zu bringen. Walter dankte Herrn Lauffer sehr herzlich° für all seine Mühe und machte sich auf den weiten Weg° zum Studentenheim.

DIE UNIVERSITÄT

Schon vor einigen Wochen hatte er dort ein paar Studenten kennengelernt, die auf seinem Gang wohnten. Einer von ihnen, Richard Sauter, hatte vor einiger Zeit ein Fulbright-Stipendium° gehabt und ein Jahr an einer amerikanischen Universität studiert. Beide hatten sich oft unterhalten, und schließlich hatte Richard seinem amerikanischen Freund den Vorschlag gemacht, ihm die Münchner Universität zu zeigen.

Richard bereitete Walter ein wenig vor, als sie zum Hauptgebäude kamen. „Natürlich ist jetzt alles ziemlich leer", meinte Richard, „wir haben ja von August bis Oktober Semesterferien. Nach dem Wintersemester ist es im März und April nicht anders. Nur die Bibliotheken° sind immer voll. Viele Studenten bereiten sich jetzt auf das mündliche° Staatsexamen vor; der schriftliche Teil hat gerade stattgefunden." Zuerst führte er Walter in das alte große „Auditorium maximum", das mit seinen vielen Gängen und Balkonen fast wie ein Theater aussah. „In diesem Hörsaal° sind die Massenvorlesungen°, zu denen oft mehr als tausend Studenten kommen. Besonders die aus den unteren Semestern besuchen solche allgemeinen Vorlesungen, etwa über ‚Shakespeare und das sechzehnte Jahrhundert' oder über ‚Allgemeine Psychologie'. Erst in den letzten Jahren hat man in der Bundesrepublik angefangen, eine

die **Geige** violin
die **Herstellung** production

der **Gast** guest

die **Volkshochschule** school for adult education
der **Erwachsene** adult
dienen to serve
Hunger stillen to satisfy hunger

widmen to devote, dedicate

bestimmt intended

herzlich cordial(ly)
sich auf den Weg machen to start on one's way

das **Stipendium** scholarship

die **Bibliothek** library
mündlich oral

der **Hörsaal** lecture room, auditorium
die **Vorlesung** lecture

große Zahl neuer Universitäten zu bauen. Zur Zeit aber sind die alten Universitäten noch stark überfüllt°", sagte Richard.

überfüllt crowded

„Wie hat denn zum Beispiel dein Studium bis jetzt ausgesehen?" wollte Walter von seinem Freund wissen, als sie auf dem Weg zum Englischen Seminar° waren. „Da ich Lehrer an einem Gymnasium werden möchte", erklärte Richard, „habe ich mich vom Anfang meines Studiums an auf Englisch und Französisch spezialisiert. Diese beiden Fächer will ich später unterrichten — eines genügt an unseren Gymnasien noch nicht. Allgemeinbildende Vorlesungen wie Kunstgeschichte oder Musik und natürlich solche in Pädagogik und Psychologie besucht man meist in den unteren Semestern."

das **Seminar** section (of the various "Fakultäten" or Schools); not an American type independent department

„Gibt es eine Art ‚Kanon' von Vorlesungen, die man besuchen muß?" fragte Walter. „Nein, das haben wir in der Philosophischen Fakultät°, zu der die Sprachen gehören, nicht. Anders ist dies beim Medizinstudium, wo genau vorgeschrieben ist, welche Vorlesungen und Übungen° die Studenten be-

die **Philosophische Fakultät** School of Liberal Arts

die **Übungen** classes

Viele Studenten der Bundesrepublik und der DDR sind in Verbänden organisiert, die mehr oder weniger politisch orientiert sind. Daneben gibt es im Westen eine geringe Zahl von Studenten, die besonders an kleinen Universitäten die Tradition der alten Studentenverbindungen fortsetzen. Diese Verbindungen oder Burschenschaften gehen auf das frühe 19. Jahrhundert zurück und entstanden unter dem Einfluß der Freiheitskriege nach 1815. Das erklärt zum Teil, daß die Studenten der sogenannten „Schlagenden Verbindungen" noch heute „Waffen tragen", nämlich ein Rapier. Die meisten Verbindungen „tragen Farben", daß heißt ein über die Schultern gehängtes Band mit den Verbindungsfarben. Bei besonderen Festen erscheinen die Verbindungsstudenten in ihren Paradeuniformen.

Die Universität

suchen müssen." „Wie wählt man dann seine Vorlesungen?"
wollte Walter wissen. „Nun, es gibt eine allgemeine Studien-
beratung°, aber einen persönlichen Berater wie in den USA
kennt man hier nicht. Nachdem den deutschen Schülern jahre-
lang° alles vorgeschrieben war, ist der Student nun plötzlich
‚frei' — die ‚akademische Freiheit°' ist dir sicher bekannt. Sie
führt oft dazu, daß das Studium unnötig lang wird. Zwölf
Semester sind bei uns Sprachstudenten normal, obwohl neun
oder zehn bei besserer Beratung und Planung° genügen würden. Aber ich habe deine Frage noch nicht beantwortet°",
sagte Richard. „Wir könnten uns eigentlich auf eine Tasse
Kaffee in das Uni-Restaurant dort drüben setzen, bevor wir
zur Sprachenabteilung kommen", meinte er.

die **Beratung** coun-
seling

jahrelang for years
die **Freiheit** freedom

die **Planung** planning
beantworten to an-
swer

„Wie gesagt°", fuhr Richard schließlich fort, „die Studenten
sind an deutschen Universitäten ziemlich frei. Sie müssen nur
eine gewisse Zahl von Vorlesungen pro Semester belegen°. Da
niemand die Anwesenheit° kontrolliert (außer in Übungen
und Seminaren), ist das nur eine Formalität. Das deutsche
Studiensystem setzt° also ein großes Verantwortungsbewußt-
sein° des einzelnen Studenten voraus°. Wenn man, wie ich,
auf eine Staatsprüfung studiert, so versucht man natürlich,
sein Studium so bald wie möglich danach einzurichten. Im
Staatsexamen verlangt das Ministerium in beiden Fächern
Sprachgeschichte — so studiert man zum Beispiel Altfranzösisch
und Mittelenglisch. Man muß die Literaturen beider Sprachen
gut kennen, und so belegt man die verschiedensten Literatur-
vorlesungen. Und man bereitet sich allein auf Gebieten vor,
die die Vorlesungen nie berühren° — etwa auf das Drama des
20. Jahrhunderts oder die moderne amerikanische Lyrik°."

wie gesagt as I (have
already) said

belegen to sign up for
die **Anwesenheit** pres-
ence

voraus-setzen to pre-
suppose
das **Verantwortungs-
bewußtsein** feeling of
responsibility

berühren to touch
upon
die **Lyrik** lyric poetry

„Gibt es am Ende jedes Semesters Prüfungen?" fragte Walter
und dachte an die „finals" seiner Universität. „In unserer Fakultät nicht allgemein", erklärte Richard. „Anders ist das auf
der TH°, auf der man hauptsächlich° Physik, Chemie, Architektur und andere technische Fächer studiert. Auch an den
Pädagogischen Hochschulen°, an denen Volksschullehrer in
sechs Semestern ihre Ausbildung bekommen, gibt es Semesterprüfungen. In unserer Fakultät sind nur für die Studenten, die
ein Stipendium haben, an jedem Semesterende Prüfungen
vorgeschrieben. Fast jeder zweite westdeutsche Student bekommt nämlich von irgendeiner Seite ein Stipendium, meistens vom Staat. Sehr hoch sind diese Stipendien leider nicht",
fügte er hinzu. „Man kann gerade davon leben — besonders,
wenn man das Glück hat, ein Zimmer in einem Studentenheim zu finden."

die **TH** (= **Technische
Hochschule**) Institute
of Technology
hauptsächlich mainly
die **Pädagogische Hoch-
schule** (similar to)
Teachers College

„Wohnen denn nicht fast alle Studenten in Heimen?"
fragte Walter überrascht. „O nein, nur ein kleiner Teil", er-

klärte Richard. „Die meisten müssen sich irgendwo in der Stadt ein Privatzimmer suchen — das ist nicht immer angenehm, vor allem bei diesen Zimmerpreisen!"

Nach einer kleinen Pause machte er den Vorschlag, nun zum Englischen Seminar zu gehen. Auf dem Weg kamen° sie an der Theologischen Fakultät vorbei°. „Das ist an fast allen deutschen Universitäten die älteste Fakultät", meinte Richard. „Im Lauf der Jahrhunderte — denn unsere Universitäten gehen bis auf das späte Mittelalter zurück — kamen dann die medizinische, philosophische, juristische° und naturwissenschaftliche dazu. Das ist die klassische Universität, die in ihrem Aufbau nicht mehr der modernen Zeit entspricht°. Es gibt viele Überschneidungen° — Physik kann man zum Beispiel in München an der Uni und an der TH studieren. Hier sind Reformen nötig. Viele möchten das amerikanische ‚Department-System' einrichten, das es bis jetzt nur an ganz wenigen Universitäten gibt, wie etwa an der Freien Universität Berlin. Daneben denkt man auch an eine Zusammenfassung° aller Hochschulen eines Bundeslandes in eine ‚Gesamthochschule°'. Aber darüber könnten wir uns noch lange unterhalten", meinte Richard.

„Von der Hochschulreform habe ich schon oft gehört", sagte Walter. „Wie ist eigentlich zur Zeit die Beziehung zwischen den einzelnen Unterrichtsministerien und den Universitäten?" „Die Hochschulen sind von den Bundesländern finanziert. Sie sind also von den Ländern in Wirtschafts- und Personalfragen° abhängig°; in akademischen Fragen sind sie praktisch unabhängig. Das sieht einfacher aus, als es in Wirklichkeit° ist. Nach den Reformplänen soll die Personal- und Wirtschaftsverwaltung° nun auch bei den Hochschulen liegen."

„Was haben Studenten und Assistenten an deutschen Universitäten zu sagen?" fragte Walter, als sie vor dem Englischen Seminar angekommen waren. „In Bayern bis jetzt leider nicht sehr viel", meinte Richard. „Auch hier soll eine ‚Demokratisierung' kommen. Studenten sollen vor allem bei der Aufstellung° fester Studienpläne mitwirken°, die es auch bei uns geben wird. Mit Assistenten und Professoren zusammen werden sie über die Berufung° neuer Professoren entscheiden — ein Gebiet, auf dem bis jetzt nur die Länderministerien etwas zu sagen hatten."

„Man hört jetzt soviel von dem neuen ‚Hochschulrahmengesetz°', das das Bundesministerium für Wissenschaft und Forschung° seit einiger Zeit bearbeitet", meinte Walter und fügte hinzu: „Und dabei ist doch die Verwaltung der Hochschulen eine Sache der Länder." „Du bist wirklich gut informiert", sagte Richard und dachte° einen Augenblick nach°. „Seit dem

vorbei-kommen to pass (by)

juristisch legal, pertaining to the School of Law
entsprechen to be adequate for
die Überschneidung overlapping

die Zusammenfassung combination
gesamt- combined

die Personalfragen matters concerning personnel
abhängig sein von to be dependent on
die Wirklichkeit reality
die Wirtschaftsverwaltung administration of economic affairs

die Aufstellung setting up
mit-wirken bei to cooperate in, participate
die Berufung appointment

der Rahmen frame
das Gesetz law
die Forschung research

nach-denken to think (over), reflect, ponder

Die Universität   **143**

Krieg liegt diese Verwaltung tatsächlich wieder ganz bei den Ländern. Du kannst dir denken, daß dabei manchmal die nötige Koordination gefehlt hat. In den letzten Jahren führten fehlende Planung und wachsende° Überfüllung der Universitäten zu Unzufriedenheit° und Protesten der Studenten und Assistenten. Neben Reformplänen der Länder haben diese Proteste nun erreicht, daß ein Bundesministerium ein Rahmengesetz erlassen° kann, das allen Ländern genaue Richtlinien° in den verschiedensten Hochschulfragen geben wird. So definiert das Gesetz die Zusammenarbeit der Hochschulen in den neuen ,Gesamthochschulen', definiert klar die Hochschulplanung der nächsten zehn Jahre wie auch die Rechte der Studenten und Professoren. Es verlangt klare Studienpläne und ihre periodische Reform und definiert allgemein die Aufgaben der Hochschulen im letzten Teil des 20. Jahrhunderts."

„Was geschieht dann mit den Reformplänen der Länder?" wollte Walter noch wissen. „Ja, die Länder müssen ihre eigenen Reformgesetze innerhalb einiger Jahre dem Rahmengesetz anpassen", meinte Richard. „Aber nicht nur auf dem Gebiet der Hochschulen hat jetzt eine Koordination durch das Bundesministerium für Wissenschaft und Forschung begonnen. Das Ministerium arbeitet auch an einem Reformmodell des ganzen Bildungswesens° bis hinunter zum Kindergarten — aber das ist noch Zukunftsmusik°", fügte Richard hinzu.

In der Bibliothek des Englischen Seminars sahen sie dann eine Menge von Studenten, unter ihnen sehr viele Mädchen. „Was ist eigentlich der Unterschied zwischen dem Staatsexamen, auf das die sich jetzt vorbereiten, und dem Doktorexamen?" fragte Walter leise seinen Freund. „Der ,klassische' Universitätsabschluß ist das Doktorexamen, zu dem natürlich die Dissertation gehört. Um einen schnelleren Studienabschluß in den naturwissenschaftlichen Fächern zu erreichen, hat man vor längerer Zeit die Diplomprüfung° geschaffen. Man bekommt dann den Titel ,Diplom-Chemiker' oder ,Diplom-Ingenieur°'. Und vor ein paar Jahren hat schließlich die Philosophische Fakultät die Magisterprüfung wieder eingeführt. Dies sind die hochschuleigenen° Prüfungen. — Daneben gibt es für alle, die zum Staatsdienst wollen, die verschiedenen Staatsexamen, so zum Beispiel das für Lehrer an Gymnasien oder Volksschulen oder für Juristen°."

wachsen to grow

die **Unzufriedenheit** discontent, dissatisfaction

ein Gesetz erlassen to make a law
die **Richtlinie** guideline

das **Bildungswesen** educational set-up, system
die **Zukunftsmusik** dreams of the future, castles in Spain

die **Diplomprüfung** examination conferring a diploma
der **Ingenieur** (civil) engineer

hochschuleigen pertaining to the universities

der **Jurist** lawyer

EIN SOMMERFEST

Walter war ein wenig müde geworden nach diesem langen Gespräch. Da Richard noch in der Bibliothek arbeiten wollte, entschloß er sich, mit der Straßenbahn zum Heim zurückzufahren. Er wollte sich gleich Notizen machen, um den Inhalt dieses wichtigen Gesprächs nicht zu vergessen. Und dann mußte er sich etwas ausruhen, denn am Spätnachmittag war für alle Studenten des Heims ein großes Spanferkelessen° geplant. Gern hatten sie dem Heimleiter° drei Mark bezahlt, damit er die Ferkel und das Bier kaufen konnte, das an einem so warmen Sommertag nicht fehlen durfte.

das **Spanferkel** suckling pig
der **Heimleiter** director of the students' residence

Mit der Straßenbahn und mit ein paar Autos fuhren sie zu einem kleinen Park an der Isar°, wo einige Studenten schon seit Stunden das Sommerfest vorbereiteten. Auf der Fahrt in der Linie 25 saß Walter neben Rüdiger Schwarze, einem jungen Chemiestudenten, der seit einigen Tagen auf seinem Gang wohnte. Als sie ins Gespräch kamen°, fiel Walter sofort Rüdigers starker berlinerischer Dialekt auf. Danach gefragt, meinte Rüdiger: „Ja, ich habe bis vor einem Jahr in einem kleinen Ort außerhalb von Potsdam° gewohnt, bis mir die abenteuerliche° Flucht° in den Westen gelang." Und er erzählte Walter davon, bis sie am Park angekommen waren.

die **Isar** Isar river

ins Gespräch kommen to start a conversation

Potsdam city outside of Berlin
abenteuerlich adventurous
die **Flucht** flight, escape
rösten to roast

Dort rösteten° schon die Spanferkel über einem großen offenen Feuer. Bald sah Walter, warum dieser Platz so ideal für ein Sommerfest war: In einem kleinen Bach° ganz in der Nähe standen mehrere Kästen° Bier zur „inneren° Kühlung°" der Studenten. Wer aber äußere° suchte, konnte in der kalten Isar baden.

der **Bach** brook
der **Kasten** case
inner/äußer interior/exterior
die **Kühlung** cooling, refreshment

Es dauerte nicht lange, bis alle Studenten ein großes Stück Spanferkel mit frischem Landbrot aßen. Walter aber dachte an die Unterhaltung mit Rüdiger — er hatte doch vor einigen Wochen vom „Staatssekretariat° für westdeutsche Fragen" der Regierung der DDR Material über die Erziehung im östlichen Teil Deutschlands bekommen. Beim Studium dieser Broschüren° waren ihm viele Fragen gekommen — und die könnte Rüdiger sicher beantworten!

das **Staatssekretariat** office of the Secretary of . . .

die **Broschüre** booklet, pamphlet

Nach ein paar Flaschen Bier hatte er schließlich Mut° bekommen, um Rüdiger um diesen Gefallen zu bitten. „Mann, dat will ick jerne tun", sagte dieser. „Aber nicht bei Schweinefleisch und Löwenbräu-Bier!" fügte er hinzu und lachte. „Wie wär's morgen nachmittag gegen fünf auf meinem Zimmer?" meinte er und holte sich noch eine Flasche von der Kühlung.

der **Mut** courage

SCHULEN UND UNIVERSITÄTEN IN DER DDR

So ging Walter am folgenden Tag mit seinem Informationsmaterial zu Rüdiger. Als er ins Zimmer trat, sah er über dem Tisch eine Menge Urkunden° hängen. „Das sind meine Sporturkunden aus der DDR", erklärte Rüdiger. „Vor ein paar

die **Urkunde** document, record

Vier Tage lang feierten 1969 die Bürger der DDR, unter ihnen weit über hunderttausend Jungen und Mädchen der staatlichen Jugendorganisation „Freie Deutsche Jugend" (FDJ), in Ostberlin den 20. Jahrestag ihres Staates. Diese jungen Leute, die alle schon unter dem Einfluß der sozialistischen DDR groß geworden sind, sind stolz auf den enormen Fortschritt ihres Staates und fühlen sich im Verhältnis zu den jungen Westdeutschen nicht mehr als „Deutsche 2. Klasse".

Jahren war ich Jugendmeister der DDR in der Leichtathletik. Bei der großen Konkurrenz war das nicht leicht — aber du weißt ja selbst, wie sehr die Regierung den Sport betont", sagte er. „Und nun zu deinen Fragen!"

Walter wollte zuerst wissen, warum die DDR einen solchen Wert auf die Vorschulerziehung legt. „Neben dem pädagogischen Wert der Kindergärten, in denen man die Kinder systematisch auf die Schule vorbereitet, sind sie eine gesellschaftspolitische° Notwendigkeit°", erläuterte Rüdiger. „Dank der völligen Gleichberechtigung° der Frau arbeiten nämlich fünfundsiebzig Prozent der Frauen. Und irgendwie müssen die Kinder ja beaufsichtigt° sein." „Jetzt verstehe ich auch, warum die DDR so bald wie möglich die Volksschulen überall zu Tagesschulen machen will", meinte Walter.

„Warum nennt man eigentlich die gute alte Volksschule in der DDR ‚Oberschule°'?" war Walters nächste Frage. „Wenn du dir die Zahl und Art der Fächer dieser Schule ansiehst, so muß du zugeben°, daß dieser Schultyp über° die gute alte achtjährige Volksschule hinausgeht°. Mit Russisch° und Bio-

gesellschaftspolitisch sociopolitical
die Notwendigkeit necessity
völlig complete
die Gleichberechtigung equality
beaufsichtigen to look after
die Oberschule ''upper-school'' (comprehensive ten-year elementary school) in the DDR
zu-geben to admit
hinaus-gehen über to go beyond
(das) Russisch Russian

logie ab der fünften Klasse, Physik ab Klasse sechs, einer
weiteren Fremdsprache und Chemie ab der siebten und Fächern
wie Mathematik, Geographie und sogar Astronomie bietet die
Oberschule in zehn Jahren so viel wie hier Volksschule und
Realschule zusammen." „Nicht alle Schüler erreichen aber den
Abschluß der Oberschule nach der zehnten Klasse", meinte
Walter. „Ja, das ist richtig", sagte Rüdiger, „aber bis zur achten
ist der Schulbesuch Pflicht°, und achtzig Prozent aller Kinder
gehen weiter bis zur zehnten. So bekommt ein großer Teil
aller Schüler eine sehr gute Ausbildung."

die **Pflicht** obligation, requirement

„Ist die ‚polytechnische Bildung', die ja im Erziehungssystem der DDR an erster Stelle steht, aus der russischen Erziehungswissenschaft gekommen?" „Sicher", meinte Rüdiger,
„sie bildet den Kern° der ‚sozialistischen Bildung'. An einem
Tag der Woche lernen daher alle Schüler der Oberschule ab der
siebten Klasse die Theorie und Praxis der technischen Produktion kennen — meist am Beispiel des Industriebetriebs, den
sie besuchen."

der **Kern** core, central point

Walter warf° schnell einen Blick° in eine der Broschüren.
„Ich sehe hier in einem Schaubild°, daß die Oberschule in zwei
weiteren Jahren zum Abitur führt", sagte er und zeigte Rüdiger das Schema. „Ja, diese Möglichkeit gibt es natürlich. In der
elften und zwölften Klasse bereitet man die Schüler auf das
Abitur und besonders auf die Studienrichtung° vor, die sie
wählen wollen. Sie können sich also in diesen beiden Jahren
schon spezialisieren. Daneben aber gibt es die Möglichkeit,
nach der zehnten Klasse in drei Jahren einen Beruf zu lernen
und zur gleichen Zeit auf der Oberschule das Abitur zu erreichen."

einen Blick werfen to glance (at)
das **Schaubild** diagram

die **Studienrichtung** course of studies

„Das stellt° aber sehr hohe Anforderungen° an die Schüler", meinte Walter. „Und wenn der junge Mann dann doch
auf die Universität geht, so hat er ein Jahr verloren", fuhr er
fort. „Nein, da hast du nicht ganz recht", sagte Rüdiger. „Ich
kann das selbst am besten beurteilen°. Ich habe nämlich in
einem chemisch-technischen Betrieb eine dreijährige Berufsausbildung bekommen, und du kannst mir glauben, daß dies
jetzt bei meinem Chemiestudium ein großer Vorteil ist. Fast
alle Schüler, die diesen Ausbildungsweg wählen, studieren
nämlich auf der Hochschule in ihrer Berufsrichtung."

Anforderungen stellen an to make demands on

beurteilen to judge

Rüdiger erklärte dann Walter die verschiedenen Möglichkeiten der Berufsausbildung nach der achten oder zehnten
Klasse der Oberschule. „Du kannst dir vorstellen, daß die Regierung des ‚ersten deutschen Arbeiter- und Bauernstaates' (so
nennt sich die DDR) größten Wert auf° eine gute Ausbildung
der Facharbeiter° legt°. Und an Volkshochschulen oder den
‚Betriebsakademien' der großen Werke, an Abend- und Fach-

Wert legen auf to attach importance to
der **Facharbeiter** skilled worker

Schulen und Universitäten in der DDR   **147**

schulen können sie sich weiterbilden und wie im Westen sogar das Abitur erreichen. Immer aber — und das ist wohl der größte Unterschied zwischen der Fortbildung° in ‚sozialistischen‘ und in westlichen° Ländern — muß der Betrieb die Arbeiter ‚delegieren‘. Dabei spielt die ‚gesellschaftliche° Aktivität‘ eine große Rolle, das heißt das aktive Interesse am sozialistischen Staat. Wenn das fehlt, ist ein Aufstieg° in der DDR fast unmöglich.“

„Kann eigentlich jeder Abiturient mit entsprechender Begabung in der DDR studieren?“ fragte Walter. „Theoretisch ja“, meinte Rüdiger. „In der Praxis ist die Zulassung° aber von der staatlichen Hochschulplanung abhängig. Wie so vieles, plant die Regierung auch die Anzahl der Studenten. Da bis 1975/76 ihre Zahl fast dreimal so hoch sein soll, gibt es zur Zeit keine Schwierigkeiten. Und natürlich ist es ein großer Vorteil, wenn ein Student aus der Arbeiter- und Bauernklasse kommt — sie stellt fast die Hälfte aller Studenten der DDR.“

„Ich kann mir vorstellen, daß es gerade für diese Studenten Regierungsstipendien gibt“, sagte Walter und sah aus dem Fenster auf die Akademiestraße, in der der Stoßverkehr° leichter wurde. „Nicht nur für sie“, erläuterte sein Freund. „Seit der dritten Hochschulreform von 1968 bekommen mehr als achtzig Prozent aller Direktstudenten finanzielle Hilfe vom Staat.“ „Was heißt Direktstudenten?“ wollte Walter wissen. „Das sind diejenigen, die ohne Unterbrechung° an den Hochschulen studieren. Daneben ist fast ein Viertel der Studenten in der DDR von Betrieben zum ‚Fernstudium°‘ delegiert. Diese jungen Leute haben pro Jahr bis zu fünfzig Arbeitstagen frei, damit sie an Hoch- und Fachschulen Vorlesungen belegen können. Sonst ist das Fernstudium meist ein Selbststudium; es dauert natürlich viel länger als das Direktstudium.“

„Kann man dieses Direktstudium mit dem an westdeutschen Universitäten vergleichen°?“ fragte Walter. „Nicht ganz“, meinte Rüdiger. „Auch hier ist wieder alles viel mehr geplant. Um einer möglichst großen Anzahl von Studenten Gelegenheit zum Studium zu bieten, gibt es in der DDR nur mehr zwei Monate Semesterferien pro Jahr. Damit hat man die Studienzeit auf vier Jahre reduzieren können. Zu einer ‚akademischen Freiheit‘ wie hier im Westen hat man natürlich nicht mehr Zeit.“ „Ich kann mir denken, daß das nur mit ganz strengen Studienplänen geht“, sagte Walter. Rüdiger zündete° sich eine Pfeife an°. „Euer amerikanischer Tabak ist prima“°, meinte er und fuhr fort: „Vor allem in den technologischen Fächern hat man die Pläne vor einigen Jahren wieder dem modernsten Stand° angepaßt. Gebiete wie Elektronik, Chemie, Maschinenbau oder Metallindustrie sind eine Spe-

die **Fortbildung** continuing education
westlich western
gesellschaftlich social

der **Aufstieg** advancement, promotion

die **Zulassung** admission

der **Stoßverkehr** rush-hour traffic

die **Unterbrechung** interruption

das **Fernstudium** correspondence studies

vergleichen to compare

an-zünden to light
prima splendid, top-notch

der **Stand** level

zialität der DDR. Kein Wunder, daß die Regierung sie auch an den Hochschulen besonders fördert°. Und neben dem Fachstudium muß der Student noch Zeit finden zur Fortbildung in Russisch und einer weiteren Fremdsprache. Natürlich sind marxistisch-leninistische Ausbildung und Sport für alle Pflicht."

fördern to encourage, help

Rüdiger sah auf die Uhr. „Ich hätte fast vergessen, daß ich heute eine Studentenkarte für ‚La Bohème' in der Oper bekommen habe", sagte er. „Aber ich glaube, daß ich dir die Erziehung in der DDR wenigstens im allgemeinen erklärt habe." Eine Frage aber mußte Walter zum Abschluß dieser ‚Fragestunde' noch stellen: Er bat Rüdiger, die beiden deutschen Erziehungssysteme in wenigen Worten zu vergleichen. „Nachdem ich nun beide kennengelernt habe, möchte ich sagen: ‚Freiheit über alles!' Trotz° der hohen Qualität der Erziehung in der DDR, die meiner Meinung nach° mindestens° so gut ist wie die in der Bundesrepublik, fehlt ihr die nötige geistige° Freiheit. Aber das merkt man oft erst, nachdem man auch die andere Seite gesehen hat — und das gelingt leider nicht sehr vielen Studenten der DDR."

trotz in spite of

meiner Meinung nach in my opinion

mindestens at least

geistig intellectual, spiritual

Bald war für Walter das Ende seines kurzen Studienaufenthalts gekommen, und es war Zeit, an die Heimreise zu denken. „Ich hätte nie geglaubt, daß ich in so kurzer Zeit so viel Material sammeln könnte", sagte er zu seinem Bruder, als dieser ihn zum Flugzeug brachte. „Und was hat während dieser paar Wochen den größten Eindruck auf dich gemacht?" wollte Bill wissen. Einen Augenblick dachte Walter nach. „Das waren nur drei Worte", sagte er zu seinem Bruder und fuhr nach einer kleinen Pause fort: „‚Freiheit über alles' — diese paar Worte aus dem Mund° eines Studenten aus der DDR haben mir wieder deutlich den Wert unseres Lebens hier im Westen gezeigt."

der **Mund** mouth

DIKTAT

Der Mensch kann nur Mensch werden durch Erziehung. Er ist nichts, als was die Erziehung aus ihm macht.

— KANT

Gute Erziehung gerade ist es, woraus alles Gute in der Welt entspringt. Die Keime, die im Menschen liegen, müssen nur immer mehr entwickelt werden . . . . Im Menschen liegen nur Keime zum Guten.

— KANT

FRAGEN

Von Boston nach München

1. Wie unterscheidet sich das deutsche vom amerikanischen Erziehungssystem? 2. Worüber schreibt Walter Stuart eine Magisterarbeit? 3. Warum fuhr er nach München? 4. Was soll, was kann Herr Dr. Zimmerer für Walter Stuart tun?

Die Volksschule

1. Was für eine Trennung gibt es in den Städten, die es in den USA meist nicht gibt? 2. Was ist die „Grundschule"? 3. Was machen die Schüler nach vier Jahren Grundschule? 4. Was heißt „Hauptschule"? 5. Unterrichten die Lehrer nur ein Fach oder mehrere Fächer? Erklären Sie! 6. Was ist eine Tagesschule? Wie steht es damit in der BRD?

Das Gymnasium

1. Könnte man das deutsche Gymnasium mit irgendeiner amerikanischen Schule vergleichen? Erklären Sie! 2. Was ist das Abitur? 3. Welche Klasse besuchte Walter Stuart? Was machte der Lehrer dort? 4. Erklären Sie, ob man das Gymnasium heute noch eine Ausleseschule nennen könnte! 5. Was sind die drei Grundtypen des Gymnasiums? 6. Wie steht es mit der Religion in deutschen Schulen? 7. Warum muß man den Stoff und die Zahl der Fächer beschränken? 8. Was ist die „Kolleg-Stufe"?

Das Abitur

1. Geben Sie einige Beispiele für Deutschthemen im Gymnasium! 2. Geben Sie Beispiele für das Abschreiben in der BRD! 3. Was machen die Gymnasiasten nach dem Abitur?

Der zweite Bildungsweg

1. Beschreiben Sie die Realschule! 2. Können alle Schüler von der Realschule auf das Gymnasium überwechseln? 3. Was ist eigentlich „der Zweite Bildungsweg"? 4. Beschreiben Sie die Fachschule und geben Sie ein oder zwei Beispiele! 5. Wer besucht die Volkshochschulen?

Die Universität

1. Wann hat man an der Universität Ferien? 2. Was ist eine „Massenvorlesung"? Sind Sie dafür? 3. Wie wählt man seine Vorlesungen an einer deutschen Universi-

tät? 4. Wie unterscheidet sich hier die deutsche von der amerikanischen Universität? 5. Gibt es überhaupt Semesterprüfungen, oder gar keine? 6. Wie und wo wohnen die Studenten? 7. Wie heißen die verschiedenen Fakultäten der deutschen Universität? 8. Sind die Universitäten in akademischen Fragen von den Bundesländern abhängig oder unabhängig? 9. Was für Reformpläne hat man in der BRD? 10. Was ist der Unterschied zwischen Doktorprüfung und Staatsexamen?

Ein Sommerfest

1. Wo fand das Sommerfest statt? 2. Was gab es zu essen und zu trinken?

Schulen und Universitäten in der DDR

1. Woher kommt Rüdiger? 2. Warum ist die Vorschulerziehung in der DDR wichtig? 3. Wie steht es mit der Gleichberechtigung der Frau? 4. Welche Form der Bildung steht in der DDR an erster Stelle? 5. Legt man Wert auf Berufsausbildung? Erklären Sie! 6. Aus welcher gesellschaftlichen Klasse kommen viele Studenten? 7. Definieren Sie „Direktstudium"! 8. Auf welchen Gebieten ist das Niveau hoch? 9. Welche Fremdsprachen lernt man in der DDR, im Gegensatz zur BRD? 10. Was hat auf Walter Stuart einen großen Eindruck gemacht?

KAPITEL 8

DIE MASSENMEDIEN:
Presse, Fernsehen und Radio
Viola Herms Drath

ZEITUNGEN

Die Deutschen lesen viel Zeitung. Vielleicht liegt° das daran°, daß die Fernsehprogramme erst nachmittags beginnen. Vielleicht tun sie es aus alter, von den Vätern und Großvätern übernommener Gewohnheit°. Immerhin° war es der Mainzer Johannes Gutenberg, der den Druck mit beweglichen Lettern erfand. Um 1456 legte° er der Welt das erste gedruckte Buch vor°: die Gutenbergbibel! Und es ist gewiß kein Zufall, daß der Uhrmacher Ottmar Mergenthaler, der in Amerika 1885 die Linotype erfand, aus Württemberg kam.

Schon Goethe beklagte sich über den deutschen Blätterwald°! Berlin war einmal die größte Zeitungsstadt der Welt. Im Jahr 1930 erschienen dort 147 Zeitungen! Heute sind es nur noch sieben.

Inzwischen hat die Meinungsforschung° festgestellt, daß das Fernsehen als Informationsquelle vor der Zeitung liegt! Dennoch florieren 1460 Tageszeitungen mit einer Auflage° von rund 22 Millionen in der Bundesrepublik. Das ist wenig, wenn

daran liegen to be due to the fact

die Gewohnheit habit
immerhin after all

vor-legen to present

der Blätterwald forest of (news) papers

die Meinungsforschung opinion poll

die Auflage circulation

153

man diese Zahl mit den 5000 Tageszeitungen der Weimarer Republik (1919–1933) vergleicht oder mit den 10 068 Blättern, die in der Sowjetunion in 67 Sprachen publiziert° werden. Der Vergleich mit Amerikas 1752 Tageszeitungen und der Auflage von 63 Millionen Exemplaren ist günstiger°.

In der Bundesrepublik kommen dazu noch an die° 10 000 Zeitschriften°. Von ihnen werden 152 Millionen verkauft.

Zahlen sind relativ. Sie sagen nichts über qualitative Eigenschaften°. Auch verraten sie nichts über die Freiheit der Presse oder die Unabhängigkeit und die politische Linie einzelner Zeitungen.

Analysiert man diese 1460 Tageszeitungen genauer, gibt es Überraschungen. Nur 150 haben selbständige Redaktionen°! Die anderen bekommen ihren Inhalt — von der Hauptseite oder dem „Mantel" mit den politischen Nachrichten bis zum Fortsetzungsroman° im Feuilleton, zu deutsch Unterhaltungsteil — von den großen Zeitungen. Die Ein-Mann-Redaktionen dieser Mantelzeitungen fügen nur die Lokalnachrichten und Anzeigen hinzu. Oft schließen° sich kleinere Zeitungen zu Gemeinschaftsredaktionen zusammen°. Zum Beispiel macht die „Redaktionsgemeinschaft deutscher Heimatzeitungen°" in Frankfurt den Mantel für 60 Lokalzeitungen.

Als unabhängige meinungsbildende Organe haben solche Zeitungen wenig Bedeutung. Ihre politische Impotenz wird noch deutlicher, wenn man die Auflagenzahlen studiert. Über die Hälfte aller verkauften Zeitungen sind die paar großen überregionalen Blätter!

Ihre politische Einstellung° reicht von reaktionär bis liberal. Dazu ist zu bemerken, daß der Begriff° „liberal" im Deutschen nicht mit sozialistisch identisch ist.

Als kompromißlos-kritische Stimme der fortschrittlichen° Kräfte tritt° das sozial-liberale Wochenmagazin Der Spiegel hervor°. Im Format ist es dem Time Magazine nachgemacht°. Daneben hat sich in den letzten Jahren die links-orientierte, von Studenten und Intellektuellen gelesene Frankfurter Rundschau einen Platz erobert. Nur die FR ist stolz darauf, „unabhängig — aber nicht neutral" zu sein. Andere Zeitungen sind lieber „überparteilich°", „unabhängig", „neutral" oder „liberal". Liberal ist ein besonders elastisches Wort. „Liberal" nennt sich auch die konservative, rechts der Mitte stehende Frankfurter Allgemeine Zeitung. So kommt es, daß nur alte, erfahrene° Zeitungsleser wissen, welche allgemeine politische Richtung die verschiedenen Zeitungen vertreten.

Im Gegensatz zur Weimarer Zeit sind die Zeitungen kaum den bestehenden Parteien verbunden°. Dennoch gibt es über politische Entwicklung und Leserpräferenz überraschend inter-

---

publizieren to publish

günstig favorable
an die approximately
die Zeitschrift periodical
die Eigenschaft property

die Redaktion editorial office

der Fortsetzungsroman serialized novel

zusammen-schließen to join

die Heimatzeitung regional newspaper

die Einstellung attitude
der Begriff concept

fortschrittlich progressive
hervor-treten to stand out
nach-machen to copy

überparteilich above party politics

erfahren experienced

verbunden sein to be pledged

essante Statistiken! Zwischen 1966 und 1970, nämlich nach der Großen Koalition von CDU/CSU und SPD und dem Wahlsieg der SPD/FDP im Herbst 1969, hatte die überregionale links-liberale Presse einen größeren Leserzuwachs als die rechtsstrukturierten Blätter.

HAUPTSTADT-PRESSE-ERSATZ

Da in der Bundesrepublik eine Hauptstadt-Presse fehlt (in Bonn erscheint nur eine Lokalzeitung), übernehmen die überregionalen Tageszeitungen diese Rolle. Von diesen angesehenen Großen kämpft die konservative *Frankfurter Allgemeine Zeitung*, kurz *FAZ*, mit einer Auflage von rund 255 000 mit der sozial-liberalen *Süddeutschen Zeitung* (257 000) um den ersten Platz.

In ganzseitigen Anzeigen° macht die *FAZ* für sich als eine der zehn besten der Welt Reklame. Mit ihren 140 Redakteuren und 450 freien Mitarbeitern in aller Welt will sie *die* Tageszeitung für den Geschäftsmann und Politiker sein und für Leute, die etwas sind. Wie die Pariser Zeitung *Le Monde* ist auch die *FAZ* eine Stiftung°. Geleitet wird sie von sechs Herausgebern°, alle Journalisten, die aus dem Kreis der Redaktionsmitglieder gewählt werden. Obgleich sie redaktionell rechts der Mitte steht, ist sie intern progressiv. Die *FAZ* gehörte zu den ersten Tageszeitungen, bei denen die Journalisten volle Mitbestimmung bei der Einstellung° und Entlassung° von Herausgebern, Chefredakteuren und Redakteuren bekamen.

Dagegen bezeichnet sich die links der Mitte stehende *Süddeutsche Zeitung* in München schlicht° als „Lieblingsblatt", „Pflichtblatt" oder auch „Renommierblatt°". „Neueste Nachrichten aus Politik, Kultur, Wirtschaft und Sport" will sie bringen. Offen betont° sie ihren Snobappeal. „Wer sich für Kunst, Musik, Theater begeistert, weiß warum!" verkünden ihre Selbstanzeigen.

Die konservativste Zeitung dieser Gruppe, die alle von den sogenannten Gebildeten gelesen werden, ist *Die Welt*, Hamburg, mit einer Auflage von 234 000. Sie beschreibt sich als „unabhängige Tageszeitung für Deutschland", als „Zeitung von Weltrang°", die in 130 Ländern zu haben ist. Durch „ihren Bericht, ihre Analyse, ihr Urteil°" möchte sie „weltweite Perspektiven ins Denken der Leser" bringen. Tatsächlich dient sie als Sprachrohr° ihres weit rechts stehenden Verlegers° Axel Springer. Das konservative Intelligenz-Blatt verlor nach der Studenten-Kampagne gegen Springers Presse-

ganzseitige Anzeige full-page advertisement

die **Stiftung** foundation
der **Herausgeber** publisher

die **Einstellung** hiring
die **Entlassung** dismissal

schlicht modest, simple
das **Renommierblatt** a paper to brag about
betonen to stress

der **Weltrang** worldwide importance
das **Urteil** judgment

das **Sprachrohr** mouthpiece
der **Verleger** publisher

Mehrere Male in der Woche versammeln sich Bonns Journalisten zu Pressekonferenzen im Pressehaus. Auf diesen von der Regierung einberufenen Pressekonferenzen suchen Bundeskanzler (Willy Brandt, Bild Mitte, rechts neben ihm Staatssekretär Conrad Ahlers, Regierungssprecher, ehemaliger Redakteur des SPIEGEL) und Kabinettsmitglieder, Presse und Fernsehen über die neuesten Entwicklungen und Pläne zu informieren. Es gibt wenige Journalisten, die an diesem offiziellen Frage- und Antwort-Spiel nicht teilnehmen.

Imperium eine große Zahl von Lesern. Doch darüber wird später zu berichten sein.

Als vierte und jüngste im Bunde der Überregionalen wuchs° die *Frankfurter Rundschau* mit 184 000 Exemplaren heran°. 1969 betrug ihr Verkaufszuwachs 13,4 Prozent. Als kritische links-orientierte Tageszeitung, „die sich nichts vormachen läßt°" und den Mut hat, „die Wahrheit zu sagen", streitet° sie für Demokratie, Pressefreiheit und Moral. SPD-Wirtschaftsminister Karl Schiller lobte denn auch ihr „Beispiel für unabhängigen und kritischen Journalismus".

> **heran-wachsen** to grow up
>
> **sich nichts vormachen lassen** not to be taken in
> **streiten** to fight

Alle diese Zeitungen haben ein hohes geistiges Niveau. Alle eifern° der *London Times*, *New York Times* oder *Le Monde* nach°. Sie erscheinen sechsmal die Woche und sind in privater Hand. Ein Drittel ihres Inhalts oder mehr besteht aus Anzeigen. Und wenn in ihren Spalten° mehr über Außenpolitik zu lesen ist als in amerikanischen Zeitungen, so läßt sich dasselbe von den größeren respektierten Provinzblättern sagen.

> **nach-eifern** to emulate
>
> die **Spalte** column

Zu ihnen gehören die CDU-freundliche *Kölnische Rundschau*, die bürgerliche *Frankfurter Presse*, die *Hannoversche Presse*, die *Hannoversche Allgemeine* und der *Münchner Merkur* mit Auflagen zwischen 100 000 und 200 000.

Die größte und reichste der lokalen Zeitungen ist die *Westdeutsche Allgemeine Zeitung* (WAZ) mit einer Auflage von fast 600 000 Exemplaren. Sie erscheint in Essen, also im hoch-industrialisierten Ruhrgebiet. Sie bevorzugt° Themen über Bergarbeiterrenten°, Stahlproduktion und Bildungschancen für Arbeiterkinder. Sie ist „entschieden sozial", gegen ultra links und rechts. Politisch stimmt° sie mit der SPD überein°. Neben den bürgerlichen Provinzzeitungen und forschen° Boulevardblättern gibt es noch die „Blut-und-Busen-Blätter". Auf ihren sex- und mordbeladenen° Seiten möchte sie dem erfolgreichsten Blatt der Bundesrepublik, dem *Bild*, Konkurrenz machen°. Am besten tut das der *Expreß* in Köln, der es auf 279 000 Exemplare brachte.

bevorzugen to prefer
die **Bergarbeiterrente** miner's pension

überein-stimmen to agree
forsch blatant, racy

mordbeladen filled with murder

Konkurrenz machen to give competition

DAS SPRINGER-PRESSE-IMPERIUM

Das umstrittene° *Bild* wird täglich von nahezu 4,5 Millionen Bundesbürgern für 20 Pfennig gekauft. Es stellt° überhaupt keine geistigen Ansprüche°. Es lebt von billigen Sensationen, dicken Schlagzeilen° und vielen Bildern. Neben Mord, Sex und Skandalen serviert es die persönliche politische Meinung des Hamburger Presselords Axel Springer. Von seinen 19 Zeitungen und Zeitschriften profitierte Springer 1968 über 100 Millionen DM. In hysterischen Tönen greift° das *Bild* Studenten und Sozialdemokraten an°, die von ihm gern als Landesverräter° charakterisiert werden. Aber auch Moskau, das DDR-Regime und alles, was dem Verleger sonst nicht paßt°, wird attackiert.

Das *Bild* machte Geschichte in der deutschen Presse. Der „Fall Springer" begann in Berlin, wo Springer mit *Bild, Morgenpost* und *BZ* (Berliner Zeitung) 70 Prozent der West-Berliner Presse kontrolliert. In täglichen Haßausbrüchen pöbelte° das *Bild* den Sozialistischen Deutschen Studentenbund (SDS) an°. Wieder und wieder wurde einer ihrer Ideologen, Doktorand° Rudi Dutschke, als „roter Rudi" angegriffen. Die bösartige antistudentische Hetzkampagne° kulminierte im April 1968 in einem Attentat auf den Studentenführer. Die Schüsse, die Dutschke schwer verwundeten, lösten° im ganzen Lande Revolten gegen das mächtige Springer-Imperium aus°. Mit dem Ruf „Enteignet° Springer" suchten die Studenten die Auslieferung der Springer-Zeitungen zu verhindern. Der Sturm auf das Zeitungsmonopol, das mit einseitigen Informationen die öffentliche Meinung bewußt manipuliert, endete mit blutigen Straßenkämpfen. Es gab zwei Tote in München und zahllose Verhaftungen°.

Springers enormer Einfluß auf die öffentliche Meinung ist

umstritten controversial
Ansprüche stellen to make demands
die **Schlagzeile** headline

an-greifen to attack

der **Landesverräter** traitor
passen to suit

an-pöbeln to abuse, vilify

der **Doktorand** Ph. D. candidate
die **Hetzkampagne** inflammatory campaign

aus-lösen to trigger

enteignen to disown

die **Verhaftung** arrest

Axel Cäsar Springer, 1910 geboren, ist wahrscheinlich der reichste und mächtigste Zeitungsverleger der Bundesrepublik. In seinen Zeitungen und Magazinen verbreitet er seine eigenen konservativen bis reaktionären politischen Ansichten. Er habe eine „Macht, die bald mit der des Goebbelsschen Propagandaministeriums verglichen werden kann", kommentierte einer seiner Gegner. Zum Springer-Imperium gehören Buchverlage (Ullstein), Fernsehgesellschaften, zwei Nachrichtenagenturen, Teil eines Reisebüro-Konzerns und mehrere Druckereien.

leicht aus Statistiken erkennbar. Ihm gehören 85,5 Prozent aller Sonntagszeitungen, 81,7 Prozent aller auf der Straße verkauften Blätter (in der Bundesrepublik sind das nur zehn), über 70 Prozent der Presse in Hamburg und Berlin und 44,8 Prozent der Jugendzeitschriften.

Der Fall Springer hatte ein Nachspiel°. Professoren, Politiker und Publizisten vertraten die Ansicht, daß jede Art von Pressekonzentration im Konflikt zu den Absichten der deutschen Landespressegesetze° steht. Denn neben Pressefreiheit und Informationsrecht ist darin auch von der Verantwortung der meinungsbildenden Organe die Rede°. Über die Aufgabe der Presse schrieben damals 23 Berliner Professoren: „Demokratie ist auf Aufklärung° und damit auf Freiheit und Wahrheit der Information angewiesen. Presseorgane, die durch einseitige Manipulation und Deutung° der Nachrichten systematisch zur Aufhetzung° ihrer Leser mißbraucht werden, dienen dieser Aufgabe nicht."

das **Nachspiel** sequel

das **Landespressegesetz** state press law

die **Rede sein** to be discussion of

die **Aufklärung** enlightenment

die **Deutung** interpretation
die **Aufhetzung** incitement

DEUTSCHER PRESSERAT GEGEN PRESSEKONZENTRATION

Der 1956 gegründete Deutsche Presserat, der sich aus zehn Verlegern und zehn Journalisten zusammensetzt, dachte ähnlich. Als Selbstkontrolleinrichtung° suchte er die „Pressefreiheit zu schützen", „Mißstände im Pressewesen festzustellen und zu beseitigen", gegen „freiheitsgefährdende° Konzern- und Monopolbildungen einzuschreiten°" und die „deutsche Presse gegenüber Regierung, Parlament und Öffentlichkeit zu vertreten". Ein Komitee kam zu dem Schluß°, daß Springer, dem über zehn Prozent aller Zeitschriften und 39 Prozent aller Zeitungen gehörten, in der Tat die Freiheit der Presse gefährdete. Springer zog die Konsequenzen und verkaufte fünf seiner Zeitschriften.

Das Problem der Pressekonzentration tritt° aber nicht nur im Zusammenhang mit dem Springer-Verlag auf°. Die Zahl der selbständigen Tageszeitungen ging in den letzten Jahren um ein Drittel zurück! Gab es 1954 noch 225 Tageszeitungen, so waren es 1969 nur noch 150. Um diese Entwicklung abzustoppen, empfahl der Presserat (er kann nur empfehlen°) Steuererleichterungen° und staatliche Kredite für Verleger in finanziellen Nöten. 1968 wurden kleinen und mittleren Zeitungen mit Auflagen unter 80 000 zur Modernisierung ihrer Anlagen° Kredite von 5,4 Millionen DM bereitgestellt. 1969 waren es sogar 20 Millionen DM.

Der bekannte Publizist Paul Sethe beschrieb die Situation der deutschen Presse einmal so: „Pressefreiheit ist die Freiheit von 200 reichen Männern, ihre Meinung auszudrücken!"

In Wirklichkeit sind es weniger. Auch auf dem Sektor der Zeitschriften macht sich ein starker Konzentrationsprozeß bemerkbar. 1968 war die Hälfte der gesamten Zeitschriftenauflage in Händen von fünf Verlegern! Zwei Jahre später kontrollierten nur vier Verlage 54,8 Prozent der Gesamtauflage°!

DIE WOCHENZEITUNGEN

Einen bedeutenden Einfluß auf die öffentliche° Meinung haben die Wochenzeitungen. Im Gegensatz zu den Tageszeitungen können sie sich° intensiver mit° der Analyse der Probleme, dem Studium neuer Tendenzen und der Auslegung° der Ereignisse befassen°. Polemische Auseinandersetzungen sind in ihren Spalten ebenso zu Hause wie philosophische Betrachtungen. Allen voran an Prestige und Auflage steht die in Hamburg publizierte *Die Zeit*. Mit großer Beharrlichkeit° und Intelligenz verteidigt sie die Interessen des Humanen, des

---

die **Selbstkontrolleinrichtung** organ of self-control
freiheitsgefährdend freedom-endangering
einschreiten to intervene

zu dem Schluß kommen to draw the conclusion

auf-treten to occur, crop up

empfehlen to recommend
die **Steuererleichterung** tax relief

die **Anlage** plant

die **Gesamtauflage** total circulation

öffentlich public

die **Auslegung** interpretation
sich befassen mit to concern oneself with

die **Beharrlichkeit** persistence

Zwar ähneln sich die drei führenden Tageszeitungen in der Auflagenzahl. Auch bringen sie manchmal die gleichen Fotos. Doch im Inhalt unterscheiden sich die SÜDDEUTSCHE und FRANKFURTER ALLGEMEINE stark von der WELT. Nur in dem Prestige-Blatt der Springer-Presse wird die DDR immer noch mit Gänsefüßchen garniert.

Die Titelseite der offiziellen Partei-Zeitung NEUES DEUTSCHLAND läßt keinen Zweifel darüber, daß das Gesicht der DDR dem Osten zugewendet ist. Fotos von sowjetischen Politikern und Generalen gehören ebenso zum Format wie die vielen Berichte über Politik und Leben in den osteuropäischen Ländern. Unter dem marxistischen Slogan „Proletarier aller Länder, vereinigt Euch" existierte wenig Platz und wenig Interesse an Reportagen aus der westlichen Welt.

Fortschritts und der Demokratie. Daß Robert Indianas Pop Art-Bild mit den Buchstaben LOVE in einer *Zeit*-Anzeige erscheint, ist typisch für das nach links tendierende Blatt. Es will „brandaktuell" und „kritisch" sein und für „denkende Leser". „Denn unser Blatt wird nicht mit dem Bauch, sondern mit dem Kopf redigiert°", liest man da. *Die Zeit*, die auch mit ihrer Auflage von 256 000 an der Spitze steht, hält° gut den Vergleich mit den besten Wochenzeitungen der Welt aus°.

redigieren to edit
aus-halten to stand

Auf der konservativ-christlichen Seite ist der CDU-nahe *Rheinische Merkur*, Koblenz, mit seinen 50 000 Exemplaren zu erwähnen. Als erste große deutsche politische Tageszeitung wurde der *Rheinische Merkur* 1814 gegründet und 1816 wegen seiner Rolle in den Freiheitskriegen gegen Napoleon (1813—15) verboten. Zu seinen Mitarbeitern zählten Ernst Moritz Arndt, Professor der Geschichte, Patriot und Poet, und der von Napoleon geächtete° Reorganisator Preußens Karl Freiherr vom und zum Stein. Ebenso konservativ wie der einst

ächten to outlaw

Die Wochenzeitungen

161

so revolutionäre *Merkur* ist die in Stuttgart gedruckte Wochenzeitung *Christ und Welt* mit einer Auflage von 150 000. In der steht° allerdings mehr von Welt als vom Christentum geschrieben°.

steht geschrieben is written

PARTEIZEITUNGEN

In die Kategorie der Wochenzeitungen fallen auch die Parteiorgane. Zahlenmäßig° führt der *Bayernkurier* der Christlich Sozialen Union (CSU) mit 94 000 Exemplaren. Das Blatt propagiert jedoch weniger die Meinung der Partei und ihrer Mitglieder als das rechtsreaktionäre Denken des Herausgebers und CSU-Chefs Franz Josef Strauß. In seinem kämpferisch-nationalistischen Ton unterscheidet sich der *Bayernkurier* wenig von der rechtsextremen *National- und Soldatenzeitung* (82 000 Exemplare). Bei dem Blatt erinnert freilich° nicht nur der Jargon an die totalitäre deutsche Vergangenheit. Nach gründlichem Studium gruppierte selbst° der relativ konservative RCDS (Ring Christlich Demokratischer Studenten) das Straußsche Hausorgan in dieselbe Klasse wie die *National- und Soldatenzeitung*, den *Völkischen Beobachter* (das offizielle Blatt des Dritten Reiches) und *Neues Deutschland*, das autoritäre Parteiblatt der SED (Sozialistische Einheitspartei Deutschlands) in der DDR, also der Deutschen Demokratischen Republik.

Mit einer Auflage von 61 500 hinkt° die SPD-Wochenzeitung *Vorwärts* hinter° den militanten Blättern der Rechten her°.

zahlenmäßig numerically

freilich however

selbst even

hinterher-hinken to limp behind

„DER SPIEGEL"

Eine Sonderstellung° hat das Wochenmagazin *Der Spiegel*. Mit seiner enormen Auflage von 871 500 ist er die mächtigste, kritischste und oft unbequemste Stimme in der Bundesrepublik. Von Rudolf Augstein 1946 konzipiert, gegründet und seitdem geleitet, hat er als sozial-liberales Element in der demokratischen Entwicklung des Landes eine maßgebende° Rolle gespielt. Wirtschaftlich unabhängig, politisch mit einer gesunden Dosis intellektueller Skepsis ausgestattet°, widerstand er allen möglichen Einschüchterungsversuchen°. Mutig machte er von seinem Informationsrecht Gebrauch. Leuten, die etwas zu verbergen haben, war er von Anfang an lästig°. Öffentlich kritisierte er 1962 die undurchsichtige Verteidigungspolitik° des damaligen Verteidigungsministers Franz Josef Strauß. Als der Minister das Büro des *Spiegel* durchsuchen

die Sonderstellung special position

maßgebend decisive

ausgestattet equipped
der Einschüchterungsversuch attempt at intimidation
lästig sein to be a nuisance

die Verteidigungspolitik defense policy

ließ und seine Redakteure zu „Landesverrätern" stempelte, schlug das Magazin hart zurück. Strauß mußte gehen. Wie begrenzt° der Einfluß des *Spiegel* auf die öffentliche Meinung ist, zeigte sich aber auch bald. Das Magazin konnte Straußens Comeback nicht verhindern. Ein paar Jahre später kehrte der robuste Bayer als CSU-Chef und Finanzminister im Kiesinger-Kabinett nach Bonn zurück.

Demokratie wird vom *Spiegel* nicht nur gepredigt°, sondern im eigenen Hause praktiziert. Verleger Augstein gab seinen Redakteuren das Mitbestimmungsrecht°. Außerdem beteiligte er sie als erster deutscher Verlag am Kapital. Ab 1. Januar 1973 sind alle *Spiegel*-Mitarbeiter an der Hälfte der *Spiegel*-Anteile° finanziell mitbeteiligt.

begrenzt limited

predigen to preach

die **Mitbestimmung** voice in decision-making

der **Anteil** share

ZEITSCHRIFTEN UND ILLUSTRIERTE

Die ersten mit Holzschnitten und Kupferstichen° illustrierten Zeitschriften erschienen in Deutschland vor hundert Jahren. In Leipzig brachte ein gewisser Jakob Weber 1843 die *Illustrierte Zeitung* heraus. Mit dem Fortschritt des fotografischen Verfahrens° und Reproduktionsprozesses erlangten° die Illustrierten bald eine Aktualität, die die kühnsten Hoffnungen übertraf. Nach dem Zweiten Weltkrieg wurden in Westdeutschland 31 Illustrierte gegründet. In immer fühlbarerem° Wettbewerb mit dem Fernsehen dominieren heute vier den Markt: *Der Stern*, Hamburg (1,7 Millionen Auflage), *Bunte Illustrierte*, Offenburg (1,8 Millionen Auflage), *Neue Revue*, Hamburg, und *Quick*, München, mit je° 1,6 und 1,4 Millionen Auflage.

Die neuen Unterhaltungszeitschriften, die auf den Markt kamen, sprechen° bestimmte soziale Gruppen an°. Zum Beispiel werden junge Schlager°- und Filmfans durch *Bravo* angesprochen. An junge unverheiratete Erwachsene mit „Elite-Ambitionen" wendet sich° *Twen*. *Jasmin* ist für junge Ehepaare der Mittelschicht° gedacht, und *Eltern* für die Familie mit Kinder-Problemen. Frauenmagazine wie *Brigitte, Constanze, Freundin*, die alle Auflagen zwischen 500 000 und 900 000 haben, beschäftigen sich mit Mode° und Frauenfragen. Nur *Madame/Elegante Welt*, ein Magazin, das wie *Vogue* oder *Harper's Bazaar* aussieht und doppelt so teuer ist wie *Brigitte* oder *Constanze*, kann nicht mehr als 100 000 Exemplare verkaufen.

Die erfolgreichste aller Zeitschriften ist Springers Radio- und Fernsehzeitschrift *Hör Zu*. Mit einer Auflage von 4,2 Millionen schlägt es TV *Hören + Sehen* oder *Bild und Funk*° leicht

der **Kupferstich** copperplate engraving

das **Verfahren** procedure
erlangen attain

fühlbar perceptible

je each

an-sprechen to address oneself
der **Schlager** hit song

sich wenden an to (attempt to) appeal to
die **Mittelschicht** medium income group

die **Mode** fashion

der **Funk** radio

aus dem Felde°. Eine Anzeigenseite in *Hör Zu* kostet 54 000 DM. Das ist doppelt soviel wie in anderen Magazinen.

aus dem Felde schlagen to beat the competition

VON DER SORAYAPRESSE ZUR LITERARISCHEN ZEITSCHRIFT

Interessant ist das Phänomen der sogenannten „Sorayapresse". Ihre Seiten sind voll von Sex, Gesellschaftsklatsch° und indiskreten Enthüllungen° über das Privatleben von Filmstars, Ex-Monarchen und anderen Berühmtheiten. Jahrelang lebten diese Blätter von Berichten über die Eskapaden von Soraya, der schönen Ex-Kaiserin von Iran. Jetzt könnte diese Presse allerdings Jackie-Presse heißen. Denn die 6 Millionen biederen° Hausfrauen, die *Die Neue Welt* lesen oder das *Neue Blatt*, *Wochenend* und wie sie alle heißen, scheinen sich brennend für die Abenteuer von Jaqueline Kennedy-Onassis zu interessieren.

der **Gesellschaftsklatsch** society gossip
die **Enthüllung** exposure

bieder simple

Rund ein Drittel der Zeitschriften sind an eine Vereinigung gebunden. Der Deutsche Gewerkschaftsbund° gibt allein 80 Zeitschriften mit einer Auflage von 8 Millionen heraus. In den letzten Jahren wurden an die hundert Studentenzeitschriften und 1600 Schülerzeitschriften gegründet. Sie alle nehmen sehr ernsthaft zu den Fragen der allgemeinen Politik und Moral Stellung.

der **Gewerkschaftsbund** labor union

Religiöse Zeitschriften, Magazine für Sport, Kunst und Theater, aber auch Haus- und Kundenzeitschriften° gibt es in Hülle und Fülle°.

die **Kundenzeitschrift** consumer periodical
in Hülle und Fülle in abundance

Diskussionsforum für die internationale intellektuelle Elite ist der avantgardistische *Kürbiskern*°, in dem vor allem die jüngsten Schriftsteller zu Wort kommen. Und weil in deutschen Landen satirische Zeitschriften immer rar waren, soll hier noch die antiautoritäre, von Zivilcourage° strotzende° satirische Zeitschrift *Pardon* genannt sein. In den acht Jahren seiner Existenz kletterte *Pardons* Auflage auf erstaunliche 360 000 Exemplare. Das ist die höchste Auflage, die ein satirisches Blatt jemals° in Europa erreicht hat.

der **Kürbiskern** pumpkin seed

die **Zivilcourage** courage of one's convictions
strotzend von abounding in

jemals ever

Ganz und gar auf Sex eingestellt° ist die Hamburger *St.-Pauli-Presse*, nach dem berühmten Amüsierviertel benannt. Trotz pornographischer Akzente und „Kontaktanzeigen" wurde sie von der „Bundesprüfstelle° für jugendgefährdende Schriften" nicht als „jugendgefährdend" unter den Ladentisch° verbannt, wo sie von Jugendlichen nicht gesehen werden kann. Ein Kommunikationssoziologe fand, daß die Botschaft° des Mediums wenig mit der Aktion des Lesers zu tun hat.

ganz und gar auf Sex eingestellt entirely sex-oriented

die **Bundesprüfstelle** federal examining office
der **Ladentisch** store counter

die **Botschaft** message

Da sind wir wieder bei der alten Doktorfrage° angekommen. Wie groß ist der Einfluß der Massenmedien? Wie mißt man ihre meinungsbildende Kraft? Nicht wenige Kommunikationswissenschaftler vertreten die Theorie, daß Massenmedien die Meinung nicht verändern, aber bestehende Meinungen verstärken können. Professor Elisabeth Noelle-Neumann, die bekannte Leiterin eines Meinungsforschungsinstituts, schrieb einmal, daß das Publikum „nicht durch Massenzirkulationsmedien bekehrt°" werden kann.

die **Doktorfrage** 64
dollar question

bekehren to convert

DIE MACHT DER PRESSE?

Können Zeitungen Politik machen? Das ist die interessante Frage, mit der sich Meinungsforscher überall beschäftigen. Überraschende Resultate und Statistiken gab es bei einer Studie von Presse und Parteien im Jahr 1932, also kurz vor der

Rund 2500 ausländische und 800 deutsche Verleger stellen ihre Bücher auf der Frankfurter Buchmesse aus. Einmal im Jahr treffen sich dort Ende September Autoren, Verleger und Buchhändler aus allen Teilen der Welt. Unter den 200 000 neuen Buchtiteln findet man alles, was man über Sex wissen will, über Küche, Kinder und Kirche, Politik und Philosophie, und was es sonst noch gibt. Mit Hilfe von viel Geld für viel Werbung wird hier manches mittelmäßige Buch zum internationalen Bestseller gemacht.

Machtergreifung Hitlers. Eindeutig° wurde nämlich festgestellt, daß die liberalen Demokraten eine stattliche° bürgerliche Presse auf ihrer Seite hatten. Die führende deutschnatio-
nale Presse hatte eine Auflage von 3,7 Millionen. Dennoch bekamen diese Parteien bei den Wahlen von 1932 nur 2,8 Millionen Stimmen. Die liberale „Staatspartei" wurde durch eine
hervorragende° Presse mit einer Auflage von 3,2 Millionen
unterstützt. Sie bekam aber nur 0,4 Millionen Stimmen! Dagegen verkaufte die katholische Presse, die zur „Zentrumspar-
tei" gehörte, nur 1,7 Millionen Exemplare. Die „Zentrums-
partei" erhielt jedoch 5,8 Millionen Stimmen. Die altmodi-
schen sozialdemokratischen Zeitungen hatten nur 1,2 Millionen Leser, aber die Partei bekam 8 Millionen Stimmen. Nur
700 000 Bürger lasen die schlecht gemachten radikalen Nazi-
Zeitungen! Dennoch stimmten 13,8 Millionen für Hitlers
Partei.

eindeutig unequivo-
cally
stattlich imposing

hervorragend out-
standing

WIE WIRD MAN JOURNALIST?

Wer Journalist werden will, und das wollen viele, braucht
keine akademische Bildung zu haben. Er kann den Beruf in
einer zweijährigen Volontariatszeit bei einer Redaktion lernen. Eine spezielle akademische Ausbildung für Journalisten
gibt es nicht. Wohl aber kann man an den Universitäten
Mainz, Berlin, Göttingen, München, Münster und Nürnberg,
die Institute für Zeitungswissenschaften oder Publizistik haben, die Geschichte der Massenkommunikation studieren. In
Verbindung mit anderen Fächern — etwa Jura°, Volkswirtschaft, Geschichte, Sprachwissenschaft, Soziologie — kann dann
ein akademisches Abschlußexamen gemacht werden.

Jura law

Gemeinsam haben Verleger- und Journalistenverbände°
Verträge für die Gehälter° von Journalisten ausgearbeitet. Ein
junger Redakteur an einer mittleren Tageszeitung bekommt
etwa 750 DM in Monat. Erfahrene Kräfte erhalten 2000 DM.
Sehr prominente Journalisten bekommen Spitzengehälter bis
zu 100 000 DM und mehr im Jahr. Alle Journalisten sind voll
versichert°. Ihre Gehälter erhöhen sich automatisch. Nach
einer gewissen Dienstzeit sind sie unkündbar°. Sie haben Anspruch auf mindestens vier Wochen Urlaub im Jahr und auf
Pension. Die sozialen Lasten werden zur Hälfte vom Verlag,
zur anderen Hälfte vom Journalisten selber getragen.

der Verband associa-
tion
das Gehalt salary

versichern to insure
unkündbar sein to
have tenure

MITBESTIMMUNG

Um die publizistische Freiheit des Journalisten zu sichern,
werden an vielen Zeitungen redaktionelle Leitlinien° zur Mit-

die Leitlinie directive

bestimmung ausgearbeitet. Besonders wird der Einfluß des Verlegers auf die Arbeit des Journalisten abgegrenzt°. Waren die Journalisten bisher von den Entscheidungen des Verlegers abhängig, sollen sie nun als gleichberechtigte Partner bei redaktionellen, personellen und organisatorischen Fragen mitbestimmen.

ab-grenzen to confine

Der erste redaktionelle Beirat° in der deutschen Presse wurde im Mai 1969 bei der Illustrierten *Der Stern* gegründet. Andere Tageszeitungen und Magazine folgten dem Beispiel. Beim *Spiegel* machten die Redakteure und Mitarbeiter 1971 von ihrem Mitbestimmungsrecht Gebrauch. Sie verhinderten, daß Verleger Augstein seinen Anteil am *Spiegel* an einen anderen Verlag verkaufte.

der Beirat council

In der Präambel des *Spiegel*-Redaktionsstatuts heißt es: „Ein Zeitungsbetrieb kann seine Aufgabe für eine demokratische, freiheitliche und soziale Gesellschaft nur erfüllen, wenn auch seine innere Struktur demokratischen und sozialen Grundsätzen° entspricht."

der Grundsatz principle

ZEITUNGEN UND ZEITSCHRIFTEN IN DER DDR

Von Mitbestimmung für Journalisten ist in der DDR nicht viel zu hören. Die Zeitungsverlage sind entweder als volkseigene° oder organisationseigene Betriebe unter Kontrolle der SED (Sozialistische Einheitspartei Deutschlands).

volkseigen state-owned

Die Presse wird als wichtigstes Mittel zur Erziehung der Massen zum „sozialistischen Bewußtsein" und zur Popularisierung der Ziele von Partei und Staat betrachtet. Der öffentliche Informationsapparat ist Teil von SED und Staat. Die Massenmedien sind deshalb fast ausschließlich° im Besitz von Staat, Parteien und Massenorganisationen. Das Presseamt beim Vorsitzenden des Ministerrats erteilt° die Zeitungslizenzen und kann sie auch wieder entziehen°. Lizenzen erhielten — neben der SED — Massenorganisationen wie der Freie Deutsche Gewerkschaftsbund mit seinen 7 Millionen Mitgliedern und die durch die „Nationale Front" der SED neutralisierten Parteien. Die „Nationale Front" stellt die Einheitsliste° für die Wahlen auf.

ausschließlich exclusively

erteilen to issue

entziehen to withdraw

die Einheitsliste standardized list of candidates who regardless of votes are elected in the prescribed sequence

Sonderstellungen haben die *Berliner Zeitung* und die *BZ am Abend*, deren Herausgeber selbstverständlich SED-Mitglieder sind. Beide Zeitungen erscheinen im „Berliner Verlag", einer Holdinggesellschaft der SED.

Die Verfassung° der DDR garantiert die Freiheit der öffentlichen Meinung „innerhalb der Schranken der für alle geltenden Gesetze". Eine Pressezensur gibt es nicht. Sie wäre auch

die Verfassung constitution

überflüssig. Einmal können die Zeitungen durch Lizensierung und Papierzuteilung° in Schach gehalten° werden, zum anderen durch die zentral gelenkte Nachrichtenpolitik°. Von der Abteilung „Agitation und Propaganda" werden täglich „Argumentenweisungen°" und „Sprachregelungen°" ausgegeben. Auf diese Weise wird bestimmt, wie Ereignisse und Nachrichten interpretiert werden: ob sie betont oder verschwiegen werden. Auch das Propagandaministerium der Nazis gab täglich redaktionelle Direktiven zur Interpretation der Nachrichten aus.

die **Papierzuteilung**
allotment of paper
in Schach halten to keep in check
die **Nachrichtenpolitik** news policy
die **Argumentenweisung** directive as to how to argue an issue
die **Sprachregelung** language regulation

Für eine einheitliche Berichterstattung° sorgt auch der Allgemeine Deutsche Nachrichtendienst (ADN). Diese Nachrichtenagentur, es gibt nur eine in der DDR, steht als staatliche Institution unter dem direkten Einfluß des Presseamtes. Dort ist man der Meinung, daß es keine „Nachricht schlechthin°" gibt, sondern die Nachricht „Klassencharakter" hat. Alle Auslandsmeldungen gehen über den ADN, der in 42 Ländern ständige Mitarbeiter hat. Nachrichten aus dem Osten werden von TASS, der sowjetischen Nachrichtenagentur, und anderen Ostblock-Agenturen übernommen.

einheitliche Berichterstattung uniform reportage

schlechthin as such

„NEUES DEUTSCHLAND"

In der DDR erscheinen 40 Tageszeitungen mit ihren 320 Kreisausgaben° und einer Auflage von 6,5 Millionen. Von den 40 Zeitungen gehören 15 der SED. Die führende Tageszeitung ist das SED-Parteiblatt *Neues Deutschland*, das „Organ des Zentralkomitees der Sozialistischen Einheitspartei Deutschlands". Mit seinen 15 Bezirkszeitungen° und 221 Kreisausgaben hat es eine Auflage von 4,2 Millionen. Unter dem offiziellen Motto „Proletarier aller Länder, vereinigt euch!" bringt es in Verbindung mit dem Politbüro die Stimme der Parteiführung zu Gehör°. Die Redaktion druckt deshalb oft auf mehreren Seiten die langen Reden der Parteiführer. Riesige Fotos von Sozialisten-Prominenz schmücken ihre Seiten. Aufrufe° zu sozialistischen Wettbewerben und zur Erfüllung sozialistischer Pflichten und Normen, aber auch eine Dosis Selbstkritik füllen ihre Spalten. Sonst kann man dort viel von Frieden und Sozialismus,· Fortschritt und dem Kampf gegen den Imperialismus der kapitalistischen Länder lesen. Artikel wie „Was will Peking?" sind direkt aus der *Prawda* übernommen. Da wird die Freiheit Kubas gefeiert und die „Monopolpresse der Bundesrepublik" scharf angegriffen. Da wird vom „Terror des Nixon-Regimes" berichtet und von Angela

die **Kreisausgabe** county edition

der **Bezirk** district

zu Gehör bringen to give a hearing

der **Aufruf** appeal

Davis als „Gefangene° des Imperialismus". Mehrere Seiten sind dem Sport gewidmet°. Anzeigen gibt es so gut wie gar nicht. Von besonderem Interesse sind die Beiträge° der „Volkskorrespondenten". Arbeiter, Mechaniker, Lehrer, Hausfrauen, Schüler, Stenotypistinnen und Bauern aus allen Teilen der DDR schreiben über die verschiedensten Themen. Eine Stenotypistin aus Eberswalde berichtet stolz, daß sie in einem Theaterstück mitspielt°. Aber ein Mechaniker beklagt sich über das Niveau im Kreiskulturhaus, und ein Elektriker ist mit dem „Kulturangebot° unserer Stadt nicht zufrieden". Ein Ingenieur aus Wismar möchte Klubgespräche „in gelockerter° Form" führen, und ein „schreibender Arbeiter" schickt ein Gedicht mit dem Titel „Unsere Partei" ein. Diese „Journalisten", von denen es 1966 über 17 000 gab, bekommen keine Honorare, sondern Prämien für gute Berichte.

Auch die anderen Parteien des sozialistischen Blocks haben ihre eigenen Zeitungen. Das Zentralorgan der LDPD (Liberal-Demokratische Partei Deutschlands) ist *Der Morgen*. Mit seinen 4 Bezirkszeitungen und 24 Kreisausgaben erreicht er eine Auflage von 194 000. Die Christlich-Demokratische Union (Ost-CDU) druckt die *Neue Zeit* mit 5 Bezirkszeitungen und 20 Kreisausgaben in einer Auflage von 180 000. Die *Nationalzeitung* der Ost-NDPD (National-Demokratische Partei Deutschlands) publiziert 6 Bezirkszeitungen und 21 Kreisausgaben mit 155 000 Exemplaren. Die NDPD, die ursprünglich° — wie in Westdeutschland — aus alten Nazis und Berufssoldaten° bestand, ist politisch der SED angeschlossen°. Herausgeber des *Bauern-Echo* mit elf Bezirkszeitungen und einer Auflage von 100 000 ist die Demokratische Bauernpartei Deutschlands (DBD).

Zu den Massenorganisationen, die ihre eigenen Tageszeitungen haben, gehört der Freie Deutsche Gewerkschaftsbund. In seiner *Tribüne* werden über 7 Millionen gewerkschaftlich organisierte Arbeiter und Arbeiterinnen angesprochen°. Ihre eigene Zeitung hat auch die SED-gelenkte Jugendorganisation Freie Deutsche Jugend (FDJ). Die *Junge Welt* ermunterte° ihre jungen Leser (über 14) einmal mit dem Thema: „Was machst Du am Donnerstag, dem 6. Januar 2000?" zur Mitarbeit. Der Preis war ein Abendessen am 8. Januar 2000! Außerdem gibt es noch das vom Deutschen Turn- und Sportbund° herausgebene *Sport-Echo*.

Im angenehmen Gegensatz° zu dieser recht trocknen und konformistischen offiziellen Presse stehen die beiden als „unabhängig" deklarierten Berliner Zeitungen. Quicklebendig und unprovinziell wirkt° die *Berliner Zeitung*. Und die *BZ*

---

der **Gefangene** prisoner
widmen to dedicate
der **Beitrag** contribution

mit-spielen to act

das **Kulturangebot** cultural offering
gelockert casual

ursprünglich originally
der **Berufssoldat** professional soldier
angeschlossen joined with

an-sprechen to appeal to, address

ermuntern to encourage

der **Turnbund** gym club

der **Gegensatz** contrast

wirken to effect one as being

---

am Abend sieht zumindest äußerlich der Westberliner BZ zum Verwechseln ähnlich°.

zum Verwechseln ähnlich sehen to look confusingly alike

ZEITSCHRIFTEN

Wie die Tagespresse beschäftigen sich auch Zeitschriften und Magazine (1967 gab es 545) reichlich mit der Verbreitung° kommunistisch-sozialistischer Ideologie. Zu den populärsten der 28 Magazine und Illustrierten (Gesamtauflage 7,7 Millionen) gehört das Familienmagazin im westlichen Stil *Wochenpost* mit einer Auflage von 860 000. Das im gleichen westlichen Stil aufgemachte *Magazin* (425 000) bietet sogar eine Prise° Sex. *Funk und Fernsehen* hat 1,3 Millionen Leser und die Rätselzeitung *Troll* 325 000. Außerdem gibt es alle möglichen Zeitschriften für Wirtschaft, Außenpolitik, Handel, Schüler, Polizei, Armee, Sport, Frauen, Kultur und den satirischen *Eulenspiegel*°.

die **Verbreitung** dissemination

die **Prise** pinch
das **Rätsel** puzzle

"Till Eulenspiegel" legendary jester known for his humorous capers (d. 1350)

Ist die Denkfreiheit in den Massenmedien begrenzt, so entdeckt man in den literarischen Zeitschriften eine überraschend große redaktionelle Freiheit. Einer skeptischen bis kritischen Einstellung°, die bei den Massenmedien Halt macht, ist hier im Rahmen literarischer oder philosophischer Diskussion recht° freier Lauf gegeben. Zeitschriften wie *Aufbau, Kulturelles Leben*, vor allem aber die vom Deutschen Schriftstellerverband herausgegebene *Neue deutsche Literatur*, können sich neben westlichen Publikationen dieser Art sehen lassen°. Bei den offenen Auseinandersetzungen der jungen DDR-Schriftsteller werden nicht selten auch westliche Literaten gehört.

die **Einstellung** attitude

recht rather

sich sehen lassen können to be able to show up well

AUSBILDUNG DER JOURNALISTEN — ZEITUNGSAUSTAUSCH°

der **Austausch** exchange

Journalisten werden an der Fakultät für Journalistik der Universität Leipzig ausgebildet. Volontäre dürfen von den Zeitungen nur eingestellt werden, wenn sie eine Prüfung beim Verband der Deutschen Journalisten gemacht haben.

Noch immer ist Import und Verbreitung bundesrepublikanischer Zeitungen und Nachrichten verboten. Als Grund wird angegeben°, daß sie mit ihrem kapitalistischen „Schund und Schmutz°" die Jugend gefährden und die „sozialistische Ordnung" unterminieren wollen. Andererseits sind DDR-Zeitungen in Westdeutschland auch nicht im Vertrieb°. Der im August 1968 von Bonn angeregte° Zeitungsaustausch schlug fehl.

an-geben to state
der **Schund und Schmutz** trash and filth

der **Vertrieb** retail trade
an-regen to instigate

Die DDR interessierte sich weder für den Import westdeutscher Zeitungen noch betrieb° sie die Lieferung ihrer eigenen Zeitungen in die Bundesrepublik.

betreiben to push, urge

FERNSEHEN UND RUNDFUNK° IN DER BRD

der **Rundfunk** radio, broadcasting

In 90 Prozent aller deutschen Haushalte steht heute ein Fernsehgerät. Alle haben ein Radio. Obgleich die beiden Fernsehprogramme erst nachmittags beginnen, sieht der Bundesbürger 1000 Stunden im Jahr fern, er schläft 3000 Stunden und arbeitet 2000 Stunden. Meinungsforscher wissen, daß 73 Prozent der Bevölkerung sich über das Welt- und Tagesgeschehen° durch Fernsehen informieren – und nur 69 Prozent durch die Zeitung! Den meisten Bundesbürgern erscheint das Fernsehen mit seinen visuellen Informationen als das glaubwürdigste° und aktuellste Medium.

das **Tagesgeschehen** daily event

glaubwürdig credible

Debatten über die Aufgabe und Wirkung des Fernsehens wollen nicht enden. Reden einige kritisch von der „Erziehungsdiktatur" des Fernsehens, fürchten andere die Verdummung° der Masse durch Bilder und einen kritiklosen Konformismus.

die **Verdummung** stupefaction

Nur über eins sind sich zumindest die Fernsehleute einig: daß das deutsche Fernsehen besser ist als das amerikanische. Was sie damit gewöhnlich° meinen, ist die „ernste" politische Orientierung des deutschen Fernsehens.

gewöhnlich usually

DAS PROGRAMM: MEHR POLITIK, MEHR DOKUMENTATION

Es bringt mehr Nachrichten, mehr Dokumentation, mehr und härtere politische Diskussion. Eine besonders kritische Haltung gegenüber Staat und Gesellschaft bemerkt man in dem linksliberalen „Panorama" und dem rechtsstehenden „ZDF-Magazin". Wenn Werner Höfer sonntags im „Frühschoppen°" mit ausländischen Journalisten über Politik redet – er tut das seit 15 Jahren, ohne einmal krank gewesen zu sein –, sehen sich das 38 Millionen an. Rund 23 Millionen sehen die „Tagesschau°" des Ersten Fernsehens. Es füllt 34 Prozent seiner Sendezeit° mit Tagesgeschehen°, Politik und Dokumentation. Außerdem sehen sich noch 7 Millionen das Nachrichtenprogramm „Heute" im Zweiten Fernsehen an.

der **Frühschoppen** gettogether over a morning pint

die **Tagesschau** daily news program
die **Sendezeit** broadcasting time
das **Tagesgeschehen** daily events

Auch das Zweite Fernsehen stellt Nachrichten, Politik und Dokumentation mit 25 Prozent der Sendezeit an die Spitze. Es folgen Fernsehspiele° und Filme mit 25 Prozent der Sende-

das **Fernsehspiel** television play

zeit, kulturelle Programme und Unterhaltung mit 15 und 12 Prozent, Sport 8,9 Prozent, Theater und Musik 6,2 Prozent Für Programmansage° wird 4,7 Prozent der Programmzeit erlaubt und für Werbung° 3,5 Prozent.

die **Programmansage** program introduction
die **Werbung** commercials

Sehr gut und beliebt sind die zahlreichen Fernsehspiele. Das Zweite Fernsehen bringt sechs in der Woche! Oft stammen sie aus der Feder so bedeutender Autoren wie Heinrich Böll, Günter Grass, Siegfried Lenz, Friedrich Dürrenmatt, Martin Walser, Tankred Dorst oder Wolfdietrich Schnurre.

In den fürs Fernsehen produzierten Opern singen die besten Sänger der Hamburger, Berliner, Münchner oder Wiener Oper. Wagners „Meistersinger", Beethovens „Fidelio", Mozarts „Hochzeit des Figaro", Webers „Freischütz°", Lortzings „Zar und Zimmermann°" oder Strauß' „Elektra" sind einige der vielen Opern, die von der Hamburger und Wiener Staatsoper fürs Fernsehen gefilmt wurden.

Der Freischütz The Marksman with the Magic Bullet
Zar und Zimmermann Czar and Carpenter

Volkswagenbusse, aus denen Fernsehteams klettern, gehören zum Bild des Alltags. Sie begleiten Minister zum Kreml und zum International Monetary Fund in Washington. Sie reisen mit Künstlern zu Ausstellungen nach Stockholm und mit Sportlern in den Fernen Osten. Das deutsche Publikum glaubt Kamera und Bildern mehr als Worten. Vielleicht erklärt sich daraus, warum sich „objektive" Sachbücher besser verkaufen als „subjektive" Romane oder Lyrikbände.

Die deutschen TV-Unterhaltungsprogramme haben wenig mit den populären amerikanischen Situationskomödien gemein. Eher könnte man sie mit Produktionen des NET vergleichen. Von Georg Büchners Stück „Leonce und Lena" inspiriert, komponierte Werner Haentjes seine Fernsehoper. Joan Carroll aus Amerika und Ticho Parly aus Dänemark übernahmen die Hauptrollen.

Interessant sind die erzieherischen Programme für Kinder und Jugend. In „Wunder des Lebens" werden Kinder zum Beispiel über Sex aufgeklärt. In anderen Sendungen gestalten° Jugendliche die Programme selber. Für die ältere Generation ist das „Gesundheitsmagazin" und „Mosaik". In diesen Programmen werden die Probleme älterer Menschen besprochen. Klassische Bühnenstücke° und moderne Filme runden die vielseitigen° kulturellen Beiträge ab. Oft werden Programme vom BBC oder dem Französischen Fernsehen direkt übernommen.

Mit großem Aufwand an Kostümen und Bühnenbildern° werden die Unterhaltungs-Shows gemacht. Wie die neun Rundfunkanstalten° hat auch das Fernsehen seine eigenen Symphonie- und Tanzorchester. Das Zweite Fernsehen unterhält° sogar ein eigenes ZDF-Ballett.

gestalten to create, shape

das **Bühnenstück** stage play
vielseitig variable, many-faceted

das **Bühnenbild** stage set

die **Rundfunkanstalt** radio network

unterhalten to support

AMERIKANISCHE SERIEN NUR ZUM FÜLLEN

Fachleute° berichten, daß die Produktionskosten im Deutschen Fernsehen viel höher sind als in Amerika. Die Masse der amerikanischen Serien im Deutschen Fernsehen erklären sie daher nicht als Mangel° an eigenen Ideen, sondern an Geldern. Die amerikanischen und englischen Serien sind billig und werden vor allem zum Füllen benutzt. Die meisten laufen unter dem Originaltitel: Lassie, Daktari, High Chaparral, Big Valley, Tarzan, Hondo, Lucy, Flipper, Bonanza, Mission Impossible. Aber auch unter ihren deutschen Titeln sind sie leicht wiederzuerkennen. Da begegnet° man „Gauner gegen Gauner" (It Takes a Thief), „Vater ist der Beste" (Father Knows Best), „Die Leute von der Shiloh Ranch", „Twen Polizei" (Mod Squad), „Mit Schirm, Charme und Melone°" (The Avengers), „Tennisschläger und Kanonen" (I Spy) oder „Dick und Doof" (Laurel und Hardy), um nur einige zu nennen.

Am meisten beglückt° die Tatsache, daß kein Programm von Werbung unterbrochen wird. Am Wochenende und nach 8 Uhr abends gibt es überhaupt keine Werbesendungen. Sonst sind sie auf 20 Minuten pro Tag beschränkt. Gebündelt° erscheinen sie zwischen den Programmen.

die **Fachleute** experts

der **Mangel** lack

begegnen to encounter

die **Melone** derby hat

beglücken to make one happy

gebündelt bunched

ENTWICKLUNG UND STRUKTUR

Es ist klar, daß die Einnahmen° von so wenigen Werbesendungen nur einen Teil der Kosten decken können. Der andere Teil wird vom Publikum durch monatliche Zahlung von Fernsehgebühren° getragen. Wie in anderen Ländern entwickelte sich auch in der Bundesrepublik das Fernsehen aus dem Rundfunk. Die ersten Fernsehsendungen nach dem Krieg wurden 1950 vom Norddeutschen Rundfunk in einem Hamburger Bunker° produziert. Vor dem Zweiten Weltkrieg hatte man in Berlin schon 1935 mit Fernsehexperimenten begonnen.

Noch heute sind die neun Rundfunkanstalten in den verschiedenen Ländern der Bundesrepublik für das Fernsehen verantwortlich. Diese Rundfunkanstalten sind keine privatwirtschaftlichen Institute. Als öffentlich-rechtliche° Organisationen stehen sie unter der Rechtsaufsicht° der Länder. Die Leitung der voneinander unabhängigen Rundfunkanstalten liegt in Händen von je einem Rundfunkrat, Verwaltungsrat° und Intendanten°. Die Mitglieder des Rundfunkrates setzen sich aus einem repräsentativen Querschnitt der Gesellschaft zusammen. Beim Südwestfunk sind die 49 Mitglieder Vertreter der Parteien, Landesregierung, Presse, Kirche, Gewerkschaften, Industrie, Gemeinden°, Schulen, Jugend-, Sport-,

die **Einnahme** intake

die **Fernsehgebühr** TV-fee

der **Bunker** air raid shelter

öffentlich-rechtlich public-law
die **Rechtsaufsicht** jurisdiction

der **Verwaltungsrat** administrative council
der **Intendant** director

die **Gemeinde** community

Frauen-, Bühnen-Verbände und anderen Organisationen. Sie wählen den Intendanten — höchstens auf fünf Jahre — und beraten ihn bei der Programmgestaltung. Der Verwaltungsrat besteht aus neun Mitgliedern. Sechs von ihnen werden vom Rundfunkrat gewählt und drei von der Landesregierung.

Zur gemeinsamen Arbeit an Programmen, zum Austausch von Programmen, Finanzausgleich° und anderen Gemeinschaftsaufgaben schlossen sich die neun Rundfunkanstalten 1950 zur „Arbeitsgemeinschaft° der öffentlich-rechtlichen Rundfunkanstalten der Bundesrepublik Deutschland" (ARD) zusammen. Die ARD entwickelte das Erste Deutsche Fernsehen, das seit 1953 gemeinsam produzierte Programme sendet. Zwar° bringen die neun Fernseh-Studios am Nachmittag ihre eigenen regionalen Programme, aber nach acht Uhr abends senden sie das gemeinschaftlich hergestellte ARD-Programm, etwa 51 Stunden in der Woche, das im ganzen Lande zu sehen ist.

der **Finanzausgleich** adjustment of finances

die **Arbeitsgemeinschaft** working community

zwar to be sure

VERTEILUNG° DER ANTEILE AM ARD-PROGRAMM

die **Verteilung** apportionment

Der Anteil der einzelnen Fernseh-Studios am ARD-Programm hängt von° der Größe und finanziellen Stärke der Rundfunkanstalten ab. Beide Faktoren werden von der Zahl der Gebühren zahlenden Empfänger° bestimmt. Die größte und reichste Rundfunkanstalt ist der im dichtbevölkerten Land Nordrhein-Westfalen (4 795 045 Empfänger) gelegene° Westdeutsche Rundfunk in Köln. Sein Anteil am ARD-Programm ist 25 Prozent. Der WDR ist zugleich für die „Sportschau" verantwortlich. An zweiter Stelle steht der Norddeutsche Rundfunk in Hamburg mit 20 Prozent am Programmanteil. Der NDR besorgt° die Redaktion aller Nachrichtensendungen. Als kleinste und ärmste Anstalten produzieren Radio Bremen und der Saarländische Rundfunk nur 3 Prozent des ARD-Programmes. Beide sind so arm, daß sie durch den ARD-Finanzausgleich Extragelder bekommen.

ab-hängen von to depend on

der **Empfänger** viewer

gelegen sein to be situated

besorgen to take care of

Die Gebühren für Radio und Fernsehen (8,50 DM) werden von den Ländern festgesetzt und jeden Monat von der Deutschen Bundespost einkassiert. Für Verwaltungskosten und Instandhaltung° der technischen Anlagen behält die Post um 30 Prozent für sich. Der andere Teil geht an die ARD, zu der als Tochtergesellschaft das Dritte Fernsehen gehört, und das Zweite Deutsche Fernsehen.

die **Instandhaltung** maintenance

Das Zweite Deutsche Fernsehen (ZDF) wurde 1963 als Ergänzung° des Ersten Fernsehens in Mainz gegründet, weil das Land Rheinland-Pfalz keine eigene Rundfunkanstalt hat. Das

die **Ergänzung** supplement

ZDF sendet nur 56 Stunden in der Woche, aber seine Programme sind im ganzen Land zu sehen. Die Koordinierungskommissionen von ARD und ZDF treffen sich einmal im Monat zur Koordinierung inhaltlich° verschiedener Programme. Auch das ZDF ist eine Anstalt öffentlichen Rechts, die aus Rundfunkrat, Verwaltungsrat und Intendanten besteht. Es bekommt 30 Prozent der Fernsehgebühren. Den Rest seines 500-Millionen-DM-Budgets muß es durch Werbesendungen finanzieren. Mit seinem zweiten kompletten Abendprogramm wendet es sich an° alle Alters- und Interessengruppen. Nachmittags sendet es Kinderprogramme und Diskussionsprogramme für die Jugend — von jungen Leuten für junge Leute.

inhaltlich with regard to the contents

sich an einen wenden to turn to, address

Vergleicht man die Programme von ARD und ZDF, so hört man immer wieder, daß der ARD stärker in Politik und Dokumentation ist und ein bißchen amtlicher°, konservativer und schwerfälliger°. Selbst ARD-Leute meinen, daß ZDF mehr Unterhaltung bietet und lebendiger und interessanter ist.

amtlich official

schwerfällig heavy-handed

Im technologischen Zeitalter werden die Massen durch Fernseher, Tonbandgeräte und Fernseh-Kassetten informiert. Die Besitzer dieser audiovisuellen Kommunikationsindustrie verdienen nicht nur viel Geld; sie beeinflussen die totale Information. Pressekonzerne wie das Springer-Imperium sind längst als Produzenten von TV-Programmen, TV-Kassetten, Video-Recordern und Kabelfernsehen am Geschäft der Informations-, Meinungs- und Unterhaltungsmedien beteiligt.

PROGRAMME FÜR DIE DDR UND „DRITTES FERNSEHEN"

Zusammen senden ARD und ZDF täglich zwischen 10 und 1 Uhr Programme, die für Ost-Berlin und die DDR geplant sind. Um den Kontakt mit der westdeutschen Wirklichkeit° aufrechtzuerhalten°, werden neben Nachrichtensendungen vor allem Filme, Fernsehspiele und Diskussionsprogramme gebracht.

die **Wirklichkeit** reality
aufrechterhalten to keep up

Beide Fernsehsender haben Korrespondenten in allen Ecken der Welt und Verträge° mit dem „British Broadcasting System", der „Canadian Broadcasting Corporation" und dem „Office de Radiodiffusion-Télévision Française" zur Übernahme von Programmen.

der **Vertrag** contract

Die neun Fernseh-Studios der ARD produzieren auf regionaler Ebene noch ein „Drittes Programm". Es entspricht° dem amerikanischen „NET" (National Educational Television). Der Akzent dieser Programme liegt auf Kultur und Erziehung. Es sendet die progressivsten Theaterstücke und künstlerischen° Experimente und zum Beispiel im Schulfernsehen Bayerns Kurse, die bis zum Abitur gehen. Viele dieser Programme, die zu Hause wenig Publikum finden, werden in die Entwicklungsländer° exportiert. Im Jahre 1970 gingen 4000 Kopien deutscher Fernsehprogramme in der Kategorie Information/Dokumentation an 65 Länder in Asien, Afrika und Lateinamerika.

entsprechen to correspond to

künstlerisch artistic

das **Entwicklungsland** developing nation

Für das rapide steigende Kommunikationsbedürfnis° der Zukunft sieht man auch in der Bundesrepublik im Kassettenfernsehen eine Lösung. Mit audiovisuellen Bildungsprogrammen° und Bildzeitungen, Schulunterricht, vom Lehrcomputer direkt ins Haus gebracht, Fernsehtelefon und anderen Wundern der Mikroelektronik hofft man im Jahr 2000 den Massenkonsum an Massenkommunikation der Massengesellschaft zu befriedigen°.

das **Bedürfnis** need

das **Bildungsprogramm** educational program

befriedigen to satisfy

RADIO

Nach Objektivität und Unabhängigkeit strebt auch der bundesrepublikanische Rundfunk. Die neun Rundfunkanstalten haben 40 Millionen Hörer°. In allen Rundfunkprogrammen sind Nachrichtensendungen im Stundenabstand° üblich. Sogenannte Magazin-Sendungen, in denen Nachrichten mit Korrespondentenberichten, Interviews und Musik gemischt werden, sind am beliebtesten. Zur Ergänzung des Unterrichts gibt es Schulfunksendungen aller Arten. Doch der Hauptanteil der Programme besteht aus Musik, und da steht leichte Unterhaltungsmusik an erster Stelle.

der **Hörer** listener
im Stundenabstand in hourly intervals

Wie das Fernsehen hat es sich auch der Rundfunk zum Prinzip gemacht, nicht einseitig einer politischen Partei oder Gruppe, einer Interessengemeinschaft, einem Bekenntnis° oder einer Weltanschauung zu dienen.

das **Bekenntnis** denomination

SENDUNGEN FÜRS AUSLAND UND AUSLÄNDISCHE SENDER°

der **Sender** radio station

Außer den neun Rundfunkanstalten existieren zwei von der Regierung finanzierte Sender, die ihre Programme ins Ausland senden. Die „Deutsche Welle" sendet seit 1960 Programme in 30 Sprachen nach Asien, Afrika, Lateinamerika und USA. Auf europäische Hörer schneidet° der „Deutschlandfunk" seine Programme zu°. Sie werden in 14 Sprachen gesendet und können in der DDR und BRD gehört werden. Nachrichten und Kommentare stehen bei beiden Sendern im Vordergrund. Der „Deutschlandfunk" sendet täglich 29 Nachrichtenprogramme, die hinterher analysiert und kommentiert werden. Seine ausgezeichneten Sprachkurse werden vom Goethe-Institut geleitet. Beide Sender, die man als Voice of Germany bezeichnen könnte, wollen den Hörern im Ausland ein möglichst positives Bild vom politischen, wirtschaftlichen und kulturellen Leben in der Bundesrepublik geben. Es versteht sich, daß dabei die Interpretation politischer Ereignisse im Mittelpunkt steht.

zu-schneiden auf to make to order for

Aus der Zeit der Besatzung sind noch eine Reihe Soldatensender übriggeblieben°. Sie senden Programme für die in der Bundesrepublik stationierten amerikanischen, englischen, kanadischen und französischen Truppen. Da viele Deutsche auf der Schule Englisch lernen, wird „The American Forces Network", „Air Forces Radio Service", „BBC" (German Service), „British Forces Broadcasting Service" und „Radio Canadian Army Europe" von deutschen Hörern am meisten gehört.

übrig-bleiben to leave behind

Der interessanteste dieser Sender ist „RIAS" (Radio in the American Sector) in West-Berlin. Selbstverständlich strahlt° der „Voice of America"-Sender seine deutschsprachigen Programme in die DDR aus°. Mit einem Minimum an Propaganda hat „RIAS" sich zum Fenster der westlichen Welt gemacht. Es bringt viel Musik, Berichte aus westlichen Ländern und Diskussionen. Aber der Kern der Sendungen sind Nachrichten, Aktuelles° und Kommentare. Fünfzig Prozent der Programmzeit ist dafür vorgesehen! Und es wird vermutet°, daß „RIAS" ebenso viele Hörer in Ost-Berlin hat wie in West-Berlin. Die „RIAS"-Redaktion hat längst° erkannt, daß der Wert der Sendungen in der Wahrung° strikter Neutralität liegt.

aus-strahlen to beam

das **Aktuelle** up-to-date things
vermuten to surmise

längst long ago
die **Wahrung** maintaining

RUNDFUNK UND FERNSEHEN IN DER DDR

In der DDR unterstehen° Rundfunk und Fernsehen dem staatlichen Rundfunk-Komitee. Sein Sitz ist im Funkhaus Berlin-Köpenick. Das Rundfunk-Komitee sendet drei Hauptprogramme im „Deutschlandsender", „Berliner Rundfunk", „Radio DDR I" und zwei weitere Programme über „Berliner Welle" und „Radio DDR II". Zur Übertragung° lokaler Programme hat jede Bezirksstadt ein Rundfunkstudio. Seit 1951 ist der DDR-Rundfunk den internationalen Rundfunkverbänden der Ostblockstaaten angeschlossen. Die OIR (Organisation Internationale Radio-Diffusion) hat ihren Sitz in Prag. Spricht der „Deutschlandsender" zu „allen Deutschen, um sie für Frieden und Einheit zu gewinnen", so richtet der° „Deutsche Soldatensender 935" seine Propaganda in erster Linie gegen die Bundeswehr°. Denn auch der Rundfunk erhält detaillierte Weisungen° von der Abteilung Agitation und Propaganda. Nach wie vor° versuchen rund 400 Störsender° den Empfang westlicher Rundfunkprogramme zu verhindern.

Etwa genau so viele Haushalte wie in Westdeutschland haben Radios und Fernsehgeräte. Rund 94 Prozent aller Haushalte waren 1971 im Besitz eines Radios und 86 Prozent — gegenüber 88 Prozent in der Bundesrepublik — besaßen Fernsehgeräte. Der vom staatlichen Rundfunk-Komitee geleitete Deutsche Fernsehfunk sendet seine beiden Programme von Berlin-Adlershof. Das zweite Programm, das nur abends 21 Stunden in der Woche sendet, vier davon in Farbe, wurde 1970 gegründet. Das erste Programm sendet 65 Stunden in der Woche. Der Deutsche Fernsehfunk tauscht° im Rahmen von Intervision Programme mit anderen sozialistischen Ländern (Tschechoslowakei, Polen, Ungarn, Sowjetunion) aus°.

Zu Anfang war das Fernsehen besonders für die Leute auf dem Lande gedacht°, weil dort Presse und Rundfunk nur geringe Resonanz fanden. Als „kollektiver Propagandist, Agitator und Organisator" sollte es „die ständige Verbindung° mit den Arbeitern in den Betrieben und den Bauern im Dorf" herstellen. Trotz kommunistischer Propaganda und starker politischer Orientierung gibt es im DDR-Rundfunk und -Fernsehen eine Menge guter Konzerte, bei denen Rock, Jazz und Beatles nicht zu kurz kommen°. Von hoher Qualität sind auch Opern und Theateraufführungen, Hör- und Fernsehspiele und Filme. Und wenn geschätzt wird, daß etwa 70 Prozent der DDR-Bürger westdeutsche Nachrichten und Kommentare hören und sehen, so weiß man auch, daß viele Westdeutsche sich ostdeutsche Unterhaltungsprogramme ansehen und anhören. Im Unterschied zur° Bundesrepublik stehen° dem

unterstehen to be subordinate to

die Übertragung relay, broadcasting

richten an to direct toward

die Bundeswehr West German armed forces
die Weisung direction
nach wie vor now as before
der Störsender jamming transmitter

aus-tauschen to exchange

gedacht sein to be intended

ständige Verbindung constant contact

zu kurz kommen to be shortchanged

im Unterschied zu in contrast to

Fernsehen in der DDR, wo Theater und Opern staatliche Unternehmen sind, alle Talente zur Verfügung°. Oft spielen in den Fernsehspielen die besten Schauspieler des Berliner Brecht-Ensembles° mit. Und es ist bekannt, daß auch die polnischen und tschechischen Hör- und Fernsehspiele sich durch ein besonders hohes künstlerisches Niveau auszeichnen°. Daß neben den Unterhaltungsprogrammen besonders die Kinder- und Jugendprogramme den westlichen Sendern ernsthafte Konkurrenz machen, das kann man von allen Fachleuten hören. Doch wenn einige westdeutsche DDR-Experten meinen, daß sich die Massenmedien der DDR wohl im Ton um eine neue Nuance von Neutralität bemühen, stellen andere skeptisch fest, daß sich im Vokabular nicht viel geändert hat.

zur Verfügung stehen to be at the disposal of

das Brecht-Ensemble players of the theatre founded by Bert Brecht
sich aus-zeichnen to distinguish oneself

FENSTER ZUM WESTEN: HAGENOW-KANAL

Durch den Bau von Gemeinschaftsantennen, die alle auf die beiden Kanäle des DDR-Fernsehens ausgerichtet° sind, versucht die Regierung den Empfang westdeutscher Sendungen zu stoppen. Zu diesem Zweck fahren Mannschaften° durch die Straßen, um zu prüfen, ob die privaten Antennen alle nach Osten gerichtet sind.

aus-richten to line up

die Mannschaft crew

Allgemein wird das westdeutsche Fernsehen als Fenster zur westlichen Welt betrachtet. Am besten ist das Programm des Norddeutschen Rundfunks, Hamburg, zu sehen. Da Hamburg in Richtung des ostdeutschen Städtchens Hagenow liegt, wird der NDR als „Hagenow-Kanal" bezeichnet. Manchmal nennt man ihn auch „Thälmann-Kanal", weil Ernst Thälmann, Führer der Kommunistischen Partei zur Zeit der Weimarer Republik, in Hamburg geboren wurde. „Hier ist alles Propaganda", sagt Kurt Gericke aus Neustadt-Glewe in dem Buch „The Other Germans", das der Schwede Hans Axel Holm aus Interviews mit DDR-Bürgern zusammenstellte°. „Information, das ist etwas, was wir von der anderen Seite beziehen. Aber wir sind daran gewöhnt°. Es ist genauso wie vorher. Wir haben gelernt, nicht zu laut zu sprechen."

zusammen-stellen to put together

daran gewöhnt sein to be used to it

FERNSEHWIRKUNGSFORSCHUNG°: ZWEI SCHULEN

Im Westen und Osten ist man sich darüber klar, daß unter den Massenmedien besonders das Fernsehen ein außerordentliches Machtmittel° ist. Vom Gegenteil kann auch die Theorie von „selektiver Wahrnehmung°" nicht recht überzeugen. Gewiß, jeder von uns neigt dazu, nur das zu sehen und zu hören,

die Fernsehwirkungsforschung TV influence research

das Machtmittel power tool
die Wahrnehmung perception

was er wahrnehmen will. Man sucht die Bestätigung der eigenen Meinung und findet sie auch. Das mögen die Grenzen der Wirksamkeit° der Massenmedien sein. Diese Theorie setzt freilich voraus°, daß beim Empfänger schon eine Meinung besteht. Doch wird das Publikum oft erst durch die Massenmedien mit bestimmten Ereignissen, Problemen und Ideen bekanntgemacht, über die es noch keine Meinung haben konnte. Kann man da nicht annehmen, daß sich in solchen Fällen Meinung bewußt bilden läßt?

Das sind Dinge, mit denen man sich heute in der Bundesrepublik beschäftigt. Zu berichten ist, daß von der neuen Massenkommunikations-Wissenschaft oder Fernsehwirkungsforschung viel geredet und geschrieben wird. Doch wird es einige Zeit dauern, bis sie eine Antwort auf die Frage hat, ob Massenmedien die Meinung verändern oder verstärken. Ob das Fernsehen den Menschen kommunikabel macht und zum kritischen Denken erzieht oder zum Voyeurtum, zur Verdummung durch Bilder und kritiklosen Konformismus.

die **Wirksamkeit** effectiveness
voraus-setzen to presuppose

DIKTAT

Ich mein dies, du das, und ein dritter meinte was andres. Und wenn du alles nun nimmst, Meinungen sind es doch nur . . . . Zwar hören wir gern, was unsre Meinung bestätigt, aber das Hören bestimmt nicht die Meinung . . . . Wenn ich die Meinung eines andern anhören soll, so muß sie positiv ausgesprochen werden; Problematisches habe ich an mir selbst genug.

— GOETHE

Die Meinung von heute ist nicht immer die von gestern.

— SPRICHWORT

FRAGEN

Zeitungen

1. Erklären Sie, was ein „Blätterwald" ist! 2. Sind Zeitungen oder ist das Fernsehen als Informationsquelle wichtiger? Woher weiß man das? 3. Was ist ein „Mantel"? 4. Sind die Lokalzeitungen bedeutend als meinungsbildende Organe? Erklären Sie! 5. Wo ist der Unterschied zwischen den Zeitungen der Weimarer Republik und denen der BRD?

Hauptstadt-Presse-Ersatz

1. Welche Zeitungen könnte man überregional nennen? 2. Charakterisieren Sie zwei dieser Zeitungen! 3. Wie steht es mit der politischen Einstellung der verschiedenen Zeitungen? 4. Was sind „Blut- und Busen-Blätter"?

Das Springer-Presse-Imperium

1. Beschreiben Sie kurz das umstrittene *Bild*! 2. Wie viele Zeitungen und Zeitschriften besitzt Springer? 3. Was schreibt die Springer-Presse über Demonstrationen von Studenten? 4. An welchen Statistiken sieht man etwas von dem Einfluß der Springer-Presse?

Deutscher Presserat gegen Pressekonzentration

1. Beschreiben Sie die Aufgabe des Presserates! 2. Was sagen Sie zu den Worten Paul Sethes über „die Freiheit von 200 Männern"?

Die Wochenzeitungen

1. Womit befassen sich die Wochenzeitungen im Gegensatz zu den Tageszeitungen? 2. Wie heißen die bekanntesten und besten Wochenzeitungen?

Parteizeitungen

1. Nennen Sie einige Parteizeitungen und beschreiben Sie deren politische Einstellung!

„Der Spiegel"

1. Was für eine Rolle spielt *Der Spiegel* in der BRD?

Zeitschriften und Illustrierte

1. Nennen Sie einige soziale Gruppen, die von den Unterhaltungszeitschriften angesprochen werden?

Von der Sorayapresse zur literarischen Zeitschrift

1. Worüber wird zum Beispiel in der sogenannten Sorayapresse geschrieben? 2. Was für eine Zeitschrift ist der *Kürbiskern*? 3. Wie groß ist wohl der Einfluß der Massenmedien?

Die Macht der Presse?

1. Was sagen uns Statistiken über die Macht der Presse?

Wie wird man Journalist?

1. Muß man Zeitungswissenschaft studieren, um Journalist zu werden? Erklären Sie!

Mitbestimmung

1. Erklären Sie, was Mitbestimmung eigentlich bedeutet!

Zeitungen und Zeitschriften in der DDR

1. Welche Funktion soll die Presse der DDR haben? 2. Gibt es Pressezensur? Erklären sie! 3. Was macht die Abteilung „Agitation und Propaganda", und was hat sie zu sagen?

„Neues Deutschland"

1. Wie lautet das offizielle Motto? 2. Wovon liest man viel in dieser Zeitung? 3. Erklären Sie, was „Volkskorrespondenten" sind! 4. Wie heißen Parteien, neben der SED, und ihre Zeitungen in der DDR?

Zeitschriften

1. Charakterisieren Sie einige Zeitschriften der DDR! 2. Ist das Niveau bei manchen Zeitschriften so gut wie im Westen?

Ausbildung der Journalisten — Zeitungsaustausch

1. Wo werden die Journalisten ausgebildet? 2. Wieviel Austausch gibt es zwischen der DDR und der BRD? Erklären Sie!

Fernsehen und Rundfunk in der BRD

1. Was versteht man unter „Erziehungsdiktatur" des Fernsehens?

Das Programm: mehr Politik, mehr Dokumentation

1. Wieviel Politik und Dokumentation stellt das Fernsehen prozentual? 2. Was bringt man sonst noch?

Amerikanische Serien nur zum Füllen

1. Warum gebraucht man amerikanische Serien zum Füllen? 2. Wann gibt es Werbesendungen, und wann gibt es sie nicht?

Entwicklung und Struktur

1. Woher kommen die Einnahmen für das Fernsehen? 2. Beschreiben Sie den Rundfunkrat und seine Funktionen!

Verteilung der Anteile am ARD-Programm

1. Wovon hängt der Anteil am Programm ab? 2. Vergleichen Sie ARD und ZDF!

Programme für die DDR und „Drittes Fernsehen"

1. Zu welcher Zeit sendet man Programme für die DDR? 2. Wo liegt der Akzent beim Dritten Programm?

Radio

1. Wie oft hört man Nachrichten? 2. Woraus besteht aber der Hauptanteil?

Sendungen fürs Ausland und ausländische Sender

1. Für wen senden die „Deutsche Welle" und der „Deutschlandfunk" Programme? 2. Wann entstanden „Soldatensender", und was sind sie? 3. Erklären Sie, was „RIAS" ist und macht!

Rundfunk und Fernsehen in der DDR

1. Mit welchen Ländern tauscht der Fernsehfunk in der DDR Programme aus? 2. Wie ist die Qualität der Opern und der Theateraufführungen? Erklären Sie!

Fenster zum Westen: Hagenow-Kanal

1. Erklären Sie, was der Hagenow-Kanal ist!

Fernsehwirkungsforschung: zwei Schulen

1. Mit welchen Fragen der Wirkung beschäftigt man sich heute? 2. Verändern und/oder verstärken die Massenmedien die Meinung des Publikums? Was glauben Sie?

GERMAN-ENGLISH
VOCABULARY

Numerals, days of the week, months of the year, articles, personal pronouns, possessive adjectives, and obvious proper names and cognates, the pronunciation of which offers no difficulties, are not listed. Words that are glossed and occur only once are not included. The accentuation and different forms of many words are given as an aid in the preparation of the exercises.

The genitive singular and nominative plural of masculine and neuter nouns are indicated, but only the nominative plural of feminine nouns. If masculine or neuter nouns are followed by only one form, no plural exists, or the plural form is uncommon. If feminine nouns are followed by no form, no plural exists, or the plural form is uncommon. A dash (—) indicates that the nominative singular form of the noun is repeated in the plural.

The principal parts of irregular and strong verbs are given in full; no principal parts are given for weak verbs. Separable prefixes are set off by a hyphen.

A

ab-biegen, o, (ist) o to turn away

der Abend, -e evening; **eines Abends** one evening

das Abendbrot evening meal

das Abendessen, - supper, dinner

das Abendland Western World

das Abenteuer, - adventure

abenteuerlich adventurous

aber but, however

ab-fallen (ä), ie, (ist) a to secede

(sich) ab-finden mit to accept

das Abflußrohr, -e sewer

ab-geben (i), a, e to give up

der Abgeordnete, -n, -n delegate, deputy

abgesehen von apart from

ab-grenzen to confine, restrain

die Abgrenzung demarcation, separation

ab-hängen, i, a to depend on

abhängig sein von to be dependent on

ab-holen to meet, come to get

das Abitur high school diploma qualifying for university admission

der Abiturient, -en, -en graduate of a "Gymnasium"

ab-kommen, a, (ist) o to become separated

die Abkürzung, -en abbreviation

ab-lehnen to reject, refuse, not accept

der Abonnent, -en, -en season ticket holder

abonnieren to subscribe

abonniert sein to have a season ticket

der Absatz sale

ab-schaffen to abolish

der Abschluß final; **zum Abschluß** at the conclusion

der Abschnitt, -e paragraph

das Abschreiben copying

die Abschwächung weakening

ab-sehen (ie), a, e von to disregard, ignore

ab-setzen to remove from office, dismiss

die Absicht, -en intention, end

absolut absolute

absorbieren to absorb

ab-sperren to shut off

ab-stoppen to stop

abstrakt abstract

die Abteilung, -en section, division

die Abwandlung, -en modification

achten auf to pay attention to

ächten to outlaw

das Ackerland farmland

das Adjektiv, -e adjective

affig silly, apish

Afrika Africa

die Agentur, -en agency

der Agitator, -en agitator

aggressiv aggressive

ähnlich similar, like

(sich) ähneln to resemble

die Ähnlichkeit, -en similarity

die Akademie, -n academy

akademisch academic, college

der Akt, -e act

die Aktien (pl.) stocks

der Aktionär, -e stockholder

das Aktionstheater, - action theater

die Aktualität timeliness

aktuell up-to-date, up to the minute, timely

der Akzent, -e accent

akzeptieren to accept

albanisch Albanian

all all

alle everyone, all

allein alone

allerdings to be sure, of course

allervollkommenst most perfect of all

alles everything

allgemein general; **im all-**

gemeinen generally

allgemeinbildend providing general education

allmählich gradual

der Alltag everyday world, daily routine

alltags everyday

die Alpen Alps

also therefore

alt old

das Altarsakrament altar sacrament

das Alter age

die Altersversorgung old age pension

altmodisch old-fashioned

die Ambition, -en ambition

der Amerikaner, - American

amerikanisch American

das Amt, ⸚er office

amtlich official

(sich) amüsieren to amuse (oneself)

das Amüsierviertel, - amusement section

an at; on; to; by; **an die** about

die Analyse, -n analysis

analysieren to analyse

anbetrifft is concerned

an-bieten, o, o to offer

andauernd lasting

ander- other, different, else; **alles andere** everything else

andererseits on the other hand

(sich) ändern to change

anderswo elsewhere

die Änderung, -en change

an-deuten to point out, hint at, indicate

an-drehen to turn on

aneinander to one another

die Anekdote, -n anecdote

anerkennen to acknowledge

anerkannt accepted

die Anerkennung recognition

der Anfang, ⸚e beginning; **zu Anfang** in the beginning

an-fangen (ä), i, a to begin, start

der **Anfangsbuchstabe, -ns, -n** initial
Anforderungen stellen an to make demands on
an-geben (i), a, e to state
das **Angebot, -e** supply
die **Angelsachsen** Anglo-Saxons
angenehm pleasant, agreeable
angesehen respected
angesichts in view of
der **Angestellte, -n, -n** white-collar worker
angewiesen sein auf to be dependent on
(sich) **an-gleichen, i, i** to adapt to
die **Angleichung** standardization, adaptation
der **Anglizismus, Anglizismen** Anglicism
an-greifen, griff an, angegriffen to attack
die **Angst, ⸚e** fright, fear, anxiety; **vor Angst** with fear
ängstlich frightened, anxious
anhand by means of
(sich) **an-hören** to listen to
an-kommen, a, (ist) o to arrive, come to
die **Anlage, -n** plant
der **Anlaut, -e** initial sound
an-locken to entice, allure
anmutig charming
an-nehmen (nimmt an), a, angenommen to assume, accept
(sich) **an-passen** to adapt (oneself), adjust to
an-pöbeln to abuse, vilify
die **Anrede: in der Anrede** when addressing
an-regen to inspire, motivate, instigate, stimulate
der **Anruf, -e** (phone) call
an-rufen, ie, u to telephone
der **Ansager, -** announcer
an-schauen to look at
die **Anschauung, -en** view
(sich) **an-sehen (ie), a, e** to look at
an-setzen to fix, establish
die **Ansicht, -en** opinion, view

sich **an-siedeln** to settle
an-sprechen (i), a, o to address oneself
Anspruch haben auf to be entitled to; **in Anspruch nehmen** to claim; **Ansprüche stellen** to make demands
die **Anstalt, -en** station, institute
anstatt instead of
an-stellen to turn on, employ
der **Anstoß, ⸚e** impetus
an-streben to strive for
anstrengend strenuous
der **Anteil, -e** share
die **Antenne, -n** antenna
der **Anthropologe, -n -n** anthropologist
die **Antiqua** Roman type
antik ancient
die **Antwort,-en** answer
antworten to answer
die **Anwesenheit** presence
die **Anzahl** number
die **Anzahlung,-en** down payment
die **Anzeige, -n** advertisement
an-zünden to light
der **Apparat, -e** apparatus
appellieren to appeal
der **Applaus** applause
das **Äquivalent, -e** equivalent
die **Arbeit, -en** work
arbeiten to work
der **Arbeiter, -** worker
der **Arbeitgeber, -** employer
der **Arbeitnehmer, -** employee
die **Arbeitsgemeinschaft** working community
die **Arbeitskräfte** (pl.) personnel
arbeitslos unemployed
die **Arbeitslosenunterstützung** unemployment compensation
die **Arbeitslosigkeit** unemployment
der **Arbeitsschutz** protection of worker' rights
der **Arbeitssuchende, -n, -n** person looking for work
die **Architektur** architecture

(sich) **ärgern** to be put out, be annoyed
das **Argument, -e** argument
die **Argumentenweisung, -en** directive as to how to argue an issue
arm poor
die **Armee, -n** army
armenisch Armenian
die **Armut** poverty
die **Art, -en** manner, way; kind
der **Artikel, -** article
der **Arzt, ⸚e** physician, doctor
Aschenputtel "Cinderella"
der **Assistent, -en, -en** assistant
die **Astronomie** astronomy
der **Astronaut, -en, -en** astronaut
die **Atemtechnik** breathing technique
atlantisch Atlantic
die **Atmosphäre, -n** atmosphere
die **Atomkraft, ⸚e** atomic power
das **Atomkraftwerk, -e** nuclear power station
atonal atonal
attackieren to attack
das **Attentat, -e** attempted assassination
auch also, too; either
auf on, upon; up; to; open
der **Aufbau, -ten** structure, building up, reconstruction
auf-bauen to rebuild
der **Aufenthalt** stay
auf-fallen (ä) ie, (ist) a to strike one's attention
auffallend striking
die **Auffassung, -en** conception
auf-führen to perform
die **Aufführung, -en** performance, presentation
die **Aufgabe, -n** lesson, task, mission, function
auf-geben, (i), a, e to give up
auf-gehen, ging auf, (ist) aufgegangen to open
die **Aufhetzung** incitement

auf-hören to stop
auf-klären to enlighten
die Aufklärung enlighten-
    ment
auf-lachen to start to laugh
die Auflage, -n circulation,
    edition
auf-leuchten to begin to
    shine, illuminate the
    darkness
auf-lockern to loosen up
die Auflockerung loosen-
    ing, relaxation
auf-machen to make up,
    open
die Aufnahmeprüfung
    entrance examination
auf-nehmen, nimmt auf, a,
    aufgenommen to absorb
auf-passen to watch out
aufrecht-erhalten (ä), ie, a
    to keep up
der Aufruf, -e appeal
der Aufsatz, ⁼e composi-
    tion
auf-saugen, o, o to absorb
aufschlußreich informative
auf-schreiben, ie, ie to
    write down
die Aufsicht supervision
der Aufstand, ⁼e uprising
auf-stehen to get up
auf-stellen to make, set up
die Aufstellung setting up
der Aufstieg, -e advance-
    ment, promotion, rise
auf-teilen to divide up
der Auftrag, ⁼e commis-
    sion, order
auf-treten (tritt auf), a, (ist) e
    to occur, crop up
die Auf- und Abwärts-
    bewegung, -en pumping
    motion
der Aufwand display
auf-waschen (ä), u, a to
    wash dishes
auf-weisen, ie, ie to show,
    exhibit
auf-zählen to enumerate
das Auge, -n eye; im Auge
    behalten to keep in
    mind
der Augenblick, -e moment
aus out of, from
aus-bilden to train, school
die Ausbildung training,

schooling
aus-dehnen to extend,
    spread
der Ausdruck, ⁼e expres-
    sion
aus-drücken to express
die Auseinanderentwicklung
    diverse development
die Auseinandersetzung, -en
    discussion, argument
aus-führen to carry out
aus-geben (i), a, e to issue
aus-gehen, ging aus, (ist)
    ausgegangen to proceed
ausgeprägt pronounced
ausgestattet equipped
der Ausgewiesene, -n, -n
    expellee
ausgezeichnet excellent
aus-halten (ä), ie, a to stand
das Ausland foreign
    country, abroad
der Ausländer, - foreigner
ausländisch foreign
die Auslandsmeldung, -en
    foreign news
der Auslaut, -e final sound
die Auslegung, -en inter-
    pretation
die Ausleseschule, -n select
    school
die Auslieferung, -en
    delivery
aus-lösen to trigger
aus-machen to constitute
aus-merzen to eliminate
die Ausnahme, -n excep-
    tion
ausnahmslos invariable
ausreichend adequate
aus-richten to line up
(sich) aus-ruhen to rest
aus-runden to round out
ausschließlich exclusively
der Ausschuß, ⁼(ss)e
    committee
aus-sehen (ie), a, e to look
    like, appear
der Außenminister, -
    foreign minister,
    Secretary of State
die Außenpolitik foreign
    affairs (policy)
außer besides, outside of
äußer- exterior
außerdem moreover,
    besides

außerhalb outside of
äußern to express
äußerlich outwardly
außerordentlich extra-
    ordinary
äußerst extremely
die Äußerung, -en expres-
    sion
die Aussprache pronuncia-
    tion
aus-sprechen (i), a, o
    to express, pronounce
aus-stellen to exhibit
die Ausstellung, -en
    exhibit, exhibition
aus-sterben, (i), a, (ist) o
    to die out, become extinct
aus-strahlen to beam
der Austausch exchange
aus-tauschen to exchange
(das) Australien Australia
aus-üben to exercise
die Auswahl selection
aus-wählen to select
der Ausweg, -e way out
(etwas) aus-werten to make
    full use of (a thing)
aus-zahlen to pay (out)
(sich) aus-zeichnen
    to distinguish oneself
das Auto, -s auto
der Autobus, -se bus
automatisch automatically
autonom autonomous
der Autor, -en author
autoritär authoritarian
die Autorität, -en authority
avantgardistisch avant-
    garde

B

der Bach, ⁼e brook
die Bahnanlage, -n tracks
der Bahnhof, ⁼e railroad
    station
bald soon
der Balkon, -e balcony
das Ballett, -e ballet
das Band, -e bond
der Band, ⁼e volume
das Band, ⁼er band, ribbon
die Bank, ⁼e bench, seat
barbarisch barbarian
das Bankkonto Bank-
    konten bank account

barfuß barefoot
barmherzig merciful
die Barrikade, -n barricade
der Bart, ⸚e beard
basieren (auf) to be based
(upon)
die Basis basis
Baskisch Basque
der Bau, -ten structure,
building
der Bauarbeiter, - con-
struction worker
der Bauch, ⸚e belly,
stomach
bauen to build
der Bauer, -n, -n farmer,
peasant
der Baukostenzuschuß
building costs fee
die Bausparkasse, -n
savings association (for
building purposes)
der Bayer, -n, -n Bavarian
bay(e)risch Bavarian
(das) Bayern Bavaria
der Beamte, -n, -n
(government) official
beantworten to answer
(Thema) bearbeiten to deal
with, treat (a subject)
beaufsichtigen to look after
bedeckt covered
bedeuten to signify, mean
bedeutend important,
significant
die Bedeutung, -en
significance, meaning
der Bedeutungsumfang
area of meaning
bedeutungsvoll meaning-
ful
die Bedingung, -en term,
condition
das Bedürfnis, -se need,
requirement
beeinflussen to influence
(sich) befassen mit to deal
with, concern oneself
with
befehlen (ie), a, o to command, give orders
befriedigen to satisfy
befürchten to fear
die Begabung, -en aptitude,
talent
die Begebenheit, -en event
begegnen to meet,

encounter
(sich) begeistern to be
enthusiastic
die Begeisterung
enthusiasm
der Beginn beginning
beginnen, a, o to begin
begleiten to accompany
beglücken to make happy
begrenzt limited
der Begriff, -e concept,
idea
der Begründer, - founder
begrüßen to greet, say
hello to
die Begrüßung, -en
greeting
behalten (ä), ie, a to keep
behandeln to treat
die Behandlung, -en
treatment; die Behand-
lung der Ärzte medical
attention
beharrlich persistent
die Beharrlichkeit
persistence
behaupten to maintain
die Behauptung, -en
assertion
beherrschen to control
bei at; with; at the
home of
beide both, two
beinahe almost
der Beirat, ⸚e council
das Beispiel, -e example;
zum Beispiel (z. B.) for
example (e. g.)
beispiellos unprecedented
der Beitrag, ⸚e contribution
bejahen to affirm
bekannt well-known
bekannt-machen to ac-
quaint
bekehren to convert
das Bekenntnis, -se
denomination
(sich) beklagen to complain
bekommen, a, o to receive,
to get
belegen to sign up for
(das) Belgien Belgium
beliebt popular
die Beliebtheit popularity
(sich) bemerkbar machen
to make itself felt
bemerken to comment,

notice
(sich) bemühen um
to strive for
benennen, benannte,
benannt to name
die Benennung, -en
naming, designation
benutzen, benützen to use,
utilize
das Benzin gasoline
beobachten to observe
der Beobachter, - observer
bequem comfortable, easy
beraten (ä), ie, a to advise
beratend advisory
der Berater, - advisor,
consultant
die Beratung counseling
berechtigt justified
der Bereich, -e sphere, field
bereit-stellen to make
available
der Berg, -e - mountain
der Bergarbeiter, - miner
die Bergarbeiterrente, -n
miner's pension
bergig mountainous
der Bericht, -e report
berichten to report
die Berichterstattung
reportage
der Berliner, - Berliner
berlinerisch pertaining to
Berlin, Berlin
der Beruf, -e profession,
occupation; der freie
Beruf profession in
which one is self-employed
die Berufsaufbauschule, -n
higher grade trade school
die Berufsbildung
professional training
die Berufsrichtung
vocational field
die Berufsschule, -n
vocational school
der Berufssoldat, -en, -en
professional soldier
berufstätig employed
die Berufstätigkeit
professional activity
die Berufswahl
choice of profession
die Berufung appointment
berühmt famous
die Berühmtheit, -en
famous person

berühren to touch upon
Berührung: in Berührung kommen, a, (ist) o to come in(to) contact
die **Besatzung** occupation
(sich) **beschäftigen** to occupy oneself, keep busy
bescheiden modest
beschleunigen to accelerate
beschließen, o, o to decide
der **Beschluß, ⸚(ss)e** resolution
beschränken to limit
beseitigen to do away with
der **Besitz, -tümer** possession; **Besitz ergreifen** to take possession
besitzen, besaß, besessen to possess
der **Besitzer, -** owner
die **Besonderheit, -en** peculiarity
besonders especial, special
besorgen to take care
besprechen (i), a, o to discuss
besser better
best best
bestanden successfully passed
bestätigen to confirm, corroborate
bestehen, bestand, bestanden to exist, pass; **bestehen aus** to consist of; **bestehen in** to consist in (the fact)
bestellen to order
die **Bestie, -n** beast
bestimmen to determine, settle
bestimmt certain, definite, intended
bestrafen punish
der **Besuch, -e** visit
besuchen to visit, attend
die **Besucherzahl** attendance
beteiligen to give a share in
beten to pray
betonen to stress, emphasize
die **Betonung** stress
betrachten to examine, regard, consider
die **Betrachtung, -en** reflection, consideration

betragen (ä), u, a to amount to
betreffen (i), betraf, o to affect
betreiben, ie, ie to push, urge
betreten (betritt), a, e to enter upon, explore
die **Betreuung** care
der **Betrieb, -e** plant, business
die **Betriebsakademie, -n** trade school
der **Betriebsleiter, -** business executive
das **Bett, -en** bed
betrunken drunk(en)
betteln to beg
der **Bettler, -** beggar
beurteilen to judge
die **Bevölkerung** population
der **Bevölkerungszuwachs** population increase
bevor before
bevorzugen to prefer
bewahren to preserve
bewegen to persuade, move
beweglich movable
die **Bewegung, -en** movement
bewußt conscious
das **Bewußtsein** consciousness
bezahlen to pay
bezeichnen to designate, describe, characterize
die **Bezeichnung, -en** name, designation
beziehen, bezog, bezogen to get, obtain
die **Beziehung, -en** relation, respect
der **Bezirk, -e** district
die **Bibel** Bible
die **Bibelübersetzung, -en** Bible translation
die **Bibliothek, -en** library
die **Bibliothekarin, -nen** librarian
bieder simple
das **Bienenhaus, ⸚er** beehive
das **Bier, -e** beer
bieten, o, o to offer
das **Bild, -er** picture, image
bilden to form, educate

die **Bildung** education, training
das **Bildungsprogramm** educational program
der **Bildungsweg, -e** "way to education"
das **Bildungswesen** educational set-up, system
billig cheap
billigen to grant, approve (off)
binden, a, u to bind, tie
die **Bindung, -en** tie
die **Biologie** biology
bis until, to, up to; **bis zu** to, up to
bisher up to this time
bisherig existing
bißchen bit
bitten, bat, gebeten to ask; **jemanden um einen Gefallen bitten** to ask someone a favor
blaß pale
das **Blatt, ⸚er** paper, newspaper
der **Blätterwald** forest of (news-)papers
bleiben, ie, (ist) ie to remain, stay
bleich pallid
der **Blick, -e** look, glance; **einen Blick werfen** to glance (at)
der **Blitzkrieg, -e** lightning (fast) war
die **Blockade, -n** blockade
blühen to flourish, blossom, grow
die **Blume, -n** flower
die **Blüte** flowering, blossoming time
bluten to bleed
blutig bloody
der **Boden, ⸚** soil, floor
die **Bohnenstange, -n** bean pole
die **Bombe, -n** bomb
das **Boot, -e** boat
bösartig malicious
böse bad, evil, angry
der **Bote, -n, -n** messenger
die **Botschaft, -en** message
das **Boulevardblatt, ⸚er** sensation-minded newspaper
brandaktuell right up to

the minute
der **Brauch, ⸚e** custom
brauchen to need, use
die **Braunkohle** brown coal, lignite
brav like a good fellow
breit broad, wide, large
der **Breitengrad, -e** degree of latitude
brennen, brannte, gebrannt to burn
brennend eagerly, ardently
die **Briefmarke, -n** postage stamp
bringen, brachte, gebracht to bring, take, have, carry
die **Broschüre, -n** booklet, pamphlet
das **Brot, -e** bread
das **Brötchen, -** roll
die **Brücke, -n** bridge
der **Bruder, ⸚** brother
brutal brutal
das **Bruttosozialprodukt** gross national product
das **Buch, ⸚er** book
die **Buchdruckerkunst** art of printing
der **Buchhändler, -** bookseller
die **Buchmesse, -n** book fair
der **Buchstabe, -ns, -n** letter
die **Bucht, -en** bay
die **Buchung, -en** item, entry
die **Bühne, -n** stage
der **Bühnenarchitekt, -en, -en** set designer
das **Bühnenbild, -er** stage set
die **Bühnenkünstler, -** theater people
das **Bühnenstück, -e** stage play
der **Bund, ⸚e** union, federation, league
das **Bündel, -** bundle
der **Bundesbürger, -** citizen of the Federal Republic of Germany
der **Bundeskanzler, -** federal chancellor
die **Bundespost** Federal Post Office
die **Bundesprüfstelle** federal examining office
die **Bundesregierung** federal government

die **Bundesrepublik Deutschland** Federal Republic of Germany
bundesrepublikanisch of the Federal Republic
das **Bundesverfassungsgericht** Federal Constitutional Court
die **Bundesversammlung** constitutional assembly
die **Bundeswehr** West German armed forces
das **Bündnis, -se** alliance
der **Bunker, -** air raid shelter
bunt colored, colorful, checkered
die **Burschenschaft, -en** fraternity, students' association
die **Burg, -en** fortress, castle
der **Bürger, -** citizen
bürgerlich middle-class
der **Bürgermeister, -** mayor
Burgund Burgundy
die **Burgunden** the Burgundians
das **Büro, -s** office
der **Busen, -** bosom, breast
der **Büstenhalter, - (= BH)** bra(ssiere)
die **Butter** butter

C

die **Chance, -n** chance, opportunity
der **Charakter, -e** character
charakterisieren to characterize
charakteristisch characteristic
der **Chef, -s** boss, head
die **Chemie** chemistry
der **Chemiker, -** chemist
chemisch chemical
chinesisch Chinese
der **Chor, ⸚e** choir, chorus
der **Choreograph, -en, -en** choreographer
der **Computer, -** computer
computerorientiert computer oriented
die **Computertechnik** computer technology

der **Christ, -en** Christian
die **Christenheit** Christendom, Christianity
das **Christentum** Christianity
Christus Christ
christianisieren to Christianize
christlich Christian

D

da since; there
dabei in it, in them, thereby, with it, at the same time
dadurch through it (the fact)
dafür for it
dagegen on the other hand; against it
daher therefore
dahin that time, then
damalig then, at that time
damals then, in those days
die **Dame, -n** lady
damit so that
der **Dämon, -en** demon
danach after that
daneben besides
(das) **Dänemark** Denmark
dank thanks to
danken to thank
dann then
die **Darbietung, -en** performance
dar-stellen to represent, perform, write
die **Darstellungskunst** art of production and acting
darüber about that
darunter among them
daß that
das **Datum, Daten** date
die **Dauer** duration
dauern to last, take
dazu in addition, in that connection
dazu-kommen, a, (ist) o to be added
dazwischen between times
die **Debatte, -n** debate
decken to cover
deklarieren to declare
definieren to define
die **Deklination, -en**

declension
delegieren to delegate
demagogisch demagogic
die **Demarkationslinie, -n**
line of demarcation
die **Demokratie, -n**
democracy
demokratisch democratic
die **Demokratisierung**
democratization
die **Demonstration, -en**
demonstration
demontieren to disassemble
denkbar conceivable
denken, dachte, gedacht
to think, mean;
sich denken to imagine;
gedacht sein to be
intended
der **Denker, -** thinker,
philosopher
die **Denkform, -en** way of
thinking
die **Denkfreiheit** freedom
of thought
denn for, because
dennoch still, nevertheless
deportieren to deport
der-, die-, dasjenige
that (one)
der-, die-, dasselbe
the same
dergleichen mehr other
things of that sort
detailliert detailed
deshalb therefore,
for that reason
deutlich clear
deutsch German
der **Deutsche, -n, -n**
German
(das) **Deutschland**
Germany
deutschsprachig German
speaking
die **Deutung, -en** interpretation
die **Dezentralisierung**
decentralization
der **Dialekt, -e** dialect
dichtbevölkert densely
populated
die **Dichte** density
dichten to write
(creatively)
der **Dichter, -** poet, writer

dichterisch poetic
die **Dichtung** literature
dick fat, big
didaktisch didactic
der **Dieb, -e** thief
dienen to serve
der **Diener, -** servant
der **Dienst, -e** service
die **Dienstleistungen**
services
dies this
die **Dieselmaschine, -n**
Diesel engine
diesmal this time
das **Diktat, -e** dictation
die **Diktatur, -en** dictatorship
das **Ding, -e** thing
die **Diplomprüfung**
examination conferring
a diploma
direkt direct
die **Direktive, -n** directive
der **Direktor, -en** director
der **Direktstudent, -en, -en**
full-time student
das **Direktstudium**
full-time study
der **Dirigent, -en, -en**
conductor
das **Dirndlkleid, -er**
(Bavarian) native costume
dress
die **Diskussion, -en**
discussion
diskutieren to discuss
die **Disziplin** discipline
diszipliniert disciplined
doch yet, however, but;
nevertheless; after all
der **Doktorand, -en, -en**
Ph. D. candidate
die **Doktorfrage, -n**
"64 dollar question"
das **Dokument, -e**
document
die **Dokumentation**
documentation
der **Dolmetscher**
interpreter
der **Dom, -e** cathedral
dominieren to dominate
die **Donau** Danube
der **Doppelgänger, -** double
doppelt double, twice
das **Dorf, -̈er** village
dort there

Dosen- canned
die **Dosis** dose
der **Drachen, -** dragon
der **Dramatiker, -**
dramatist
dramatisch dramatic
drehen to turn; **sich**
drehen um to revolve
about
das **Drittel, -** third
die **Drossel, -n** thrush
drüben over there
der **Druck, -e** printing
drucken to print
der **Drucker, -** printer
die **Druckerei, -en**
printing business
die **Druckliteratur**
printed literature
(sich) **ducken** to cringe
duftend fragrant
dunkel dark
durch through, by means of
durch-führen to carry out
durch-queren to cross
im Durchschnitt on the
average
das **Durchschnittseinkommen** average income
durchsuchen lassen to have
searched
dürfen (darf), durfte, gedurft
may, to be allowed to
durstig thirsty
das **Dutzend, -e** dozen

E

die **Ebene, -n** level
ebenfalls likewise, also
ebenso just as (much), the
same way
das **Echo, -s** echo
die **Ecke, -n** corner, part
edel noble
der **Egoismus** egoism,
egotism
die **Ehe, -n** marriage
eher rather, sooner
ehemalig former
das **Ehepaar, -e** married
couple
der **Ehepartner, -** spouse
ehrlich honest
der **Eifer** zeal
eigen own

eigentlich   real, actual
die **Eigenschaft, -en**
  property, feature
das **Eigentum, ̈er**
  property
der **Eigentümer, -**   owner
die **Eigentümlichkeit, -en**
  peculiarity, characteristic
die **Eigentumswohnung, -en**
  condominium
ein   a, an; one
einander   one another
einbegriffen: mit einbegriffen sein   to be included
der **Einblick, -e**   insight
ein-brechen (i), a, o
  to break down;
  ein-brechen (i), a, (ist) o
  to break in
eindeutig   unequivocally,
  clearly
ein-deutschen   to give a
  German flavor
der **Eindruck, ̈e**   impression
einfach   simple
der **Einfluß, ̈(ss)e**
  influence;
  Einfluß ausüben
  to exert influence
ein-führen   to introduce
der **Einfuhrzoll, ̈e**
  import duty
eingerichtet   set up,
  organized
ein-greifen, griff ein, eingegriffen   to intervene
die **Einheit, -en**   unit, unity,
  oneness
einheitlich   uniform
die **Einheitsliste**   standardized list of candidates
  who regardless of votes
  are elected in the prescribed sequence
die **Einheitspartei**
  unity party
(sich) **einig sein**   to agree
einige   a few, some, several
einigen   to unite
die **Einigung**   unification
ein-kassieren   to collect
der **Einklang**   harmony
das **Einkommen**   income
ein-laden (lädt ein), u, a
  to invite
die **Einladung, -en**

invitation
einmal   once, one time,
  for one thing; **auf einmal**
  suddenly; **nicht einmal**
  not even
ein-mauern   to wall in
die **Einnahme, -n**   intake,
  income
ein-richten   to set up;
  ein-richten auf
  to prepare for
die **Einrichtung, -en**
  equipment, furnishing
einsam   lonely
ein-schicken   to send in
ein-schlafen (ä), ie, (ist) a
  to fall asleep
einschließlich   inclusive
ein-schreiten, schritt ein, (ist) eingeschritten
  to intervene
der **Einschüchterungsversuch, -e**   attempt at
  intimidation
einseitig   one-sided
die **Einsicht, -en**   insight
der **Einsiedler, -**   hermit
einst   once (upon a time)
ein-stellen   to employ
die **Einstellung, -en**   hiring;
  attitude
eintägig   one day
ein-teilen   to divide
die **Einwirkung**   influence
ein-treten (tritt ein), a, (ist) e
  to step in
ein-wirken   to have an
  effect
die **Einwirkung, -en**
  effect, influence
der **Einwohner, -**
  inhabitant
die **Einzelheit, -en**   detail
einzeln   individual, single
einzig   only
einzigartig   unique
die **Eisenbahnlinie, -n**
  railroad line
eisern   iron
eiskalt   icy cold
elastisch   elastic, flexible
die **Elegie, -n**   elegy
der **Elektriker, -**   electrician
elektrisch   electrical
die **Elektrizität**   electricity
die **Elektronik**   electronics
elektronisch   electronic

das **Element, -e**   element
elend   miserable
die **Eltern**   parents
die **Emotion, -en**   emotion
der **Empfang, ̈e**   reception
empfangen (ä), i, a
  to receive
der **Empfänger, -**   viewer
empfehlen (ie), a, o
  to recommend
die **Empfehlung, -en**
  recommendation
die **Emigration**   emigration
das **Ende, -n**   end;
  am Ende   in the end
enden   to end
endlich   finally
endlos   endless
die **Endung, -en**   ending
die **Energie**   energy
eng   close, intimate, narrow
das **Engagement, -s**
  commitment
engagiert   committed
der **Engel, -**   angel
(das) **England**   England
der **Engländer, -**   Englishman
die **Endung, -en**   ending
enorm   enormous
das **Ensemble, -s**   ensemble
entartet   degenerate
entdecken   to discover
der **Entdecker, -**   discoverer
enteignen   to disown,
  collectivize
entfernt   (far) away,
  removed
die **Entfernung, -en**
  distance
entgegengesetzt   opposite
entgegen-kommen, a, (ist) o
  to meet (halfway)
enthalten (ä), ie, a
  to contain
die **Enthüllung, -en**   exposé
die **Entindustrialisierung**
  deindustrialization
entlang   along
die **Entlassung**   dismissal
entlehnen   to borrow
die **Entlehnung, -en**
  borrowing
entscheiden, ie, ie   to decide
entscheidend   decisive
die **Entscheidung, -en**
  decision

entschieden markedly, definitely
(sich) entschließen, o, o to decide
entsprechen (i), a, o, to be adequate for, correspond (to), be in accord with;
  einem Zweck entsprechen to serve a purpose
entsprechend corresponding
die **Entsprechung, -en** equivalent, correspondence
entspringen, a, (ist) u to rise, spring from
entstehen, entstand, (ist) entstanden to come about, come into existence, arise
die **Entstehung** rise, origin, founding
enttäuscht disappointed
entweder either
entwerfen (i), a, o to sketch
entwickeln to develop
die **Entwicklung, -en** development
der **Entwicklungshelfer, -** development helper
das **Entwicklungsland, ⸚er** developing country
der **Entwurf, ⸚e** outline, draft
episch epic
entziehen, entzog, entzogen to withdraw
die **Epoche, -n** epoch
das **Epos, Epen** epic
das **Erbe** heritage
erblicken to catch sight of
die **Erde** earth, ground
das **Ereignis, -se** event
erfahren (ä), u, a to learn, find out, experience
erfinden, a, u to make up, invent
der **Erfinder, -** inventor
die **Erfindung, -en** inventor
der **Erfolg, -e** success
erfolgreich successful
erfüllen to fulfill, perform;
  (einen) Wunsch erfüllen to grant a request
die **Erfüllung** realization, fulfillment

die **Ergänzung, -en** supplement
(sich) ergeben (i), a, e to result, arise, emerge
das **Ergebnis, -se** result
ergreifen, ergriff, ergriffen to take up
erhalten (ä), ie, a to get, receive
die **Erhaltung** maintenance
erhöhen to raise
(sich) erhöhen to be raised
erinnern to remind;
  (sich) erinnern an to remember
(sich) erkämpfen to get by fighting
erkennen, erkannte, erkannt to recognize, realize
erkennbar discernible
erklären to explain
die **Erklärung, -en** explanation
erlangen attain
erlassen (erläßt), ie, a to enact, put through;
  (ein) Gesetz erlassen to make a law
erlauben to allow, permit
die **Erlaubnis, -se** permission
erläutern to illustrate
erleben to experience
das **Erleben** experience
das **Erlernen** acquisition, learning, study
erlösen to redeem, save
ermöglichen to make possible
die **Ermordung, -en** murder
ermuntern to encourage
ernennen, ernannte, ernannt to appoint
die **Ernennung, -en** appointment, nomination
ernst serious
ernsthaft seriously
erobern to conquer, gain, win
die **Eroberung, -en** conquest
eröffnen to open
erregen to stir up
erreichen to attain, reach
der **Ersatz** substitute, replacement

die **Ersatzformel, -n** makeshift term
erscheinen, ie, ie to appear
erschlagen (ä), u, a to slay
erschöpfen to exhaust
die **Erschöpfung** exhaustion
(sich) erschrecken (i), a, o to be startled; frighten
ersetzen to replace
die **Ersparnisse** savings
erst first, at first; not until, only
das **Erstaunen** astonishment
erstaunlich amazing, astonishing
erstaunt astonished
(sich) erstrecken to stretch, extend
erteilen to issue
ertrinken, a, u to drown
erwachen to awaken
der **Erwachsene, -n, -n** adult
erwähnen to mention
erwarten to expect
erweitern to broaden
erwischen to catch
erzählen to relate, tell (about)
der **Erzähler, -** narrator
die **Erzählung, -en** narration, tale
erziehen, erzog, erzogen to raise, educate
erzieherisch educational
die **Erziehung** education, upbringing
die **Erziehungswissenschaft, -en** education, pedagogy
erzielen to achieve
das **Erzlager, -** iron-ore deposit, mineral deposit
das **Essen** dinner
essen, (ißt), aß, gegessen to eat
der **Esser, -** eater
estnisch Estonian
die **Etappe, -n** stage
ethisch ethical
etwa about, approximately
etwas something, somewhat
(das) Europa Europe
europäisch European
die **Europäische Wirtschafts-**

Gemeinschaft (EWG) European Economic Community (EEC), Common Market

die **Evangelien** gospels

evangelisch Lutheran, Protestant

ewig eternal

dsa **Exemplar, -e** copy

das **Exil** exile

die **Existenz, -en** existence, life

existieren to exist

das **Experiment, -e** experiment

experimentell experimental

experimentieren to experiment

der **Export, -e** export

exportieren to export

das **Extrem, -e** extreme

F

die **Fabrik, -en** factory

das **Fach, ⸚er** subject, field

der **Facharbeiter, -** skilled worker

der **Fachlehrer, -** teacher specialized in certain subjects

die **Fachleute** (pl.) experts

die **Fachschule, -n** technical school, trade school

das **Fachstudium, -studien** specialized study

der **Faden, ⸚** thread

die **Fähigkeit, -en** capability

fahren (ä), u, (ist) a to drive, travel, ride; go

die **Fahrt, -en** ride, trip

der **Faktor, -en** factor

die **Fakultät, -en** faculty, institute

der **Fall, ⸚e** case; **auf jeden Fall** in any case

fallen (ä), ie, (ist) a to fall

falsch false, wrong, deceitful

falten to fold

die **Familie, -n** family

fangen (ä), i, a to catch

die **Farbe, -n** color

färben to color

das **Farbfernsehsystem, -e** color television system

das **Faß, ⸚(ss)er** barrel

fast almost

faul dirty, double-dealing

das **Fechten** fencing

die **Feder, -n** pen

fehlen (an) to be lacking (in), be missing

fehl-schlagen (ä), u, (ist) a to come to nothing

die **Feier, -n** celebration

feiern to celebrate

der **Feiertag, -e** holiday

fein hostile (to)

der **Feind, -e** enemy

das **Feld, -er** field; **aus dem Felde schlagen** to beat the competition

der **Feldzug, ⸚e** campaign

das **Fell, -e** hide, skin

der **Felsen, -** cliff

das **Fenster, -** window

die **Ferien** (pl.) vacation

das **Ferkel, -** piglet

fern distant, far

fern-sehen (ie), a, e to see TV

das **Fernsehen** television

der **Fernseher, -** television set

die **Fernsehgebühr, -en** TV-fee

das **Fernsehgerät, -e** TV-set

das **Fernsehspiel, -e** television play

die **Fernsehstation, -en** television station

die **Fernsehwirkungsforschung** TV effect research

das **Fernstudium** correspondence studies

das **Fest, -e** festival, feast

fest firm, solid, fixed, fast

fest-halten (ä), ie, a to hold fast

fest-legen to assess

festlich festive

fest-setzen to fix, establish

die **Festspiele** (pl.) festival(s)

fest-stellen to find out, ascertain, determine

fett fat

das **Feuer, -** fire

das **Feuilleton, -s** cultural and entertainment part of

newspaper

der **Film, -e** film, movie

filmen to film, to shoot

der **Finanzausgleich** adjustment of finances

finanziell financial

finanzieren to finance

der **Finanzminister, -** Secretary of the Treasury

das **Finanzsystem, -e** system of finances

finden, a, u to find

der **Fingernagel, ⸚** fingernail

(das) **Finnland** Finland

die **Firma, Firmen** firm, company

der **Fisch, -e** fish

die **Fläche, -n** area

die **Flagge, -n** flag, banner

die **Flasche, -n** bottle

flechten, (i), o, o to braid

das **Fleisch** meat

der **Fleiß** industry, diligence

fleißig diligent

die **Flexionsform, -en** forms of inflection

fliegen, o, (ist) o to fly

fliehen, o, (ist) o to flee, to escape

florieren to flourish

die **Flotte, -n** fleet

die **Flucht, -en** flight, escape

flüchten to flee

der **Flüchtling, -e** refugee

der **Fluchtversuch, -e** escape attempt

der **Fluchtweg, -e** flight path, manner of escape

der **Flug, ⸚e** flight

das **Flugzeug, -e** airplane

der **Fluß, ⸚(ss)e** river

flüstern to whisper

die **Flut, -en** flood

die **Folge, -n** consequence

folgen to follow

fordern to require, demand

fördern to encourage, help

die **Forderung, -en** demand

die **Form, -en** form

die **Formalität,- en** formality

die **Formel, -n** formula

formlos formless

formulieren to formulate

forsch blatant

die **Forschung** research
fort away
die **Fortbildung** continuing
education
fort-fahren (ä), u, (ist) a
to continue
fortschreitend progressive
der **Fortschritt, -e** progress
fortschrittlich progressive,
socialist(ic)
fort-setzen to continue
der **Fortsetzungsroman, -e**
serialized novel
fortwährend continuous
das **Foto, -s** photograph
die **Fotografie, -n**
photography
fotographieren to photograph
fotographisch
photographic
die **Frage, -n** question
fragen to ask
(sich) **fragen** to wonder
das **Fragment, -e** fragment
die **Fraktur** Gothic type
der **Franke, -n** Frank
(das) **Frankreich** France
französisch French
die **Frau, -en** woman;
wife; Mrs.
frei free, free-lance
frei haben to be off
der **Freier, -** suitor
die **Freiheit, -en** freedom,
liberty
freiheitlich liberal
freiheitsgefährdend
freedom-endangering
die **Freiheitskriege** (pl.)
War(s) of Liberation
der **Freiherr, -n, -en** baron
freilich however
die **Freizeit** leisure
fremd foreign, strange
das **Fremdenzimmer, -**
guest room
fressen (i), a, e to devour
die **Freude, -n** joy
(sich) **freuen** to be glad;
(sich) **freuen auf** to look
forward to
der **Freund, -e** friend
freundlich friendly (to)
die **Freundschaft, -en**
friendship
freundschaftlich cordial,

friendly
der **Frieden** peace
der **Friedensvertrag, ˮe**
peace treaty
friedlich peaceful
frisch fresh
der **Friseur, -e** barber,
hairdresser
froh glad, happy
fröhlich joyful
die **Frucht, ˮe** fruit
früh early
früher former(ly)
der **Frühschoppen** get-
together over a morning
pint
das **Frühstück, -e**
breakfast
fühlbar perceptible
fühlen to feel
führen to lead, carry on,
have
führend in the lead
der **Führer, -** leader
die **Führung** leadership
füllen to fill
fundamental fundamental
der **Funk** radio
funkelnagelneu brand-new
das **Funkgerät, -e**
wireless set
die **Funktion, -en** function
der **Funktionär, -e** official,
functionary
fürchten to fear;
(sich) **fürchten (vor)**
to be afraid (of)
die **Fürsorge** welfare
der **Fürst, -en, -en** prince
der **Fuß, ˮe** foot;
zu Fuß on foot
der **Fußgänger, -** pedestrian
füttern to feed

G

die **Gabe, -n** donation
der **Galgen, -** gallows
der **Gang, ˮe** corridor;
in Gang kommen, a, (ist) o
to get going
das **Gänsefüßchen, -** quote
ganz completely, quite,
entire, all
ganzseitig full-page
garantieren to guarantee

gar nicht not at all
der **Garten, ˮ** garden
der **Gast, ˮe** guest
der **Gastarbeiter, -** guest-
worker, foreign worker
das **Gebäude, -** building
geben (i), a, e to give;
es gibt there is, there are
das **Gebet, -e** prayer
das **Gebiet, -e** area, district
gebieten, o, o to command
der **Gebildete, -n, -n**
college-educated person
geboren born
der **Gebrauch, ˮe** use
gebrauchen to use
die **Gebühr, -en** fee
gebündelt bunched
die **Geburt, -en** birth
die **Geburtsstadt, ˮe**
native city, city of birth
der **Geburtstag, -e** birthday
das **Gedächtnis** memory
der **Gedanke, -ns, -n**
thought, idea
das **Gedicht, -e** poem
die **Geduld** patience
geduldig patient
gefährden to endanger,
jeopardize
gefallen (ä), ie, a to please;
(sich) **gefallen lassen**
to put up with
der **Gefallen, -** favor;
um einen Gefallen bitten
to ask for a favor
der **Gefangene, -n, -n**
prisoner
gefangen-nehmen
to take prisoner
das **Gefühl, -e** feeling
gegen against; toward;
opposite
die **Gegend, -en** area
der **Gegensatz, ˮe** opposite,
contrast; **im Gegensatz zu**
as opposed to
gegenseitig mutual
der **Gegenstand, ˮe** object
das **Gegenstück, -e**
counterpart
das **Gegenteil, -e**
contrary, opposite
gegenüber vis-à-vis,
as compared to, toward
die **Gegenwart** present
gegenwärtig present

der **Gegner, -** opponent
das **Gehalt, ⸚er** salary
geheim secret
das **Geheimnis, -se** secret
geheimnisvoll mysterious
gehen, ging, (ist) gegangen
to go, walk
zu Gehör bringen
to give a hearing
gehören to belong (to)
die **Geige, -n** violin
der **Geist, -er** spirit,
intellect
geistig intellectual,
spiritual
der **Geistliche, -n, -n**
clergyman
gelangen (zu) to reach
das **Geld, -er** money
gelegen sein to be situated
die **Gelegenheit, -en**
opportunity
gelingen, a, (ist) u
to succeed
gelten (i), a, o to apply,
be valid, be considered
gemäßigt moderate
die **Gemeinde, -n**
community
das **Gemeingut, ⸚er**
community property
gemeinsam common,
in common, together
die **Gemeinschaft, -en**
community, jointly;
in common
gemeinschaftlich jointly
gemütlich pleasant, cozy,
congenial
genau exact, precise
genaugenommen
strictly speaking
genauso (viel)
just as (much)
genehmigt approved
der **General, ⸚e** general
der **Generalsekretär, -e**
secretary general
die **Generation, -en**
generation
genesen, a, (ist) e to recover
die **Genossenschaft, -en**
co-op
genug enough
genügen to be enough,
suffice
genügend sufficient,

enough
der **Genuß, ⸚(ss)e**
enjoyment
die **Geographie** geography
geographisch
geographic(al)
gerade straight; just
das **Gericht, -e** court
gering slight, small
die **Germanen** (pl.)
Germanic tribes
germanisch Germanic,
Teutonic
germanozentrisch
German-centered
gern(e) gladly
gesamt combined, all,
entire
die **Gesamtauflage**
total circulation
das **Gesamtbild, -er**
total picture
die **Gesamthochschule**
"total" university
das **Gesamtprodukt, -e**
total product, gross
product
die **Gesamtschule, -n**
integral school
das **Geschäft, -e** shop, store,
business
der **Geschäftsmann, Ge-
schäftsleute** business-
man
geschehen (ie), a, (ist) e
to happen, take place
gescheit clever
das **Geschenk, -e**
present, gift
die **Geschichte, -n** story,
history
geschichtlich historical
das **Geschichtsbild, -er**
historical image
der **Geschichtsschreiber, -**
historian
das **Geschlecht, -er**
gender, family, race
geschickt skillful
die **Geschmacksbildung**
development of educated
taste
der **Geselle, -n, -n**
journeyman
die **Gesellschaft, -en**
company, society, party
gesellschaftlich social

der **Gesellschaftsklatsch**
society gossip
gesellschaftspolitisch
sociopolitical
das **Gesellschaftsspiel, -e**
party game
das **Gesetz, -e** law;
(ein) Gesetz erlassen
to pass a law
die **Gesetzgebung**
legislation
das **Gesicht, -er** face
gesinnt minded
der **Gesichtspunkt, -e**
point of view
gesondert distinct,
separate
das **Gespräch, -e**
conversation;
ins Gespräch kommen
to start a conversation
die **Gestalt, -en** form, figure
gestalten to create, shape,
give form
die **Gestaltung, -en**
giving form (to)
gestern yesterday
gesund healthy
die **Gesundheit** health
geteilt divided
das **Getreide** grain
gewaltig powerful
das **Gewässer, -** body of
water
die **Gewerkschaft, -en**
labor union
gewerkschaftlich (in the)
union
der **Gewerkschaftsbund, -e**
labor union
das **Gewicht, -e** weight
der **Gewinn, -e** profit
die **Gewinnbeteiligung**
sharing in profits
gewinnen, a, o
to win (over), gain
gewiß certain
(sich) gewöhnen an to get
used to
die **Gewohnheit, -en** habit
gewöhnlich usually
gewöhnt accustomed;
gewöhnt sein an
to be accustomed to
der **Gipsverband, ⸚e**
plaster cast
glanzvoll brilliant

die **Glasätzarbeit**
glass etching
der **Glaube** faith
glauben (an) to believe (in)
glaubwürdig credible
gleich immediately;equal,
same
gleichberechtigt
having equal rights
die **Gleichberechtigung**
equality of rights
die **Gleichgültigkeit**
indifference
die **Gleichheit, -en** equality
gleich-setzen to equate
gleich-stehen to match,
equal
die **Gleichstellung**
equalization
das **Glück** luck, happiness
glücklich happy
gotisch Gothic
der **Gott, ̈er** God
graben (ä), u, a to dig
der **Grad, -e** degree, rank
der **Graf, -en, en** count
der **Gral** grail
grammatisch grammatical
grauenvoll ghastly
grausam cruel, inhuman
die **Grausamkeit, -en**
cruelty
greifen, griff, gegriffen
to seize
grell bright, piercing, loud
(color)
die **Grenze, -n** border,
boundary
die **Grenzlinie, -n**
borderline
(das) **Griechenland** Greece
griechisch Greek
grob rude
groß large, big, great; tall
die **Größe, -n** size
die **Großmutter, ̈** grand-
mother
grotesk grotesque
grün green
der **Grund, ̈e** reason
der **Grundbegriff, -e**
basic concept
gründen to found,
establish
der **Gründer, -** founder
das **Grundgesetz, -e** basic
law, statute(s)

die **Grundlage, -n** basis
gründlich thorough
die **Grundmiete, -n** basic
rent
die **Grundnahrungsmittel**
(pl.) basic foodstuffs
der **Grundsatz, ̈c** principle
die **Grundschule, -n** first
four years of elementary
school
die **Grundschulzeit** time
of basic schooling
der **Grundtyp, -en**
basic type
die **Gruppe, -n** group
(sich) **gruppieren** to group,
be grouped
günstig favorable
gut good, well
das **Gymnasium, Gymnasien**
nine-year secondary school
die **Gymnastik** gymnastics

H

haben, hatte, gehabt
to have
halb half
die **Hälfte, -n** half
der **Hals, ̈e** neck
halt-machen to stop
halten (ä), ie, a to hold;
stop, halt; **halten für**
to consider; **halten von**
to think of
(sich) **halten an (ä), ie, a**
to have recourse to
die **Haltung, -en** attitude
Hameln Hamlin
die **Hand, ̈e** hand
der **Handel** trade
handeln to act, live,
behave
(sich) **handeln um**
to be a question of
die **Handelsgesellschaft**
trade association
der **Handelspartner, -**
trade partner
das **Handelszentrum, Handelszentren** center of
trade
die **Handlung, -en** plot,
action
das **Handwerk, -e** trade,
craft

der **Handwerker, -**
mechanic
hängen, i, a to hang;
hängen an to be attached
to
harmlos harmless
hart hard
der **Haß** hatred
der **Haßausbruch, ̈e**
outbreak of hate
häßlich ugly
häufig frequently
haupt- main
das **Haupt, ̈er**
head, main
das **Hauptproblem, -e**
main problem
die **Hauptsache, -n** main
thing
hauptsächlich especially,
mainly
die **Hauptschule, -n**
advanced elementary
school
der **Hauptschüler, -** student
in advanced elementary
school
die **Hauptstadt, ̈e** capital
das **Hauptziel, -e** main goal
das **Haus, ̈er** house; **nach
Hause gehen** to go home;
zu Hause sein to be at
home
der **Haushalt, -e** budget,
household
das **Hausorgan, -e**
official publication
die **Haut, ̈e** skin
heben, o, o to raise
hebräisch Hebrew
das **Heer, -e** army
der **Heiland** Saviour
heilig holy
der **Heilige, -n, -n** saint
das **Heim, -e** home,
dormitory
die **Heimat** homeland
der **Heimleiter, -** director
of a student's residence
die **Heimreise** trip home
die **Heimstatt** home
heiraten to marry
heißen, ie, ei to be called;
das heißt (d. h.)
that is to say (i.e.)
der **Held, -en, -en** hero
die **Heldendichtung**

heroic poetry, epic
die **Heldensage, -n**
  heroic saga
helfen (i), a, o to help
hell bright, light
das **Hemd, -en** shirt
heran-wachsen (ä), u, (ist) a
  to grow up
der **Herausgeber, -**
  publisher, editor
heraus-kommen, a, (ist) o
  to come out, to be
  published
heraus-pflücken to pick out
herbei-führen to bring
  about
der **Herbst** fall
die **Herde, -n** herd
heroisch heroic
der **Herr, -n, -en** gentle-
  man; Mr.; Lord; master
die **Herrenjahre** (pl.)
  grand and lordly years
herrlich splendid
herrschen to rule
der **Herrscher, -** ruler
her-stellen to produce,
  establish
die **Herstellung** production
herum around
hervor-bringen to produce
hervor-heben, o, o
  to stress
hervorragend outstanding
hervor-rufen, ie, u
  to call forth
hervorragend outstanding
das **Herz, -ens, -en** heart
das **Herzland** heartland
herzlich cordial
der **Herzog, -̈e** duke
die **Hetzkampagne, -n**
  inflammatory campaign
heute today
heutig present-day
die **Hexe, -n** witch
die **Hierarchie, -n** hierarchy
hierfür for this
die **Hilfe, -n** help
das **Hilfsmittel, -** device
der **Himmel, -** sky, heaven
hin-arbeiten to work
  toward
**hinaus-gehen über, ging
  hinaus, (ist) hinausgegan-
  gen** to go beyond
Hindustani Hindi

hinein in
hingegen on the other
  hand
hinreichend sufficient
hinter behind, back
der **Hintergrund, -̈e**
  background
hinterher after(wards)
hinterher-hinken
  to limp behind
(sich) **hin-ziehen, zog, gezogen,** to extend
hinzu-fügen to add
hinzu-kommen, a, (ist) o
  to be added
der **Historiker, -** historian
historisch historic(al)
hoch, hoh- high, tall
hochnäsig arrogant
die **Hochschule, -n** college,
  university, institute
hochschuleigen pertaining
  to the universities
die **Hochschulplanung**
  university planning
höchstens at most
die **Hochzeit, -en** wedding,
  marriage
die **Hoffnung, -en** hope
der **Hof, -̈e** court,
  courtyard
höfisch-ritterlich
  courtly, of knighthood
der **Höhepunkt, -e** climax
holen to fetch
holländisch Dutch
die **Hölle** hell
das **Holz, -̈er** wood
hölzern wooden
der **Holzschnitt, -e**
  woodcut
das **Honorar, -e** fee,
  honorarium
hören to hear
der **Hörer, -** listener
der **Horizont, -e** horizon
der **Hörsaal, Hörsäle**
  lecture room, auditorium
Huckepack piggyback
in Hülle und Fülle
  in abundance
human humane,
  humanitarian
der **Humanismus**
  humanism
humanistisch humanist(ic)
der **Humor** humor .

der **Hunger** hunger;
  Hunger stillen
  to satisfy hunger
hungern to go hungry
die **Hungersnot** famine
hungrig hungry
der **Hunne, -n** Hun
der **Husar, -en** hussar
der **Hut, -̈e** hat
hüten to watch over
die **Hütte, -n** hut
hysterisch hysterical

I

ideal ideal
idealistisch idealistic
die **Idee, -n** idea
identisch identical
der **Ideologe, -n, -n**
  theorist, ideologist
ideologisch ideological
illustrieren to illustrate
die **Illustrierte, -n, -n**
  illustrated magazine
immer always; **immer
  noch, noch immer** still;
  immer mehr more and
  more; **immer wieder**
  again and again
immerhin after all
die **Immigration** immigration
der **Imperialismus**
  imperialism
imperialistisch
  imperialist(ic)
das **Imperium** empire
importieren to import
imposant impressive
die **Improvisation, -en**
  improvisation
in in, into
indem in that, by
(das) **Indien** India
indirekt indirect
das **Individuum, Individuen**
  individual
indoeuropäisch
  Indo-European
indogermanisch
  Indo-Germanic
indoktrinieren
  to indoctrinate
industrialisiert
  industrialized

die **Industrialisierung**
industrialization
die **Industrie, -n** industry
der **Industriebetrieb, -e**
industrial plant
industriell industrial
der **Industriestaat, -en**
industrial state
das **Industriezentrum, die
Industriezentren**
center of industry
die **Inflation** inflation
infolge in consequence of
die **Information, -en**
information
das **Informationsrecht**
right to have (access to)
information
informieren to inform
der **Ingenieur, -e** (civil)
engineer
der **Inhalt, -e** content(s)
inhaltlich with regard to
the content
der **Inlaut, -e** medial sound
inner interior
innerhalb within, inside of
die **Insel, -n** island
insgesamt all together
insofern insofar as
inspirieren to inspire
installieren to install
die **Instandhaltung**
maintenance
das **Institut, -e** institute
die **Institution, -en**
institution
das **Instrument, -e**
instrument
inszenieren to produce,
stage
die **Inszenierung, -en**
production, staging
intellektuell intellectual
intelligent intelligent
der **Intendant, -en, -en**
director
intensiv intensive
interessant interesting
das **Interesse, -n** interest
(sich) **interessieren für**
to be interested in
intern internal
international international
die **Interpretation, -en**
interpretation
interpretieren to interpret
die **Invalidität** disability

die **Invasion, -en** invasion
inzwischen in the mean-
time
irgendein any
irgend etwas something,
anything
irgendwann sometime
irgendwelch some, any
irgendwie somehow
der **Irrsinnige, -n, -n**
madman
der **Irrtum, ⸚er** error
die **Isar** Isar river
(flowing through Munich)
(das) **Island** Iceland
isländisch Icelandic
die **Isoglosse, -n** isogloss,
dialect or language
boundary line
isolieren to isolate;
insulate
die **Isoliertheit** isolation
(das) **Italien** Italy
italienisch Italian

J

die **Jagd** hunt
das **Jahr, -e** year
der **Jahrestag, -e**
anniversary
der **Jahrgang, ⸚e** age group
das **Jahrhundert, -e** century
die **Jahrhundertfeier, -n**
centenary
jahrelang for years
-jährig -year-old
jährlich annual
das **Jahrzehnt, -e** decade
jammervoll pitiable,
pitiful
(das) **Japan** Japan
je ever; each; **je ... desto**
the ... the; **je mehr** the
more; **je nach** according
to; **je zuvor** ever before
jedenfalls at any rate
jeder each, every;
every one
jemals ever
jetzt now
jetzig present
jeweilig of the moment
jeweils at the (a) given
time
der **Journalismus**
journalism

der **Journalist, -en, -en**
journalist
die **Journalistik** journalism
der **Jubel** jubilation,
exultation
jubeln to cheer
das **Jubiläum, Jubiläen**
anniversary
jüdisch Jewish
die **Jugend** youth, young
people
der **Jugendfreund, -e** chum;
member of Communist
youth organization
jugendgefährdend
contributing to juvenile
delinquency
der, die **Jugendliche, -n -n**
young person
der **Jugendmeister, -**
teenage champion
(das) **Jugos'awien**
Yugoslavia
jung young
der **Junge, -n, -n** boy,
young man
Jura law
der **Jurist, -en** lawyer
juristisch legal, pertaining
to the School of Law

K

das **Kabarett, -s** (political)
cabaret
das **Kabinett, -e** cabinet
der **Käfer, -** beetle
der **Kaffee, -s** coffee
der **Kaiser, -** emperor
die **Kaiserin, -nen** queen,
empress
das **Kali, -s** potash
kalt cold
die **Kamera, -s** camera
die **Kammer, -n** chamber
das **Kammerorchester, -**
chamber orchestra
die **Kampagne, -n**
campaign
der **Kampf, ⸚e** fight, battle
kämpfen to fight, struggle
kämpferisch pugnacious
der **Kanadier, -** Canadian
kanadisch Canadian
der **Kanal, ⸚e** canal,
channel
der **Kanon, -s** canon

der **Kanzler, -** chancellor
das **Kapital, -e** capital
kapitalistisch capitalist
der **Kapitalismus**
capitalism
kaputt-gehen to break
die **Karte, -n** ticket
das **Kartell, -e** cartel
die **Kartoffel, -n** potato
der **Käse, -** cheese
das **Kassettenfernsehen**
cassette TV
der **Kasten, ⸗** case, box
die **Kategorie, -n** category
katholisch Catholic
kaufen to buy
der **Käufer, -** buyer
der **Kaufmann, Kaufleute**
businessman
kaum scarcely, hardly
kausal causal
der **Keim, -e** germ
kein not a, not any; none,
no one
keineswegs by no means
kennen, kannte, gekannt
to know
kennen-lernen to become
acquainted with
die **Kenntnis, -se**
knowledge
der **Kern, -e** core, central
point
der **Kernantrieb, -e**
nuclear propulsion
das **Kilo(gramm)** kilogram
das **Kind, -er** child
der **Kindergarten, ⸗** Kindergarten
die **Kinderstube, -n**
children's room, nursery
das **Kinn, -e** chin
das **Kino, -s** movie theater
der **Kiosk, -** newspaper and
magazine stand
die **Kirche, -n** church
kirchlich church,
ecclesiastical
die **Kiste, -n** crate
klagen to complain, sue
der **Klang, ⸗e** sound
klar clear; **(sich) klar sein
über** to understand
clearly
die **Klasse, -n** class
klassifizieren to classify
der **Klassiker, -** classic
klassisch classic(al)

kleben to paste
das **Kleid, -er** dress; **die
Kleider** clothes; **die Kleidung** clothes, apparel
klein small, little
klettern to climb
das **Klima** climate
die **Klinge, -n** blade
klingeln to ring
klopfen to knock
der **Klub, -s** club
die **Kluft, ⸗e** gulf
der **Knabe, -n, -n** boy
der **Knecht, -e** farmhand
das **Knie, -** knee
knien to kneel
der **Knochen, -** bone
die **Koalition, -en** coalition
kochen to cook
die **Koexistenz** co-existence
die **Kohle, -n** coal
das **Kohlenlager, -** coal
deposit
die **Kokerei, -n** coking
plant
der **Kollege, -n, -n**
colleague, fellow worker
die **Kolleg-Stufe, -n** college-
level instruction
kollektiv collective
Köln Cologne
kölnisch of Cologne
kolonisieren to colonize
komisch comical, funny;
strange
das **Komitee, -s** committee
kommandieren
to command
kommen, a, (ist) o to come;
ins Gespräch kommen
to start a conversation
der **Kommentar, -e**
commentary, comment
kommentieren to comment
upon
kommunikabel disposed
to communicate
der **Kommunikationswis-
senschaftler, -** communi-
cation specialist
der **Kommunismus**
communism
der **Kommunist, -en, -en**
communist
kommunistisch communist
kompliziert complicated
komponieren to compose
der **Komponist, -en, -en**

composer
die **Kompositionstechnik**
technique of composition
der **Kompromiß, -(ss)e**
compromise
kompromißlos uncom-
promising
der **Konformismus** con-
formism
konformistisch conformist
der **König, -e** king
die **Königin, -nen** queen
das **Königreich, -e** kingdom
die **Konkurrenz, -en**
competition; **Konkurrenz
machen** to give com-
petition
**können (kann), konnte,
gekonnt** can; to be
able (to); to know how (to)
Konsequenzen ziehen to
draw conclusions
konservativ conservativ
der **Konsonant, -en**
consonant
die **Konstellation, -en**
constellation
der **Konsum** consumption;
demand (as in: supply and
demand)
die **Kontaktanzeigen** (pl.)
personals, personal want
ads
der **Kontinent, e-** continent
kontinental continental
der **Kontrast, -e** contrast
kontrollieren to control,
check, supervise
konventionell con-
ventional
(sich) konzentrieren to
concentrate
der **Konzern, -e** concern,
company
das **Konzert, -e** concert
der **Konzertsaal, -säle**
concert hall
konzipieren to conceive
die **Koordinierungskom-
mission, -en** committee
on coordination
der **Kopf, ⸗e** head; **(sich)
etwas durch den Kopf ge-
hen lassen** to think
over, ponder over
die **Kopie, -n** copy
der **Korb, ⸗e** basket
korrekt correct

der **Korrespondẹnt, -en, -en**
correspondent
die **Kostbarkeit, -en** pre-
cious thing, valuable(s)
kosten to cost
die **Kosten** (pl.) costs,
expenses
kostenfrei free
kostenlos free of charge
das **Kostǜm, -e** costume
die **Kraft, ̈e** strength,
power; employee
das **Kraftwerk, -e** power
station
krank sick, ill
die **Krankenkasse, -n**
health insurance
die **Krankenversicherung,**
-en health insurance
die **Krankheit, -en** sickness
der **Krebs** cancer
der **Kredit, -e** credit
der **Kreis, -e** circle,
county, group
die **Kreisausgabe, -n** county
edition
der **Kreiskolbenmotor, -en**
rotary-piston engine
das **Kreuz, -e** cross
kriechen, o, (ist) o to creep,
crawl
der **Krieg, -e** war
die **Krise, -n** crisis
die **Kritịk, -en** criticsm
kritịklos uncritical
kritisch critical
kritisịeren to criticize
krumm crooked
die **Küche, -n** kitchen
das **Küchengerät, -e** kitchen
utensil
die **Kühlung, -en** cooling,
refreshment
kühn bold, daring, great
kulminịeren to culminate
die **Kultụr, -en** culture
kulturẹll cultural
das **Kultụrangebot, -e**
cultural offering
kulturgeschichtlich
cultural-historical
der **Kultus** culture
die **Kundenzeitschrift, -en**
customer's periodical
kündigen to give notice,
fire
die **Kunst, ̈e** art
der **Künstler, -** artist

künstlerisch artistic
künstlich artificial
der **Kunstschaum**
artificial foam
der **Kupferstich, -e** copperplate engraving
der **Kürbiskern, -e**
pumpkin seed
der **Kursus, Kurse** course
kurz short; **vor kurzem**
recently; **zu kurz kom-**
men to be shortchanged
die **Kürze** brevity
das **Kurzwort, ̈er** short
word
der **Kuß, ̈(ss)e**
kiss
die **Küste, -n** coast

L

das **Laboratọrium, Labora-**
tọrien laboratory
lachen to laugh
das **Lächeln** smile
der **Laden, ̈** store
der **Ladentisch, -e** store
counter
die **Lage, -n** situation,
location
der **Laie, -n, -n** layman
die **Laienkapẹlle, -n**
amateur band
das **Lampenfieber** stage
fright
das **Land, ̈er** country,
land, state; **auf das Land**
into the country; **auf dem**
Lande in the country
das **Landbrot** country fresh
bread
landen to land
das **Landespressegesetz**
state press law
der **Landesverräter, -**
traitor
die **Landkarte, -n** map
die **Landschaft, -en** land-
scape, area
die **Landwirtschaft**
agriculture
landwirtschaftlich
agricultural
lang long; **lange** for a
long time
langsam slow
längst long ago

langweilig boring
der **Lärm** noise
lassen (ä), ie, a to let, to
leave; can, have
die **Last, -en** burden, load,
charge
das **Lastauto, -s** truck
lästig sein to be a nuisance
Latẹin (latẹinisch) Latin
der **Lauf** course
laufen (äu), ie, (ist) au to
walk, run, go
der **Laut, -e** sound
lauten to be, read
die **Lautverschiebung, -en**
sound shift
leben to live
das **Leben, -** life
lebendig lively
der **Lebensabend** old age
die **Lebensform, -en** form
of life, way of life
die **Lebenshaltungskosten**
(pl.) cost of living
die **Lebensmittel** groceries
der **Lebensstandard**
standard of living
der **Lebensunterhalt** liveli-
hood, subsistence
lebhaft lively, animated
die **Lederhose, -n** leather
breeches
leer empty
legen to lay, put; **Wert**
legen auf to attach
importance to
die **Legẹnde, -n** legend
das **Lehnwort, ̈er** loan
word
lehren to teach
der **Lehrcomputer, -**
teaching computer
der **Lehrer, -** teacher
die **Lehrjahre** (pl.)
apprenticeship
der **Lehrling, -e** apprentice
die **Lehrzeit, -en**
apprenticeship
die **Leiche, -n** corpse, body
leicht light, easy
die **Leichtathletik** athletics
leiden, litt, gelitten (unter)
to suffer (from)
die **Leidenschaft, -en**
passion
leider unfortunately
leise soft, quiet
leisten to work, do,

accomplish, contribute
die **Leistung, -en** achievement, output
die **Leistungsquote, -n** production quota
der **Leitartikel, -** editorial
leiten to be in charge of, manage, lead
der **Leiter, -** director, head, manager
die **Leitlinie, -n** directive
die **Leitung** managment
lenken to manage, guide
lernen to learn
lesbar legible
lesen (ie), a, e to read
die **Leselampe, -n** reading lamp
der **Leserzuwachs** increase of readers
letzt last, recent; **letztens** finally
die **Leute** (pl.) people
das **Licht, -er** light
die **Liebe** love
lieben to love
der **Liebende, -n, -n** lover
lieber rather
der **Liebling, -e** favorite
das **Lied, -er** song
liefern to supply, deliver, furnish, give
die **Lieferung, -en** delivery, distribution
liegen, a, e to lie, be situated; **liegen an** to be due to (the fact)
linguistisch linguistic
die **Linie, -n** line, attitude; **in erster Linie** above all
links left
die **Linse, -n** lense
die **Liste, -n** list
(das) **Litauen** Lithuania
litauisch Lithuanian
literarisch literary
der **Literat, -en, -en** writer
die **Lizensierung** licensing
die **Lizenz, -en** license
loben to praise
der **Lohn, ::e** reward, pay, wages
(sich) **lohnen** to be worthwhile
lokal local
los-binden, a, u to untie
das **Löschblatt, ::er** blotting paper

lösen to solve, loosen
die **Lösung, -en** solution
die **Lücke, -n** gap
die **Luftbrücke, -n** air-lift
die **Luftfahrtgesellschaft, -en** airline
die **Luftwaffe** air force
Lust haben to feel like
lustig jolly, merry, amusing, gay
(das) **Luxemburg** Luxembourg
luxuriös luxurious
der **Luxus** luxury
der **Luxusartikel, -** (article of) luxury
die **Luxusgegenstände** (pl.) luxury items
die **Lyrik** lyricism

M

machen to make, do
die **Macht, ::e** power, authority, might
die **Machtergreifung** seizing of power
mächtig mighty, powerful
das **Machtmittel, -** power tool
das **Mädchen, -** girl
das **Magazin, -e** magazine
die **Magd, ::e** maid
die **Magisterarbeit, -en** master's thesis
die **Mahlzeit, -en** meal
das **Makeup** make-up
mal times
das **Mal, -e** time
der **Maler, -** painter
malerisch picturesque
man one, a person, they, people
manchmal sometimes
der **Mangel, ::** lack
die **Manier, -en** mannerism
die **Manipulation, -en** manipulation
manipulieren to manipulate
der **Mann, ::er** man; husband
männlich male, masculine
die **Mannschaft, -en** crew
der **Mantel, ::** coat, cloak, cover, outer form

das **Manuskript, -e** manuscript
die **Mappe, -n** briefcase
das **Märchen, -** fairy tale
die **Marine** navy
der **Marionettenspieler, -** marionette player
die **Mark** mark
der **Markt, ::** market
die **Marktwirtschaft** free economy
die **Marmelade, -n** jam
der **Marsch, ::e** march
marxistisch-leninistisch Marxist-Leninist
die **Maschine, -n** machine
der **Maschinenbau** engineering, machine construction
die **Masse, -n** mass
die **Massenmedien** (pl.) mass media
der **Massenkonsum** mass consumption
maßgebend decisive
die **Mäßigung** moderation
der **Maßstab, ::e** criterion
das **Material** material
der **Materialismus** materialism
der **Materialist, -en, -en** materialist
materialistisch materialistic
die **Mathematik** mathematics
die **Mauer, -n** wall
die **Maus, ::e** mouse
der **Mechaniker, -** mechanic
das **Medikament, -e** drugs
das **Medium, Medien** medium
die **Medizin, -e** medicine, drugs
medizinisch medical
das **Meer, -e** ocean
das **Mehl** flour
mehr more
mehrere several
die **Mehrheit, -en** majority
meinen to say, think, mean, be of the opinion
die **Meinung, -en** opinion; **meiner Meinung nach** in my opinion
meinungsbildend opinion-shaping
der **Meinungsforscher, -** public opinion researcher

die **Meinungsforschung**
public opinion polling
die **Meinungsfreiheit** freedom of opinion
meist most
meistens most of the time
der **Meister, -** master
das **Meisterstück, -e** masterpiece
das **Meisterwerk, -e** masterpiece
die **Meldung,-en** news
die **Melodie, -n** melody
die **Melone, -n** derby hat
eine **Menge** a great deal, (great) quantity
der **Mensch, -en, -en** human being, person, man
die **Menschenwürde** human dignity
die **Menschheit** humanity
menschlich human, humane
merken (an) to notice (by); **(sich) merken** to remember
merkwürdig peculiar
messen (i), a, e to measure
das **Metall, -e** metal
das **Meter, -** meter
die **Methode, -n** method
der **Mexikaner, -** Mexican
die **Miete, -n** rent
mieten to rent
der **Mieter,** tenant
der **Mietwucher** exorbitant rent(s)
die **Milch** milk
mild mild
das **Militär** military
militärisch military
der **Militarist, -en, -en** militarist
die **Militärmaschine, -n** military machine
die **Militärverwaltung, -en** military administration
die **Minderheit, -en** minority
mindestens at least
minimal minute, tiny
das **Minimum** minimum
der **Minister, -** minister
das **Ministerium, Ministerien** ministry
der **Minnesang** (medieval) German love poetry
die **Minorität, -en** minority
die **Minute, -n** minute
mischen to mix
die **Mischung, -en** blend
mißbrauchen to misuse
die **Mission, -en** mission
der **Mißstand, ⸚e** abuse
das **Mißtrauensvotum** no-confidence vote
das **Mißverständnis, -se** misunderstanding
mit with; along; co-
die **Mitarbeit** cooperation, working together
der **Mitarbeiter, -** co-worker
der **Mitbegründer, -** co-founder
mit-bestimmen to have a voice
die **Mitbestimmung** co-decision, co-determination, voice in decision-making
miteinander with one another
das **Mitglied, -er** member
das **Mitleid** pity
mit-machen to take part in
mit-nehmen (nimmt mit), nahm mit, mitgenommen to take along
mit-spielen to act
das **Mittagessen, -** lunch
die **Mitte** middle
das **Mittel, -** means, middle
mittelmäßig mediocre
die **Mittelschicht** medium income group
mittler medium, average
das **Mittelalter** Middle Ages
der **Mittelpunkt, -e** center, focal point
mitten middle
die **Mitternacht, ⸚e** midnight
mit-wirken bei to cooperate in, collaborate in
die **Mode, -n** fashion
modern modern
modernisieren to modernize
die **Modernisierung** modernization
modisch fashionable

mögen (mag), mochte, gemocht like, to like to; may
möglich possible
die **Möglichkeit, -en** possibility
möglichst as much as (is) possible
der **Monarch, -en, -en** monarch
der **Monat, -e** month
monatlich monthly
der **Mönch, -e** monk
der **Mond, -e** moon
der **Mond(en)schein** moonlight
monokausal having (only) one cause
das **Monopol, -e** monopoly
die **Monopolbildung, -en** forming of a monopoly
die **Moral** morals, morality
der **Mord, -e** murder
mordbeladen crowded with murder
der **Morgen, -** morning
die **Morphologie** morphology
morphologisch morphological
das **Motiv, -e** motif, motive
die **Motivierung, -en** motivation
müde tired
die **Mühe, -n** trouble, effort
mühsam with effort
München Munich
Münchner Munich, of Munich
der **Mund, ⸚er** mouth
münden to discharge
mündlich oral
die **Münze, -n** coin
murmeln to murmur
das **Museum, Museen** museum
die **Musik** music
musikalisch musical
der **Musiker, -** musician
müssen (muß), mußte, gemußt to have to, must
der **Mut** courage
mutig courageous
die **Mutter, ⸚** mother
die **Muttersprache, -n** mother tongue

N

nach   after; to, toward, according to
nach wie vor   now as before
nach-ahmen   to imitate, mimic
der **Nachbar, -n, -n**   neighbor
nachdem   after
nach-denken, dachte nach, nachgedacht   to think (over), reflect, ponder
nach-eifern   to emulate
der **Nachfolger, -**   successor
die **Nachfrage, -n**   demand
der **Nachhilfe-Unterricht**   coaching, tutoring
nach-laufen (äu), ie, (ist) au   to run after
das **Nachkriegsjahr, -e**   post-war year
nach-machen   to copy
der **Nachmittag, -e**   afternoon
die **Nachrichten** (pl.)   news
die **Nachrichtenpolitik**   news policy
das **Nachspiel, -e**   sequel
nächst   next, following
die **Nacht, ̈e**   night
der **Nachwuchs**   new blood, recruits
nahe   near, close (to)
die **Nähe**   vicinity
nahezu   nearly
die **Nähmaschine, -n**   sewing machine
die **Nahrungsmittel** (pl.)   foods
die **Nahverkehrsmittel** (pl.)   local means of transportation
der **Name, -ns, -n**   name
namens   by the name of
der **Namenstag, -e**   birthday, name-day, Saint's day
nämlich   namely; that is to say; you see
die **Nation, -en**   nation
die **Nationalhymne, -n**   national anthem
der **Nationalismus**   nationalism
nationalistisch   nationalist(ic)

das **Nationalprodukt** (gross) national product
der **Nationalsozialismus**   National Socialism
der **Nationalsozialist, -en, -en**   National Socialist
die **Natur**   nature
der **Naturalismus**   naturalism
natürlich   naturally
die **Naturwissenschaft, -en**   natural science
naturwissenschaftlich   scientific
der **Nazi, -s**   Nazi
neben   besides, in addition, next to
negativ   negative
nehmen (nimmt), a, genommen   to take
neidisch   envious
neigen (zu)   to incline (toward)
nennen, nannte, genannt   to name, call, mention
die **Nervosität**   nervousness
nett   nice
neu   new
neuartig   new-fashioned
die **Neubauwohnung, -en**   apartment in a new building
die **Neuinszenierung, -en**   new production, new staging
der **Neuseeländer, -**   New Zealander
neutralisiert   neutralized
die **Neutralität**   neutrality
nicht   not
nichts   nothing; **nichts weniger als**   anything but
nie   never
nieder   down, low
(die) **Niederlande**   Netherlands
nieder-legen: schriftlich nieder-legen   to put down in writing
niedrig   low
niemals   never
niemand   no one
das **Niemandsland**   no-man's land
nirgends   nowhere
das **Niveau, -s**   level,

standard(s)
noch   still, yet; **noch einmal**   once more; **noch immer**   still
der **Norden**   north
(das) **Nordafrika**   North Africa
nördlich   north, northern
die **Nordsee**   North Sea
die **Norm, -en**   norm, standard
Norwegen   Norway
norwegisch   Norwegian
die **Not, ̈e**   distress, need
nötig   necessary
(sich) **Notizen machen**   to make notes
notwendig   necessary
die **Notwendigkeit, -en**   necessity
nüchtern   sober, insipid, dry
nur   only; **nur mehr**   only
nutzen   to make use of
nützlich   useful

O

ob   whether, if
ober   upper; **oberst**   uppermost
die **Oberschule, -n**   "upper-school" (comprehensive ten-year elementary school in the DDR; in the BRD: nine-year secondary school)
obgleich   although
das **Objekt, -e**   object
die **Objektivität**   objectivity
das **Obst**   fruit
obwohl   although
oder   or
der **Ofen, ̈**   stove
offen   open
öffentlich   public
die **Öffentlichkeit**   (the) public
öffentlich-rechtlich   public-law
offiziell   official
öffnen   to open
oft   often
ohne   without
die **Ohnmacht**   powerlessness

die **Okkupation** occupation
der **Onkel, -** uncle
ökonomisch economic
die **Oper, -n** opera
die **Operation, -en** operation
die **Operette, -n** operetta
das **Operettenhaus, ⸚er** operetta theater
die **Opposition** opposition
das **Orchester, -** orchestra
ordnen to arrange, be orderly
die **Ordnung, -en** order; **in Ordnung** all right
das **Orffsche Schulwerk** Orff's musical instruction for children (Carl Orff: contemporary German composer)
das **Organ, -e** organ, publication
die **Organisation, -en** organization
organisatorisch pertaining to organization
organisch organic
organisieren to organize
orientiert oriented, orientated
die **Orientierung** orientation
der **Ort, -e** place
der **Osten** east
(das) **Österreich** Austria
östlich eastern, easterly
die **Ostpolitik** policy of seeking an understanding with Eastern countries
die **Ostsee** Baltic Sea
ostwärts eastward(s)
der **Ozean, -e** ocean

P

das **Paar, -e** pair, couple; **ein paar** a few
packen to pack
die **Pädagogik** pedagogy
die **Pädagogische Hochschule, -n (= die PH)** Teachers College
der **Pakt, -e** pact, treaty
der **Pantoffel, -n** slipper
der **Panzer, -** tank
die **Papierzuteilung** allotment of paper
der **Papst, ⸚e** pope
das **Paradox, -e** paradox
die **Parallele, -n** parallel
der **Park, -s** park
das **Parlament, -e** parliament
parlamentarisch parliamentary
der **Parlamentarismus** parliamentarism
die **Partei, -en** party
die **Parteiführung** party leadership
das **Partizip Perfekt** past participle
der **Paß, ⸚(ss)e** passport
passen to suit; **passen zu** to harmonize with
passieren to happen
das **Pathos** pathos
der **Patient, -en, -en** patient
der **Patriot, -en, -en** patriot
patriotisch patriotic
die **Pause, -n** intermission, pause
peinlich embarrassing
die **Pension, -en** pension
das **Pergament, -e** parchment
die **Periode, -en** period (in history), phrase, sentence
periodisch periodic
die **Person, -en** person, character
das **Personal** personnel
die **Personalfragen (pl.)** matters concerning personnel
personell pertaining to personnel, personal
persönlich personal
die **Persönlichkeit, -en** personality
die **Pfalz** Palatinate
die **Pfeife, -n** pipe
der **Pfeiler, -** pillar; **der tragende Pfeiler** supporting pillar
das **Pferd, -e** horse
pflanzen to plant
die **Pflege** encouragement, cultivation
pflegen to cultivate
die **Pflicht, -en** obligation, requirement, duty
die **Pfote, -n** paw
das **Phänomen, -e** phenomenon
die **Phantasie** imagination
die **Philharmoniker (pl.)** Philharmonic Orchestra
der **Philosoph, -en, -en** philosopher
philosophisch philosophical
die **Philosophische Fakultät** School of Liberal Arts
die **Phonologie** phonology
die **Physik** physics
physikalisch in physics
der **Physiker, -** physicist
der **Pilot, -en, -en** pilot
der **Pionier, -e** pioneer
das **Plakat, -e** poster
der **Plan, ⸚e** plan
planen to plan
die **Planung** planning
platt low, flat
Plattdeutsch Low German
der **Platz, ⸚e** place, square
der **Platzanweiser, -** usher
plötzlich sudden
die **Pluralbildung** formation of plurals
pluralistisch pluralistic
poetisch poetical, lyrical
polemisch polemic(al)
(das) **Polen** Poland
das **Politbüro, -s** communist executive office
die **Politik** politics
der **Politiker, -** politician
politisch political
die **Politisierung** giving political character (to something)
die **Polizei** police
das **Polizeisystem, -e** police system
die **Polizeiuniform, -en** police uniform
polnisch Polish
polytechnisch polytechnic
populär popular
die **Popularisierung** popularization
pornographisch pornographic
(das) **Portugal** Portugal
portugiesisch Portuguese
die **Position, -en** position

positiv positive
die **Post** postal service, post office, mail
das **Postsystem, -e** postal system
Potsdam Potsdam (city outside of Berlin)
die **Präambel, -n** preamble
prägen to coin
der **Praktikant, -en, -en** trainee
praktisch practical
praktizieren to practice
die **Prämie, -n** premium, prize
die **Präposition, -en** preposition
der **Präsident, -en, -en** president
die **Praxis** practice
präzise precise
die **Präzision** precision
predigen to preach
der **Prediger, -** preacher
der **Preis, -e** price, prize
die **Preisregelung** setting of prices
die **Presse, -n** press
pressen to press
der **Presserat** press council
Preußen Prussia
der **Priester, -** priest
prima splendid, top-notch
der **Prinz, -en, -en** prince
die **Prinzessin, -nen** princess
(sich) **zum Prinzip machen** to make a point of
die **Prise** pinch
privat private
das **Privateigentum** private property
der **Privatunternehmer, -** private entrepreneur
die **Privilegierten** (pl.) privileged
pro per
die **Probe, -n** rehearsal
proben to rehearse
die **Probezeit, -en** trial period
das **Problem, -e** problem
das **Produkt, -e** product
die **Produktion** production
produktiv productive
der **Produzent, -en** producer, manufacturer

produzieren to produce
der **Professor, -en** professor
die **Professorenherrlichkeit** professorial glory
profitieren to profit
das **Programm, -e** program
die **Programmansage** program introduction
der **Proletarier, -** proletarian
propagieren to propagate, publicize
progressiv progressive
prominent prominent
die **Prosa** prose
der **Protest, -e** protest
protestantisch Protestant
protestieren to protest
das **Provinzblatt, ⸚er** small town newspaper
das **Prozent, -e** per cent
prozentual proportionately
der **Prozeß, -(ss)e** process
prüfen to check, examine
die **Prüfung, -en** exam
die **Psychologie** psychology
psychologisch psychological
die **Publikation, -en** publication
das **Publikum** public
publizieren to publish
der **Publizist, -en, -en** political writer
die **Publizistik** (political) journalism
der **Punkt, -e** point, period
das **Puppenspiel, -e** puppet play
das **Puppentheater, -** puppet show
putzen to clean

Q

das **Quadrat, -e** square
der **Quadratkilometer, -** square kilometer
die **Qualifikation, -en** qualification
die **Qualität, -en** quality
die **Quelle, -n** source
der **Querschnitt, -e** cross-section
quicklebendig mercurial, very lively

quieken to squeak
die **Quote, -n** quota

R

(sich) **rächen** to avenge oneself
radikal radical
die **Radikalität** radicalism
das **Radio, -s** radio
die **Radiostation, -en** radio station
der **Rahmen, -** frame, framework
die **Rakete, -n** rocket, missile
der **Rang, ⸚e** degree, class
rapide rapidly
rar rare
(sich) **rasieren** to shave
die **Rasse, -n** race
der **Rat, ⸚e** council
Raten: auf Raten on the installment plan
rationieren to ration
Rätoromanisch Rhaeto-Romanic
das **Rätsel, -** puzzle
der **Rattenfänger** Pied Piper
der **Raum, ⸚e** space, room area
die **Reaktion, -en** reaction
real real, realistic
die **Realschule, -n (= Mittelschule)** six-year secondary school
das **Rechnen** arithmetic
die **Rechnung, -en** bill, check
recht right, rather; **recht haben** to be right
das **Recht, -e** right, law
rechts right, to the right
die **Rechtsaufsicht** jurisdiction
die **Rechtspflege** administration of justice
der **Redakteur, -e** editor
die **Redaktion, -en** editorial office
redaktionell editorial
das **Redaktionsstatut, -en** editorial statute
die **Rede, -n** speech, talk;

die **Rede sein von**
to be a discussion of
reden to talk
die **Redewendung, -en**
phrase, idiom
redigieren to edit
reduzieren to reduce
die **Reform, -en** reform
reformieren to reform
das **Reformmodell** pattern
for reform
rege lively
die **Regel, -n** rule
regelmäßig regular
regeln to regulate
die **Regierung, -en**
government
die **Regierungskrise, -n**
government crisis
der **Regisseur, -e** director
regional local, regional
redlich sincere
regnen to rain
regulieren to regulate
reich rich, wealthy
das **Reich, -e** empire, realm
reichen to extend, reach,
shake
reichlich widely
der **Reichtum** wealth,
riches
die **Reihe, -n** row, rank,
series, number
das **Reihenhaus, ⸚er**
town house, tract house,
row house
rein pure
reisen to travel
reiten, ritt, (ist) geritten
to ride
der **Reiter, -** horseman
die **Reklame, -n** commercials; **Reklame machen**
to advertise
die **Religion, -en** religion
religiös religious
rennen, rannte, (ist) gerannt
to run
das **Renommierblatt, ⸚er**
a sheet to brag about
die **Rente, -n** pension
der **Reorganisator, -en**
reorganizer
reparieren to repair
das **Repertoire, -s**
repertoire
die **Reportage, -n**

eyewitness account
der **Repräsentant, -en, -en**
representative
repräsentativ
representative
die **Republik, -en** republic
die **Resonanz** echo,
resonance
respektiert respected
der **Rest, -e** rest, remainder
das **Restaurant, -s**
restaurant
das **Resultat, -e** result
retten to save
die **Revolte, -n** revolt
die **Revolution, -en**
revolution
revolutionär revolutionary
Rheinisch of the Rhine,
Rhenish
der **Rhythmus, Rhythmen**
rhythm
richten an to direct toward
(sich) **richten nach** to be
governed by, adjust toward
der **Richter, -** judge
richtig right
die **Richtlinie, -n** guideline
die **Richtung, -en** direction,
course, line, tendency
der **Riese, -n, -n** giant
riesig huge
rieseln to trickle
der **Ritter, -** knight
der **Rock, ⸚e** skirt
der **Rohstoff, -e**
raw material
die **Rolle, -n** role
romantisch romantic
römisch Roman
rösten to roast
rot red
Rotkäppchen Little Red
Riding Hood
die **Rübe, -n** carrot, beet
der **Rücken, -** back
die **Rückzahlung, -en**
repayment
das **Ruderboot, -e** rowboat
rudern to row
der **Ruf, -e** cry, call, slogan
rufen, ie, u to call
die **Ruhe** quiet; **in Ruhe**
lassen to leave in peace
ruhig calmly
rühren to move

die **Ruine, -n** ruin
rumänisch Roumanian
rund round, around
der **Rundfunk** radio,
broadcasting
die **Rundfunkanstalt, -en**
radio station
die **Rundschau** review
runisch runic
der **Russe, -n, -n** Russian
russisch Russian
(das) **Rußland** Russia

S

der **Saal, Säle** hall, room
das **Sachbuch, ⸚er** factual
book, specialized book
die **Sache, -n** thing, matter
sachlich to the point
der **Sack, ⸚e** sack
die **Sage, -n** saga
sagen to say, tell
sagenhaft fantastic
die **Saison, -s** season
sammeln to collect
sanft gently
der **Sänger, -** singer
das **Satellitenfernsehen**
satellite TV
satteln to saddle
satirisch satirical
säubern to clean
(in) **Schach halten**
to keep in check
das **Schaf, -e** sheep
schaffen, u, a to create
(sich) **schämen**
to be ashamed
scharf sharp, violent
schartig jagged
der **Schatten, -** shadow,
shade
schätzen to esteem,
appreciate, estimate,
value
das **Schaubild** diagram
schaudern (die Haut)
(one's) skin crawled
schauen to look
das **Schaufenster, -**
showcase, shop window
das **Schauspiel, -e** play
der **Schauspieler, -** actor
schauspielerisch theatrical,
histrionic

das **Schauspielhaus, ⁻er**
  playhouse, theater
die **Schauspielschule, -n**
  acting school
das **Schauspieltheater, -**
  playhouse, theater
scheiden, ie, ie to divide,
  separate; analyze, refine
die **Scheidung, -en** divorce
scheinbar apparently
scheinen, ie, ie to seem,
  shine
der **Scheinwerfer, -** searchlight
das **Schema, -s** pattern
schenken to give
die **Scheune, -n** barn
schicken to send
das **Schicksal** fate
das **Schiff, -e** ship
das **Schild, -er** sign-plate
schimpfen auf to grumble
  about
schizophren schizoid
die **Schlacht, -en** battle
schlachten to slaughter
schlafen (ä), ie, a to sleep
das **Schlafzimmer, -**
  bedroom
schlagen (ä), u, a
  to strike, hit, duel
der **Schlager, -** hit song
das **Schlagwort, ⁻er, -e**
  slogan
die **Schlagzeile, -n** headline
schlecht bad, poor;
  schlecht und recht
  by hook or by crook
schlechthin mere, plain
schleppen to drag
schlicht modest, simple
schließen, o, o to close,
  conclude, infer
schließlich finally, at last
schlimm bad; **am schlimmsten** worst
das **Schloß, ⁻(ss)er** castle
der **Schluß, ⁻(ss)e**
  conclusion;
  zu dem Schluß kommen
  to draw the conclusion;
  (einen) Schluß ziehen
  to draw a conclusion
der **Schlüssel, -** key
der **Schmerz, -en** pain
der **Schmied, -e** smith

die **Schmuckschrift**
  decorative writing
der **Schmuck, Schmuckstücke**
  jewelry
schmücken to adorn,
  embellish
schmutzig dirty
der **Schnabel, ⁻** beak
der **Schnee** snow
**schneiden, schnitt, ge-
  schnitten** to cut
der **Schneider, -** tailor
schneidern to make clothes
schneien to snow
schnell fast, quick
schnitzen to carve
die **Schokolade** chocolate
schön beautiful, pretty,
  fine
die **Schranke, -n** limit,
  bound
der **Schrecken, -** fright
schrecklich horrible
schreiben, ie, ie to write
der **Schreiber, -** scribe,
  writer
schreien, ie, ie to scream
die **Schrift, -en** writing
schriftlich literary, written;
  schriftlich nieder-legen
  to put down in writing
die **Schriftsprache, -n**
  written language
der **Schriftsteller, -** writer
der **Schritt, -e** step, pace
schüchtern shy
der **Schuh, -e** shoe
die **Schulart, -en** type of
  school
das **Schulbuch, ⁻er** text-
  book
die **Schuld** guilt
die **Schule, -e** school
schulen to train
der **Schüler, -** pupil, student
das **Schulgeld, -er** tuition
der **Schulschluß** end of
  school
die **Schulter, -n** shoulder
der **Schultyp, -en** type of
  school
der **Schulunterricht** classes
der **Schund und Schmutz**
  trash and filth
die **Schürze, -n** apron
der **Schuß, ⁻(ss)e** shot
schütteln to shake

schützen (vor) to protect
  (from)
schwach weak
schwanken to totter
schwarz black
der **Schwede, -n, -n** Swede
(das) **Schweden** Sweden
das **Schwein, -e** pig
das **Schweinefleisch** pork
die **Schweiz** Switzerland
schwer heavy, difficult,
  hard, serious
schwerfällig heavy-handed
der **Schwerpunkt, -e** strong
  and crucial center
die **Schwester, -n** sister
schwinden, a, (ist) u
  to vanish
schwierig difficult
die **Schwierigkeit, -en**
  difficulty
schwimmen, a, (ist) o
  to swim
schwören, o, o to swear
die **See** sea
die **Seele, -n** soul
das **Segel, -** sail
segnen to bless
sehen (ie), a, e to see, look;
  sehen auf to look at
  (sich) **sehen lassen können**
  to be able to show up well
die **Sehnsucht** yearning,
  longing
sehr very, (very) much
sei: es sei denn unless
sein (ist), war, (ist) gewesen
  to be
seit since
seitdem since (then)
die **Seite, -n** side, aspect,
  page
der **Sektor, -en** sector
selb- same
selbst self; even
selbständig independent
die **Selbstentfaltung**
  self-development
selbstgemacht self-made
die **Selbstkontrolleinrichtung** organ of self-
  control
das **Selbststudium**
  self-study
selbstverständlich
  of course, obviously
die **Selbstverwaltung**

self-government
selten rare, seldom
die **Seltenheit** rarity
seltsam strange, peculiar;
  das **Seltsame** strange
  things
semantisch semantic
das **Semester, -** semester
das **Seminar, -e** section (of
  the various schools of a
  university), seminar
senden, sendete, gesendet
  to transmit, broadcast
die **Sendezeit, -en**
  broadcasting time
der **Sender, -** radio station
die **Sendung, -en** program
senken to lower
die **Sequenz, -en** sequence
die **Serie, -n** series
servieren to serve up, offer
setzen to set, put;
  sich setzen to sit down
seufzen to sigh
sicher safe, sure
die **Sicherheit** safety,
  security
sicherlich undoubtedly
sichern to safeguard, insure
sichtbar visible
siegen to triumph
die **Silbe, -n** syllable
singen, a, u to sing
das **Singspiel, -e** musical
  comedy
sinken, a (ist) u
  to sink, go down
der **Sinn, -e** sense, mind,
  tendency, spirit, meaning
die **Sitte, -n** custom
die **Situation, -en** situation
der **Sitz, -e** seat, head-
  quarters
sitzen, saß, gesessen to sit
sitzen-lassen (ä), ie, a
  to leave, kiss off
der **Skandal, -e** scandal,
  sensation
skandinavisch
  Skandinavian
der **Skat** scat (a German
  card game)
die **Skepsis** scepticism
skeptisch sceptical
der **Sklavenhandel**
  slave trade
slawisch Slav, Slavic

so so, thus; then
sobald as soon as
sofort immediately
sogar even
sogenannt so-called
der **Sohn, ⁼e** son
solange as long as
solch such
der **Soldat, -en, -en** soldier
der **Soldatensender, -**
  military radio station
die **Solidarität** solidarity
der **Solist, -en, -en** soloist
sollen (soll), sollte, gesollt
  should, to be supposed to,
  be said to, ought to
der **Sommer, -** summer
der **Sonderdruck, -e** booklet
sondern but (rather),
  on the contrary
die **Sonderstellung**
  special position
die **Sonne, -n** sun
der **Sonnenschein** sunshine
sonnig sunny
sonst otherwise
„**Soraya**" former queen
  of Iran exploited by sensation-minded press
die **Sorge, -n** worry
sorgen für to take care of;
  sich sorgen über
  to worry about
sonst otherwise;
  sonst noch besides
soweit as far as
sowie as well as
sowieso anyhow
sowjetisch Soviet
die **Sowjetunion** Soviet
  Union
sozial social
sozialisieren to socialize
der **Sozialismus** socialism
soziologisch sociological
die **Sozialpolitik** social
  legislation
der **Sozialstaat, -en**
  welfare state
der **Soziologe, -n, -n**
  sociologist
soziologisch sociological
sozusagen so to speak
die **Spalte, -n** column
spalten to split
das **Spanferkel, -**
  suckling pig

(das) **Spanien** Spain
sparen to save (money)
spät late
spätestens at the latest
spazieren-gehen
  to go walking
der **Spazierweg, -e** pleasant
  road (for walks)
die **Sperre, -n** roadblock
sperren to close off, lock,
  block
das **Spezialgericht, -e**
  special court
(sich) **spezialisieren**
  to specialize
die **Spezialität, -en**
  specialty, area of speciali-
  zation
speziell special
die **Sphäre, -n** sphere
der **Spiegel, -** mirror
das **Spiel, -e** play, game
spielen to play
der **Spielmann, Spielleute**
  minstrel
der **Spielplan, ⁼e** repertoire
das **Spielzeug, -e** toy
spinnen, a, o to spin
die **Spitze, -n** point, tip, top
der **Sport** sport(s), athletics
der **Sportler, -** athlete
die **Sportschau** sports
  review
spotten to ridicule
die **Sprache, -n** language
der **Sprachfehler, -** speech
  defect
sprachlich linguistic
die **Sprachregelung, -en**
  language regulation
das **Sprachrohr** mouthpiece
die **Sprachwissenschaft**
  linguistics, philology
der **Sprachwissenschaftler, -**
  linguist
sprechen (i), a, o to speak
das **Sprichwort, ⁼er** proverb
springen, a, (ist) u to jump
die **Spruchdichtung**
  epigrammatic poetry
spuken (durch die Köpfe)
  to haunt
die **Spur, -en** track
spüren to sense, feel
der **Staat, -en** state
staatlich state
der **Staatsbürger, -** citizen
der **Staatsdienst**

civil service
das **Staatsexamen, -**
civil service exam
der **Staatsmann, ⸚er**
statesman
der **Staatsrat, ⸚e** council
of state
das **Staatssekretariat** office
of the Secretary of . . .
der **Stab, ⸚e** staff
stabil stable
die **Stabilität** stability
der **Stacheldraht** barbed
wire
die **Stadt, ⸚e** city
städtisch municipal
der **Stadt-Staat, -en**
city-state
der **Stadtteil, -e** district
der **Stahl** steel
die **Stahlschneidemaschine,**
-n steel cutting machine
der **Stall, ⸚** stable
der **Stamm, ⸚e** tribe
stammen to originate,
date from, come from
der **Stand, ⸚e** level, station
die **Standardisierung**
standardization
ständig constant, steady
stark strong
die **Stärke** strength
stärken to strengthen
stationieren to station
die **Statistik, -en** statistics
statistisch erfassen
to give statistics
statt instead of
stattdessen instead
(of that)
statt-finden, a, u to take
place
stattlich imposing
staunen to be astonished
stehen, stand, gestanden
to stand, be, be written;
zu etwas stehen to have
an opinion of a thing
stehen-bleiben, ie, (ist) ie
to stop, stand still
stehlen (ie), a, o to steal
steif stiff
steigen, ie, (ist) ie
to climb, rise, mount
der **Stein, -e** stone
die **Stelle, -n** place,
position, spot
stellen to put, place,

furnish; **eine Frage stellen**
to ask a question;
Anforderungen stellen an
to make demands on
die **Stellung, -en** stand,
position
stempeln to stamp, brand,
mark
die **Stenotypistin, -nen**
typist, secretary
sterben (i), a, (ist) o to die
sterilisieren to sterilize
der **Stern, -e** star
stets always
die **Steuer, -n** tax
die **Steuererleichterung**
tax relief
die **Stiftung, -en**
foundation
der **Stil, -e** style
still still, quiet; **der Stille**
Ozean Pacific Ocean
die **Stimme, -n** voice, vote
stimmen to vote; be true
das **Stipendium, Stipendien**
scholarship
der **Stoff, -e** material
die **Stoffmenge**
quantity of material
stolz (auf) proud (of)
stoppen to stop
stören to disturb
der **Störsender, -**
jamming transmitter
die **Störung, -en** disorder
der **Stoßverkehr**
rush-hour traffic
die **Strafe, -n** sentence,
punishment, fine
das **Strafrecht** criminal law
die **Straße, -n** street
die **Straßenbahn, -en**
streetcar
der **Straßenverkehr** (street)
traffic
das **Streben** striving
das **Streichquartett, -e**
string quartet
der **Streifen, -** strip
der **Streik, -s** strike
streiken to strike
der **Streit, -e** quarrel
streiten, stritt, gestritten
to battle, quarrel
streng strict
die **Streuung, -en**
distribution

strikt strict
der **Strom, ⸚e** large river
strömend pouring
die **Stromproduktion** production of (electric)
current
die **Strömung, -en** current
die **Strophe, -n** stanza
strotzend von abounding
in
die **Struktur, -en** structure
strukturell structural
strukturiert structured
die **Stube, -n** small room
das **Stück, ⸚e** piece, play
der **Student, -en, -en**
student
das **Studentenheim, -e**
students' residence, dorm
der **Studienplan, ⸚e**
scheme of studies
die **Studienrichtung**
course of studies
das **Studio, -s** studio
das **Studium, Studien**
study
die **Stufe, -n** stage
die **Stunde, -n** hour, class
(im) Stundenabstand
in hourly intervals
der **Stundenplan, ⸚e**
timetable
der **Sturm, ⸚e** storm, attack
stürmisch violent, stormy
stürzen to dash, crash,
crumble
das **Subjekt, -e** subject
das **Substantiv, -e** noun
subventionieren
to subsidize
die **Suche, -n** search
suchen to seek, look for
der **Südafrikaner, -**
South African
der **Süden** south
Südeuropa Southern
Europe
die **Südfrüchte**
(semi-)tropical fruits
südwärts southward(s)
die **Summe, -n** sum
der **Supermarkt, ⸚e** supermarket
das **Symbol, -e** symbol
die **Symphonie, -n**
symphony
das **Synonym, -e** synonym

das **Systęm, -e** system
systemątisch systematic
die **Szene, -n** scene
die **Szenenvorschläge** (pl.)
suggestions for scenes

T

der **Tabak** tobacco
die **Tabęlle, -n** chart, table
der **Tag, -e** day
tagelang for days
das **Tagesgeschehen**
daily event
die **Tagesschau**
daily news show
die **Tagesschule, -n**
school that lasts all day
die **Tageszeitung, -en**
daily (newspaper)
täglich daily
das **Tal, ⁝er** valley
das **Talęnt, -e** talent
der **Tank, -s** tank
die **Tante, -n** aunt
der **Tanz, ⁝e** dance
tanzen to dance
tapfer brave
die **Tasse, -n** cup
Tat: in der Tat indeed
die **Tätigkeit, -en** activity
die **Tatsache, -n** fact
tatsächlich in fact
taufen to baptize
taugen to be good for
der **Taxifahrer, -**
taxi driver
die **Technik** technique;
technology
technisch technical
die **Technische Hochschule,**
-n (= die TH)
Institute of Technology
der **Technolǫge, -n, -n**
technologist
technolǫgisch technological
der **Tee** tea
der **Teenager, -** teenager
der **Teil, -e** part;
zum Teil in part
teilen to share, divide
die **Teilnahme** participation, interest
teil-nehmen an (nimmt teil),
nahm teil, teilgenommen
to take part in
die **Teilung, -en** division

telefonięren to telephone
die **Tendenz, -en** tendency
tendięren to incline toward
der **Teppich, -e** carpet, rug
territoriąl territorial
das **Territǫrium** territory
teuer expensive, dear
der **Teufel, -** devil
der **Text, -e** text, wording
das **Theąter, -** theater
das **Theąterstück, -e** play
das **Thema, Themen**
theme, topic
die **Themątik** range of
themes
die **Theologię** theology
theorętisch theoretical
die **Theorię, -n** theory
therapęutisch
therapeutic(al)
die **Therapię** therapy
die **These, -n** thesis
tief deep
tiefgehend profoundly
das **Tiefland** lowland(s)
das **Tier, -e** animal
tierisch bestial
der **Tiger, -** tiger
der **Titel, -** title
die **Tochter, ⁝** daughter
der **Tod, -e** death
tödlich deadly
die **Tolerąnz** tolerance
der **Ton, ⁝e** sound
die **Tonbandaufnahme, -n**
tape recording
das **Tonbandgerät, -e**
tape recorder
der **Tontechniker, -**
sound technician
der **Topf, ⁝e** pot
das **Tor, -e** gate
der **Tod** death;
zu Tode to death
tot dead
totąl total
totalitär totalitarian
der **Tote, -n** dead person
töten to kill
das **Totenhaus** house of
the dead, morgue
tödlich fatal
der **Tourist, -en, -en** tourist
die **Traditiǫn, -en** tradition
traditionęll traditional
tragen (ä), u, a
to carry, wear, bear
tragisch tragic

der **Traktor, -en** tractor
die **Träne, -n** tear
transportięren
to transport
der **Traum, ⁝e** dream
träumen to dream
der **Träumer, -** dreamer
traurig sad
(sich) **treffen (i), traf, o**
to meet
das **Treffen, -** meeting
treiben, ie, ie to drive,
carry on, practice
trennen to separate
die **Trennung, -en**
separation
die **Treppe, -n** stair
treten (tritt), a, (ist) e
to step
treu loyal, faithful
die **Treue** loyalty
trinken, a, u to drink
der **Trinker, -** drinker
trocken dry
trocknen to dry
trotz in spite of
trotzdem nevertheless,
anyhow
die **Trümmer** (pl.) ruins
die **Truppe, -n** troup
tschechisch Czech
die **Tschechoslowakęi**
Czechoslovakia
tüchtig efficient
die **Tugend, -en** virtue
tun (tut), tat, getan
to do, perform, act
die **Tür, -en** door
der **Tunnel, -** tunnel
die **Tür, -en** door
der **Turm, ⁝e** tower
der **Turnbund** gym club
die **Turnhalle, -n**
gymnasium
die **Türkęi** Turkey
der **Typ, -en** type, make,
model
typisch typical

U

üben to practice, express
über over, above; across;
about
überall everywhere
überbrücken to bridge
überein-stimmen to agree

die **Überflußgesellschaft, -en** affluent society
überflüssig unnecessary, superfluous
überfüllt crowded
die **Überfüllung** overcrowding
der **Übergang, ⁼e** transition
übergehen to ignore
übergeordnet: etwas übergeordnet sein to be superimposed on something
überhaupt at all, in general
überhitzt overheated, impassioned
die **Überlegung, -en** thinking, reflection
überliefern to transmit
die **Überlieferung, -en** transmission
übermorgen day after tomorrow
die **Übernahme** taking over
übernehmen (übernimmt), a, übernommen to take over, assume
überparteilich above party politics
überraschen to surprise
die **Überraschung, -en** surprise
überregional not local, national
überrennen, überrannte, überrannt to overrun
die **Überschneidung** overlapping
überschreiten, überschritt, überschritten to cross
übersetzen to translate
die **Übersetzung, -en** translation
die **Überstunden (pl.)** overtime
die **Übertragung** relay broadcasting, transmission
übertreffen (i), übertraf, o surpass, excel
die **Übertreibung, -en** exaggeration
der **Übertritt** change (from one school to

another), entry (to)
überwachen to watch over, supervise
über-wechseln to change to
überwiegend predominantly
überzeugen to convince (one)
üblich customary
das **U-Boot, -e** submarine
übrig remaining
übrig-bleiben, ie, (ist) ie to leave behind
die **Übung, -en** class (at a university), practice
das **Ufer, -** shore
die **Uhr, -en** clock, watch
der **Uhrmacher, -** watchmaker
um around, at;
um ... zu in order to
umarmen to embrace
um-deuten to give a new interpretation to
umfassen to include
der **Umgang** association
die **Umgangssprache** colloquial or spoken language
umgeben (i), a, e to surround
umgekehrt vice versa
umstritten controversial, disputed
die **Umwelt** environment, milieu
unabhängig independent;
unabhängig von independent(ly) from
die **Unabhängigkeit** independence
unbedeutend insignificant
unbekannt unknown
unbequem uncomfortable, irksome
und and; **und so weiter** and so forth
undenkbar inconceivable
undurchsichtig unclear, non-transparent
unendlich infinite
unerschwinglich unattainable
der **Unfall, ⁼e** accident
unfertig unfinished
unfreundlich unfriendly
ungarisch Hungarian
(das) **Ungarn** Hungary
ungefähr approximate(ly)
ungelernt unskilled

ungelöst unsolved
ungenau inexact
ungerecht unjust
die **Ungerechtigkeit, -en** injustice
unglücklich unhappy
unheilbar incurable
unhöflich impolite
die **Union** union
die **Universität, -en** university
die **Unkosten (pl.)** expenses
unkündbar sein to have tenure
unlösbar unsolvable
unmöglich impossible
unnötig unnessary
unprovinziell unprovincial
das **Unrecht, -e** injustice, wrong
die **Unruhen (pl.)** unrest
unschuldig innocent
unsicher uncertain, doubtful
unter under, among;
unter- lower
unterbrechen (i), a, o to interrupt
die **Unterbrechung, -en** interruption
unterdrücken to suppress
unterentwickelt underdeveloped
der **Untergebene, -n, -n** subordinate
unter-gehen to perish
untergeordnet subordinate
die **Untergrundbahn, -en** subway
die **Untergrundbewegung, -en** underground movement
unterhalten (ä), ie, a to support
sich **unterhalten (ä), ie, a** to converse
die **Unterhaltung, -en** entertainment; conversation
der **Unterhaltungsteil, -e** entertainment section
unterlassen (ä), ie, a to fail (to)
unterminieren to undermine
unternehmen (unternimmt), a, unternommen

to undertake
das **Unternehmen, -** enterprise, undertaking
der **Unternehmer, -** entrepreneur
der **Unterricht** education, (classroom) instruction
unterrichten to teach
unterscheiden, ie, ie to distinguish, differentiate
der **Unterschied, -e** difference;
im Unterschied zu in contrast to
unterschiedlich differing
unterschreiben, ie, ie to sign
das **Unterseeboot, -e** submarine
unterstehen, unterstand, unterstanden to be subordinate to
unterstellt subordinated
unterstützen to support
untersuchen to investigate
die **Untersuchung, -en** investigation, examination
unterzeichnen to sign
unverheiratet single, unmarried
unverletzlich inviolable
die **Unzufriedenheit** discontent, dissatisfaction
ur- original(ly)
uralt ancient
die **Urkunde, -n** document, record
der **Urlaub, -e** vacation
ursprünglich original
das **Urteil, -e** judgment, opinion

V

der **Vater, ⁻** father
die **Vaterlandsliebe** patriotism, love of country
veraltet antiquated
verändern to change
die **Veränderung, -en** change
die **Veranschaulichung** demonstration
veranstalten to organize
verantwortlich responsible
die **Verantwortung, -en** responsibility

das **Verantwortungsbewußtsein** feeling of responsibility
verarbeiten to digest
der **Verband, ⁻e** association
verbannen to ban, exile, banish
die **Verbannung** banishment, exile
verbergen (i), a, o to conceal, hide
(sich) **verbessern** to improve
die **Verbesserung, -en** improvement
die **Verbeugung, -en** bow
verbieten, o, o to forbid
verbilligt at a reduced price
verbinden, a, u fuse, unite, connect
die **Verbindung, -en** connection, contact; fraternity
der **Verbraucher, -** consumer
(sich) **verbreiten** to spread
die **Verbreitung** dissemination, diffusion, distribution
verbunden sein to be pledged
verdienen to deserve, earn
der **Verdienst, -e** earning(s)
die **Verdummung** stupefaction
verehren to esteem
vereinfacht concentrated and simplified
vereinigen to unite, combine
die **Vereinigten Staaten von Amerika** The United States of America
die **Vereinigung, -en** union, alliance, unification
das **Verfahren, -** procedure
verfälschen to falsify
die **Verfassung, -en** constitution
verfolgen to pursue
(zur) **Verfügung stehen** to be at the disposal of
die **Vergangenheit** past
vergehen, verging, (ist) vergangen to pass

vergessen (i), a, e to forget
der **Vergleich, -e** comparison
vergleichen, i, i to compare
das **Vergnügen, -** pleasure
vergrößern to magnify, increase
verhaften to arrest
die **Verhaftung, -en** arrest
das **Verhalten** behavior, conduct
das **Verhältnis, -se** relation(ship)
die **Verhältniswahl** proportional representation
die **Verhandlung, -en** discussion, negotiation
verheiratet married
verhindern to prevent
verhungern to starve
verkaufen to sell
der **Verkaufszuwachs** sales increase
der **Verkehr** traffic
das **Verkehrsamt, ⁻er** Department of Motor Vehicles
die **Verkehrserziehung** traffic education
die **Verkehrsmittel (pl.)** means of transportation
verkünden to proclaim, announce
der **Verlag, -e** publishing house
verlangen to demand
verlassen (ä), i, a to leave
der **Verleger, -** publisher
(dazu) verleiten to induce
verlieren, o, o to lose
vermeiden, ie, ie to avoid
vermieten to rent
der **Vermieter, -** rentor
(sich) **vermindern (um)** to diminish (by), reduce (by)
vermitteln to arrange
die **Vermögensverteilung** distribution of wealth
verpacken to pack, wrap up
die **Verpflichtung, -en** obligation
verraten (ä), ie, a to reveal
(sich) **versammeln** to assemble
(sich) **verschärfen** to grow worse
verschenken to give away

die **Verschiebung, -en** shift
verschieden different
die **Verschiedenheit, -en**
difference
verschmelzen (i), o, o
to be merged
verschweigen, ie, ie
to pass over in silence
verschwinden (i), a, (ist) u
to disappear
die **Verschwörung, -en**
conspiracy
versenken to sink
versichern to insure
versklaven to enslave
die **Verskunst** poetry
versprechen (i), a, o
to promise
das **Verständnis**
understanding
verstärken to reinforce,
strengthen
verstecken to hide
verstehen, verstand, ver-
standen to understand
der **Versuch, -e** test, trial,
attempt, experiment
versuchen to try, attempt
die **Versuchung, -en**
temptation
verteidigen to defend
die **Verteidigungspolitik**
defense policy
die **Verteilung**
apportionment
vertiefen to deepen
der **Vertrag, ⁼e** treaty,
contract
vertreten (vertritt), a, e
to represent, advocate
der **Vertreter, -**
representative
die **Verwaltung, -en**
administration
der **Verwaltungsrat**
administrative council
verwandeln to transform
verwandt related
die **Verwandtschaft, -en**
relation, relationship
(zum) Verwechseln ähnlich
sehen to look confus-
ingly alike
verwenden to use, employ
verwerfen (i), a, o
to reject
verwunden to wound
viel much; **viele** many
vielleicht perhaps, maybe

vielmehr rather
vielseitig variable,
many-faceted
vielsprachig polyglot
das **Vierkasussystem**
four-case system
das **Viertel, -** quarter
visuell visual
der **Vogel, ⁼** bird
das **Vokabular** vocabulary
der **Vokal, -e** vowel
das **Volk, ⁼er** people,
nation, folk
völkisch popular
die **Volksdichtung, -en**
folk literature
volkseigen popularly
owned, state-owned
die **Volkshochschule, -n**
school for adult education
die **Volkskammer, -n**
people's chamber
der **Volkskorrespondent, -en,**
-en people's corres-
pondent
der **Volksmund** vernacular
die **Volksrepublik, -en**
people's republic
die **Volksschule, -n**
elementary school
der **Volksstamm, ⁼e** tribe
der **Volkswagen, -**
Volkswagen
die **Volkswirtschaft**
economics
voll, voller full (of)
vollendet accomplished
völlig complete
vollkommen complete,
perfect
die **Vollkommenheit**
perfection
der **Volontär, -e** (unpaid)
volunteer
die **Volontariatszeit**
unpaid voluntary period
von of, from; by
voneinander of one
another
von neuem again
von seiten on the part (of)
vor before, in front of;
ago; **vor allem** above all
voran ahead (of)
voraus: im voraus ahead
of time
voraus-sagen to predict
voraus-setzen
to presuppose, assume

vorbei past
vorbei-führen to lead past
vorbei-kommen, a, (ist) o
to pass (by)
vor-bereiten to prepare
das **Vorbild, -er** model,
example
der **Vordergrund**
foreground
der **Vorfahr, -en, -en**
ancestor
der **Vorgesetzte, -n, -n** boss
vorgestern day before
yesterday
der **Vorhang, ⁼e** curtain
vorher before
vorherrschend
predominant, prevailing
der **Vorläufer, -** forerunner
vor-legen to present,
submit
vor-lesen (ie), a, e to read
aloud
die **Vorlesung, -en** lecture
vor-machen: sich nichts
vormachen lassen not
to be taken in
vormilitärisch aus-bilden
to receive premilitary
training
der **Vormittag, -e** morning
(sich) vor-nehmen to make
up one's mind
der **Vorort, -e** suburb
der **Vorraum, ⁼e** hall (way)
der **Vorschlag, ⁼e** proposal,
suggestion; **einen Vor-**
schlag an-nehmen to
accept a proposal
vor-schlagen (ä), u, a
to propose
vor-schreiben, ie, ie to
prescribe, dictate, lay
down
die **Vorschulerziehung**
pre-school education
vor-sehen (ie), a, e to set
aside
die **Vorsicht** caution
vorsichtig cautious,
careful
der **Vorsitzende, -n, -n**
chairman, head
(sich) vor-stellen to introduce oneself; imagine
die **Vorstellung, -en**
performance; idea
der **Vorteil, -e** advantage
vorüber over, past

das **Vorzimmer, -**
reception room
das **Voyeurtum** voyeurism,
pure gaping

W

wachen to watch
wachsen (ä), u, (ist) a
to grow
der **Wachtturm, ⁼e** watch
tower
die **Waffe, -n** weapon
der **Waffenmeister, -** arms
bearer
wagen to dare
die **Wahl, -en** choice;
election
wählen to choose; elect
der **Wähler, -** voter
der **Wahlsieg, -e** election
victory
wahren to maintain
während during, while
wahr true
die **Wahrheit, -en** truth
wahr-nehmen to perceive
die **Wahrnehmung**
perception
wahrscheinlich probable
die **Wahrung**
maintaining
die **Währung, -en** currency
die **Währungsreform, -en**
currency reform
der **Wald, ⁼er** forest, woods
der **Walzer, -** waltz
die **Wand, ⁼e** wall
der **Wandel, -** change
(sich) **wandeln** to change
der **Wanderer, -** wanderer
wandern to wander; hike
die **Ware, -n** merchandise
warten to wait
warum why
was what, whatever,
something; **was für (ein)**
what kind of (a)
die **Wäsche** wash, laundry
waschen (ä), u, a to wash
das **Waschpulver, -**
laundry detergent
der **Wasserhahn, ⁼e** water
faucet
wechseln to change,
exchange
der **Wecker, -** alarm clock

weder ... noch neither ...
nor
weg away
der **Weg, -e** way, path;
sich auf den Weg machen
to start on one's way
wegen because of, on
account of
weg-lassen (ä), ie, a to omit
weg-räumen to clean away
weg-wischen to wipe away
der **Wehrdienstverweigerer,**
- conscientious objector
das **Weib, -er** woman
weiblich female, feminine
die **Weide, -n** willow
das **Weideland** pasture
weiden to graze
(das) **Weihnachten**
Christmas
weil because
weinen to weep, cry
die **Weise, -n** way, manner
weiß white
die **Weisung, -en** direction
weit far, wide, large,
broad; **bei weitem** by
far; **ohne weiteres**
readily
weiter further, farther
(sich) **weiter-bilden** to
further one's education
die **Weiterbildung**
continued education
weiter-geben (i), a, e to
transmit, pass on
weiter-gehen to continue
weitläufig spacious
weitverbreitet widespread
die **Welle, -n** wave
die **Welt, -en** world
die **Weltanschauung, -en**
philosophy of life,
ideology
weltbewegend
world-shaking
die **Welt-Einheitssprache**
international language
weltfremd ignorant of
the world
der **Weltfrieden** world
peace
die **Weltgeltung**
recognition in the world
weltlich secular
die **Weltmacht, ⁼e** world
power

der **Weltrang** worldwide
importance
der **Weltraum** outer space
der **Weltruf** worldwide
reputation
(sich) **wenden an, wandte,**
gewandt to (attempt to)
appeal to, turn to
wenig little; **wenige** few
wenigstens at least
wenn when, whenever, if;
wenn auch, auch wenn
even if
wer who, whoever, he who
die **Werbesendung, -en**
commercial
die **Werbung** commercials
werden (wird), wurde, (ist),
geworden to become, get
werfen (i), a, o to throw;
einen Blick werfen to
glance (at)
das **Werk, -e** work
die **Werkstatt, ⁼en** workshop
das **Werkzeug, -e** tool
wert worthy
der **Wert, -e** value, worth;
Wert legen auf to attach
importance to
das **Werturteil, -e** value
judgment
wertvoll valuable
wesentlich fundamental
weshalb why
der **Westen** west
westlich western
die **Westwindzone**
westerly wind zone
der **Wettbewerb, -e**
competition
das **Wetter** weather
wichtig important
widerlegen to disprove,
refute
wider-spiegeln to reflect
(ein) **Widerspruch zu**
contrary to
widerstehen, widerstand,
widerstanden to resist
(sich) **widmen** to devote
oneself to
wie how; as, like
wie gesagt as I (have
already) said
wieder again
der **Wiederaufbau**

reconstruction
wieder-erkennen, erkannte wieder, wiedererkannt
to recognize
wieder-geben (i), a, e
to write up
die **Wiedergutmachung**
restitution, making amends
die **Wiedervereinigung**
reunification
die **Wiese, -n** meadow
willkürlich at will
der **Wind, -e** wind
der **Winter, -** winter
wirken to effect one, have an effect
wirklich really, actually
die **Wirklichkeit, -en**
reality
wirksam effective
die **Wirksamkeit**
effectiveness
die **Wirkung, -en**
influence, effect
die **Wirtschaft, -en**
economy, economics
wirtschaftlich economic
die **(Europäische) Wirt-schaftsgemeinschaft**
(European) common market
die **Wirtschaftsverwaltung**
administration of economic affairs
das **Wirtschaftswunder, -**
economic miracle
das **Wirtshaus, ̈er** inn
wissen (weiß), wußte, gewußt to know
das **Wissen** knowledge
die **Wissenschaft, -en**
science, scholarship
der **Wissenschaftler, -**
scientist
wissenschaftlich scientific
die **Witwe, -n** widow
der **Witz, -e** (quick) wit; joke
die **Woche, -n** week
woher from where
wohl indeed, all right, it's true; well; probably
die **Wohlfahrt** welfare
der **Wohlstand** prosperity
wohnen to reside, live
die **Wohnung, -en**
apartment

der **Wohnungsbau**
construction of housing
die **Wohnungsnot** housing shortage
das **Wohnzimmer, -** living room
wollen (will), wollte, gewollt
to want to, claim to
das **Wort, ̈er, + -e** word;
zu Worte kommen to get a chance to speak
das **Wörterbuch, ̈er**
dictionary
der **Wortschatz** vocabulary
die **Wortstellung** word order
Wucher- exorbitant
das **Wunder, -** wonder, miracle
wunderlich miraculous, strange
(sich) **wundern** to wonder
der **Wunsch, ̈e** wish;
einen Wunsch erfüllen
to grant a request
die **Wurst, ̈e** sausage
wütend furious

Z

die **Zahl, -en** number, figure
zahlen to pay
zählen (zu) to count; to be among
zahlenmäßig numerically
zahllos countless
zahlreich numerous
die **Zahlung, -en** payment
der **Zahn, ̈e** tooth
die **Zahnkrankheit, -en**
tooth decay
die **Zahnpaste, -n** tooth paste
zart tender
das **Zeichen, -** sign, symbol, indication
zeigen to show
die **Zeit, -en** time; **eine Zeitlang** for a time; **mit der Zeit** in the course of time; **zur Zeit** at present, for the time being
das **Zeitalter, -** age, epoch
der **Zeitgenosse, -n, -n**
contemporary
zeitgenössisch

contemporary
zeitlos timeless
der **Zeitpunkt, -e** point in time
die **Zeitschrift, -en**
magazine, periodical
die **Zeitung, -en**
newspaper
der **Zeitungsbetrieb**
newspaper business
die **Zeitungswissenschaften**
(pl.) journalism
zensieren to censure, censor
zentral central
das **Zentralkomitee, -s**
central committee
das **Zentrum, Zentren**
center
die **Zensur** censorship
zerbomben to bomb to pieces
zerbrechen (i), a, o to break to pieces
zeremoniell ceremonial
zerfallen (ä), ie, (ist) a
to fall apart
zerlumpt ragged
zerschlagen (ä), u, a
to smash
zerstechen (i), a, o to cut to pieces
zerstören to destroy
zeugen von to testify to
der **Ziegel, -** brick, tile
Ziegel-reinigen to clean bricks
ziehen, zog, gezogen
to draw, pull, move (over);
einen Schluß ziehen to draw a conclusion
das **Ziel, -e** goal
ziemlich rather, quite
zittern to tremble; **zittern vor** to tremble with
die **Zivilcourage** courage of one's convictions
der **Zoll** custom, duty
zornig angry
zu to, toward; too
die **Zucht** discipline
die **Zuckerrübe, -n** sugar beet
zuerst first, at first
die **Zufahrt, -en** access
die **Zufahrtsstraße, -n**
access highway
der **Zufall, ̈e** accident,

coincidence
zufrieden satisfied
der **Zug, ⁼e** train; feature
zu-geben (i), a, e to admit
zugleich at the same time
das **Zuhause** home
zu-hören to listen (to)
die **Zukunft** future
zukünftig future
die **Zukunftsmusik** dreams
of the future, castles in
Spain
zu-lächeln to smile at
die **Zulassung** admission
zuletzt at last, last
zu-machen to close
zumindest at least
zu-nehmen to increase
zurück back
zurück-bringen to bring
back
zurück-gehen to go down
zurück-halten (ä), ie, a
to hold back
zurück-kehren to return
zurück-reichen to go back

zurück-stehen not to come
up to
zurück-zahlen to repay
zusammen together
zusammen-arbeiten
to work together
zusammen-brechen (i), a, o
to collapse
die **Zusammenfassung**
combination
der **Zusammenhang, ⁼e**
relationship, context; **im
Zusammenhang mit** in
connection with
zusammen-hängen, i, a
to be connected
das **Zusammenleben**
living together
(sich) **zusammen-schließen**
to join
(sich) **zusammen-setzen aus**
to be composed of
die **Zusammensetzung, -en**
(word) compound
zusammen-sparen to save
together

das **Zusammenspiel**
coordination
zusammen-stellen to
compose, put together
zusätzlich additional
zu-schneiden auf make to
order for
der **Zustand, ⁼e** condition,
situation
zuständig appropriate
zuweilen at times, sometimes
**zu-wenden, wandte, ge-
wandt** to turn to
der **Zwang** force, coercion
zwar to be sure
der **Zweck, -e** purpose; **zu
diesem Zweck** for this
purpose; **einem Zweck
entsprechen** to serve a
purpose
zweifach twofold
der **Zweifel, -** doubt
der **Zweig, -e** branch
zweigeteilt bipartite,
divided in two

ILLUSTRATION
ACKNOWLEDGMENTS

23: German Federal Railroad

25: Courtesy, *Opera News*, December 17,1960

26: Artist: Fritz Kredel. Courtesy, K. Thienemanns Verlag, Stuttgart, 1956

29: Courtesy, Picture Collection, The New York Public Library

37: *Kinder-Märchen*, Brüder Grimm, Loewes Verlag Ferdinand Carl, Stuttgart, 1863. Courtesy, Miss Kate Krader

38: German Information Center

39: Louis Mélançon, The Metropolitan Opera House, New York

44: Landesfremdenverkehrsverbandes, Bildberichterstattung, München

48: Richard Wagner, "Das Rheingold," "Der Ring des Nibelungen"

49: Wilhelm Rauh, Festspiele Bayreuth

51: "Jeu de Cartes," German Information Center

54: German Information Center

57: German Information Center

60: German Information Center

63: German Information Center

65: German Information Center

67: German Information Center

68: German Information Center

72: German Information Center

73: Courtesy, Mobility Systems Company

77: German Information Center

79: *A Century of German Trade Unions*, Inter Nationes Exhibition, Bad Godesberg

88: German Information Center

91: German Information Center

96: German Information Center

97: German Information Center

100: German Information Center

103: German Information Center

107: General Research and Humanities Division, The New York Public Library, Astor, Lenox and Tilden Foundations

109: Swedish Information Service (both)

112: Presse- und Informationsamt der Bundesregierung, Bonn

116: German Information Center

117: Presse- und Informationsamt der Bundesregierung, Bonn

118: "Blasius," Courtesy, *Abendzeitung*

121: German Information Center

127: Courtesy, Technischer Überwachungs-Verein Rheinland e.V., Köln

130: Pollaczek, Inter Nationes, Bad Godesberg

131: German Information Center

138: Presse- und Informationsamt der Bundesregierung, Bonn

139: German Information Center

141: German Information Center

146: German Information Center

153: Presse- und Informationsamt der Bundesregierung, Bonn

156: Presse- und Informationsamt der Bundesregierung, Bonn

158: German Information Center

160: Courtesy: *Die Welt, Frankfurter Allgemeine Zeitung, Süddeutsche Zeitung*

161: Courtesy, *Neues Deutschland*

165: Courtesy, Ausstellungs- und Messe-GmbH des Börsenvereins des Deutschen Buchhandels, Frankfurt am Main

172: German Information Center

173: German Information Center

176: Michal Heron, Monkmeyer